Lishi Ruci Youqu

ZHAOSONG WANGCHAO (BEISONG)

跟着夏昆读历史

赵宋王朝（北宋）

历史如此有趣

夏昆 / 著

漓江出版社

·桂林·

图书在版编目（CIP）数据

历史如此有趣．赵宋王朝．北宋 / 夏昆著
．-- 桂林：漓江出版社，2023. 1
ISBN 978-7-5407-9340-1

Ⅰ．①历… Ⅱ．①夏… Ⅲ．①中国历史－北
宋－通俗读物 Ⅳ．① K209

中国版本图书馆 CIP 数据核字（2022）第 257968 号

历史如此有趣·赵宋王朝（北宋）
夏昆 著

出 版 人 刘迪才
策划统筹 文龙玉
责任编辑 宗珊珊
助理编辑 唐子涵
书籍设计 周泽云
营销编辑 俞方远
责任监印 黄菲菲

出版发行 漓江出版社有限公司
社址 广西桂林市南环路 22 号
邮编 541002
发行电话 010-65699511 0773-2583322
传真 010-85891290 0773-2582200
邮购热线 0773-2582200
网址 www.lijiangbooks.com
微信公众号 lijiangpress

印制 大厂回族自治县聚鑫印刷有限责任公司
开本 710 mm × 960 mm 1/16
印张 18.75
字数 279 千字
版次 2023 年 1 月第 1 版
印次 2023 年 1 月第 1 次印刷
书号 ISBN 978-7-5407-9340-1
定价 59.80 元

写在前面

多年以后，我仍然记得，我高中时的语文老师梅素清和历史老师侯昭秀都跟我说过同样一句话：文史不分家。

那时候我17岁，刚上高二。两位恩师告诉我：历史是树，语文是枝叶，语文只有生长于历史之树上，才能葆有恒久的生命力。

我想，这就是我热爱历史的开始。

十多年后，我已经成为一名语文老师。一次，我请教学校里德高望重的老教师何瑞基老师，请他为我的专业发展提些建议，他很认真地说："我建议你读'二十四史'。"

虽然我心存疑虑，但是出于对何老师专业水准的绝对信任，我接受了他的建议，从《史记》开始，通读"二十四史"，那一年是1997年，我27岁。

十多年后，我总算将从《史记》到《明史》的"二十四史"囫囵吞枣地读了一遍，这个浩大的工程花费了我十五年的时间，完工的那一年是2012年，我42岁。

十年后，我终于将这二十多年的读史心得变成了厚厚的一套书，就是这套"跟着夏昆读历史"。

我永远不会忘记三十多年前那个17岁少年，在老师的指引下开始走进历史；也不会忘记二十多年前那个青年，在前辈的建议下开始去啃读数千万字的史书。对我来说，这二十多年的历史之旅也是我的成长之旅、认知之旅，很难计算我从中获得了多少，也因为这个原因，我愿意将对历史的兴趣与痴迷传递给更年轻的朋友，让他们能跟我一样，在历史的长河中畅游，领略其无尽的趣味与智慧。

这也是这套"跟着夏昆读历史"写作的原因。

这套丛书共九十一万字，上起先秦，下至南宋，讲述了其间两千多年的中国历史故事。阅读此书后，读者对这两千多年中国历史的大致脉络和主要人物事件可以有一个比较初步的了解与掌握。我希望能像几位前辈曾经引领我一样，引领年轻的朋友们走进历史异彩纷呈的世界，领略历史的有趣和精彩。

本册是整套书的第四册，其内容从陈桥兵变起，到靖康之乱北宋灭亡结束，时间跨度近二百年，讲述了陈桥兵变、北宋统一中国、王小波李顺起义、澶渊之盟、真宗封禅、宋西夏之战、濮议之争、王安石变法、元佑党争、女真灭宋等历史事件，以及赵匡胤、赵光义、赵普、耶律阿保机、寇准、张咏、司马光、范仲淹、王安石、苏轼、刘太后、赵佶、完颜阿骨打等历史人物的故事。本册的资料主要来自：

《宋史》（脱脱等撰，中华书局 1977 年 11 月第 1 版）

《宋史纪事本末》（陈邦瞻撰，中华书局 2015 年 8 月第 1 版）

《资治通鉴》（司马光撰，中华书局 2013 年 12 月第 1 版）

《通鉴纪事本末》（袁枢撰，中华书局 2015 年 8 月第 1 版）

《三朝北盟会编》（徐梦莘撰，上海古籍出版 2019 年 5 月第 1 版）

《读通鉴论》（王夫之著，中华书局 1975 年 7 月第 1 版）

《宋论》（王夫之著，中华书局 1964 年 4 月第 1 版）

《剑桥中国宋代史·上卷：907—1279 年》（崔瑞德、史乐民编，中国社会科学出版社 2020 年 12 月第 1 版）

《剑桥中国辽西夏金元史：907—1368 年》（崔瑞德编，中国社会科学出版社 1998 年 8 月第 1 版）

《哈佛中国史·儒家统治的时代：宋的转型》（卜正民主编，中信出版社 2016 年 10 月第 1 版）

《中国思想与宗教的奔流：宋朝》（小岛毅著，广西师范大学出版社 2014 年 1 月第 1 版）

《东京梦华录笺注》（孟元老撰，伊永文笺注，中华书局 2006 年 8 月第 1 版）

《东轩笔录》（魏泰撰，中华书局 1983 年 10 月第 1 版）

《龙川略志·龙川别志》（苏辙撰，中华书局 1982 年 4 月第 1 版）

《东斋记事·春明退朝录》（范镇、宋敏求撰，中华书局 1980 年 9 月第 1 版）

《涑水记闻》（司马光撰，中华书局 1989 年 9 月第 1 版）

《齐东野语》（周密著，齐鲁书社 2007 年 7 月第 1 版）

《南村辍耕录》（陶宗仪，齐鲁书社 2007 年 7 月第 1 版）

《杨文公谈苑·后山谈丛》（杨亿、陈师道撰，上海古籍出版社 2012 年 11 月第 1 版）

《邵氏闻见后录》（邵博撰，中华书局 1983 年 8 月第 1 版）

《朝野类要》（赵升编，中华书局 2007 年 10 月第 1 版）

《王文正公遗事·清虚杂著三编》（王素、王巩撰，中华书局 2017 年 7 月第 1 版）

《北梦琐言·老学庵笔记》（孙光宪、陆游撰，吉林出版集团有限公司 2005 年 5 月第 1 版）

《铁围山丛谈》（蔡絛撰，中华书局 1983 年 9 月第 1 版）

这套书的完成，首先感谢我的儿子夏子仪，他独立完成了全套书所有资料的核实和查证工作，并且参与了部分章节的写作。这套书的问世，与他的努力和付出是分不开的。

本套书的出版，更应该感谢漓江出版社的文龙玉首席编辑工作室，因为有编辑老师们的认真敬业，这套书才能与读者如期见面。

由于个人才疏学浅，此书难免有些错谬之处，见笑于方家，也希望读者不吝指正，并望读者见谅。

夏昆

2022 年 12 月 24 日

目 录

天下归宋

点检作天子

宋州又叫睢阳郡，治所在今天河南省商丘市。隋唐时期，宋州是天下大郡，舟车通衢，繁盛无比。而到了五代的时候，由于此处位于中原要冲，饱经兵害，很多地方已经残破不堪了。

和其他地方一样，五代时候的宋州盗匪横行，民不聊生。好几股盗匪经过宋州的时候，都遇见了同一个奇怪的人。

他衣衫褴褛，形容枯槁，居住在陋巷之中，见到盗匪不但不逃跑，反而主动上前乞食。盗匪问他此处情况，他总是苦着脸说："这里只是一个穷乡僻壤罢了。"盗匪们听到他如此说，又见他的衣着打扮，都认为这里实在没有油水可捞，纷纷离去。

盗匪们都不知道，这个穿着破旧、看起来穷愁悲苦的男人其实是当地首屈一指的富豪，他的曾祖曾经是后唐掌管国库的大官，他的父亲在后晋的时候任安州防御使。这个男人虽然此时没有官职，但是他娶了后汉侍御史的女儿，这个侍御史，不久之后成为后周的开国皇帝，他的名字叫郭威。而他的女婿，也就是这个屡屡骗过盗匪的人，名字叫张永德。

郭威像

郭威在担任后汉的枢密使时，曾上表朝廷，让张永德担任供奉官押班。

后汉开国皇帝刘知远去世之后，其子刘

承祐即位，是为汉隐帝。隐帝上台之后，觉得大权被重臣掌管，心有不甘，于是开始大肆诛杀权臣，其中就包括郭威。郭威的家人全部被诛杀，汉隐帝还派人去剿灭郭威余党，其中就包括张永德。

这时候张永德正奉命去庆贺郭威表弟、潞州节帅常遇的生日。可张永德到潞州不久，就听说皇帝赐给常遇一道密诏，联系到最近郭威家人的遭遇，张永德马上判断这道密诏与自己有关。于是他对常遇说："莫非大人得到密诏要杀我？我张永德死而无怨，只怕连累您和家人。"

常遇愕然："此话怎讲？"

"现在朝廷奸臣当道，郭公想清君侧，正朝纲。希望大人先把我交给手下看管，如果郭公事情成功您将会感激我；不成再让我死也不晚。"

常遇觉得很有道理，便让手下将张永德看管起来，好吃好喝地伺候着。常遇想到即将发生的事，心里打鼓，悄悄问张永德："你看郭公的事情能够成吗？"

张永德回答："肯定成功。"

"何以见得？"

张永德屏退左右，对常遇说："大人可知道郭威大人夫人的事情？"

"不知道。"

"后唐时候，魏郡一个姓柴的女孩被选入宫中。庄宗去世之后，后宫女子被遣散归乡。女孩的父母前来接她回家。他们走到鸿沟的时候，天降大雨，十多天都无法上路。这个女子就把行李整理了一下，共有一千万缗钱，她把一半分给父母，让他们回乡，并对父母说：'女儿看见鸿沟旁驿站的队长有奇相，他脖子上有黝黑的花纹，像鸟雀一样。这个男人以后会极贵，女儿愿意嫁给他侍奉他。'虽然她父母很不愿意，却无法改变这个女子的决定，只好由着她。你知道这个男人是谁？"

"不知道。"

"他就是郭威郭大人！"

"果真？"

"的确！女子嫁给郭威大人之后，有一天她拿出自己所有钱财说：'大人贵不可言，妾有五百万缗钱，用以资助夫君，机不可失。'郭威大人靠着这笔钱财才成为军司。”

“原来如此……”常遇若有所思。

“您觉得女子的父母为什么会同意这门亲事？其实女子的父亲也是个术士，据说能知过去未来。有一天他早晨起来莫名地大笑，他的老婆问他原因，他也不回答。后来他老婆想办法把他灌醉套他的话，老头子就说漏嘴了：‘那个花脖子要做天子了。’”

“这事我似乎听说过，但是这种事情可不能随便说。”

乾祐三年（950 年），郭威率兵渡河，之后与后汉军作战，后者大败。隐帝刘承祐出逃，途中被臣下杀死。广顺元年（951 年），郭威正式称帝，国号大周，定都汴京，这就是五代中最后一个朝代——后周。

当使者来到潞州报告此事时，常遇对张永德感激不尽：“老夫几乎误了大事！”

郭威即皇帝位之后，将自己的四女儿，也就是张永德的妻子封为晋国公主，张永德被封为左卫将军、驸马都尉。一年之后，张永德又被提拔为殿前都虞侯、殿前都指挥使。这一年，他只有 24 岁。

殿前都虞侯和都指挥使都是掌管禁军的官职，隶属于殿前都点检和副都点检，是拱卫皇帝的要职，非皇帝亲信不能担任。24 岁的张永德担任此职，可见郭威对其的信任。张永德也以忠诚回报皇帝的信任，在此后的多次战斗中，他奋勇争先，屡立战功，之后被封为义成军节度使。

郭威去世之后，周世宗柴荣即位，张永德依然深受皇帝信任。在后周与南唐的寿春之战中张永德指挥若定，大败南唐引以为傲的水军，皇帝降诏褒美，当年冬天，张永德升任殿前都点检，成为掌握禁军的首要大将，一时间风光无两。

然而，一年多之后，周世宗显德五年（958 年）夏天，张永德跟随周世宗讨伐契丹，军队回朝，驻扎在澶渊，一直深受信任的张永德突然没有任何预兆地被解除了兵权，殿前都点检的官职也被罢免，只给了他个检校太尉、同中书门下平章事的虚衔。

张永德究竟为什么突然被皇帝猜忌，这件事当时很多人都不明白。

多年之后，人们才慢慢得知答案：改变张永德命运，乃至于改变中国历史走向的，竟然是一片来历不明的木简上的几个字。

原来，讨伐契丹后，周世宗得到了一批文书，在一个韦囊之中，他发现了一片长三尺多的木简，上面写着几个字：点检作天子。[①]

没人知道这片木简从何而来，上面也没说明“点检”是谁，但是周世宗理所当然地想到了担任殿前都点检的张永德，莫非这是上天在暗示张永德将要谋朝篡位？

虽然张永德一直以忠诚闻名，但是柴荣还是觉得不能不防，因此当军队一驻扎在澶渊，他便下诏，免去张永德殿前都点检的职务，另用虚衔安抚他，而接替张永德掌管禁军的，是张永德的一个战友兼部下。他是之前的殿前都指挥使，名字叫赵匡胤。

黄袍加身

周世宗柴荣是五代时期少见的雄才大略的英主。周太祖郭威去世后，954 年，柴荣即位。他励精图治，练兵养民，使后周政治清明、国家富庶。柴荣让所有与他同时代的君主都感觉到巨大的压力，他对外南征北战，先后击败了后蜀、南唐、契丹等政权，开疆拓土，威名远播。史书称他“神武雄略，乃一代之英主也”[②]。柴荣曾立下壮志：“以十年开拓天下，十年养百姓，十年致太平。”[③]如果天假其年，这个宏伟目标很可能会实现，可惜，柴荣登上皇位之后只过了 5 年就离开了人世，享年仅 39 岁。柴荣把他的宏图伟略留给了他 7 岁的儿子柴宗训，也

柴荣像

① 《宋史·卷一》《宋史纪事本末·卷一·太祖代周》。

② 《旧五代史·卷一百一十九·世宗纪六》。

③ 《新五代史·卷十二·周本纪第十二》。

就是周恭帝。

周世宗的遗愿，这个只有 7 岁的小孩注定是无法完成的。

周恭帝即位后，由符太后临朝听政，宰相范质、王溥等主持军国大事。柴荣是 959 年六月驾崩的，这年的十一月，镇州和定州上报，说北汉伙同契丹军队入侵，这个消息让朝臣们一阵慌乱，在 960 年的元旦，朝廷下诏，派遣殿前都点检、检校太尉、归德节度使赵匡胤率兵抵御入侵。

赵匡胤是涿郡人，祖上曾经在后唐为将，父亲赵弘殷曾任后周检校司徒、岳州防御使。赵弘殷娶了杜氏，在洛阳夹马营生下赵匡胤。和其他帝王一样，赵匡胤降生的时候据说也有异象，史书上说他降生的时候“赤光绕屋，异香经宿不散”，还说他“体有金色，三日不变”。长大后的赵匡胤“容貌雄伟，器度豁如”，擅长骑射，武功高强。据说他有一次骑一匹烈马，连缰绳都没装上，马拼命跑上城墙的斜道，赵匡胤脑袋撞在城楼门楣上，当场坠地。目击者认为他脑袋肯定都被撞碎了，谁知道他慢慢爬起来，竟然又追上马重新骑了上去。还说有一次他跟朋友在屋子里赌博，正玩得高兴，听到有雀鸟在外面打架，于是跑出去想捕鸟，刚刚走出门，房子竟然就垮塌了，赵匡胤和朋友们因为鸟雀而逃出生天。

这些传说无疑是为了证明赵匡胤是天命所归，赵匡胤自己对此肯定也是深信不疑的。多年后他成为皇帝，在一次微服出巡时遇到刺客，弩箭射到他的御辇上，他拔下箭大骂说：“我死了也轮不到你做皇帝！”[①]

前文说过，柴荣曾经在一个韦囊里看到一片木简，上面写着“点检作天子”，这让他撤换了当时的殿前都点检张永德，代之以赵匡胤。但是这个谣言很可能在此后就悄悄传播开了，因为在赵匡胤带兵出征的时候，朝廷内外纷纷传言说点检要作天子了。听到消息的很多官员和百姓害怕兵祸再起，纷纷逃出城避难，一时间人心惶惶，奇怪的是，内廷对此似乎一无所知。

这消息，当然赵匡胤也知道了。司马光在《涑水记闻》中记载，当时百姓谣言四起，纷纷逃亡，还没出兵的赵匡胤知道之后心里也很恐惧，

---

① 《宋论》。

就回家对家人说："外面谣言汹汹。到底该怎么办啊？"

谁知道赵匡胤的姐姐，有人说就是后来被封为魏国长公主的那位，提着擀面杖追着赵匡胤就打，一边打一边骂："大丈夫临大事，能不能自己在心里想好解决办法？你回家来吓我们这些女人干什么！"①

出征这天，天上出现了两个太阳的奇观，隐隐还有黑光在下面萦绕，据说军校苗训懂得天象，他对赵匡胤的亲信说："看来这是天意啊。"

当天晚上，军队驻扎在陈桥驿，据说赵匡胤这天喝了点酒，早早就入睡了。而军士们则人心浮动，相聚谋划说："皇帝幼弱，我们出死力破敌，谁又会知道呢！不如先拥立赵点检作天子，然后再北征，为时未晚。"

都押李处耘把将士们的谋划告诉了赵匡胤的弟弟赵匡义和归德军掌书记赵普，两人显然对此十分赞成。当然，他们也可能就是背后策划者。两人当即安排诸将，归拢兵马，枕戈待旦，又派人飞马回京报告殿前都指挥使石守信和都虞侯王审琦，这两个人都是赵匡胤的心腹，通知二人显然是让他们作内应。

第二天凌晨，将士们围住了赵匡胤的大帐，赵匡义和赵普进入帐中叫醒赵匡胤，告诉他将士们的决定。史书上说赵匡胤似乎都还没睡醒，打着哈欠起身，而将士们已经手持兵器排列在帐外，说："诸将无主，愿册太尉为皇帝！"

赵匡胤还没来得及回答，一件黄袍已经披到他的身上，将士们全体跪拜，山呼万岁。这就是有名的陈桥兵变，此典故又称"黄袍加身"。

事实上赵匡胤并不是黄袍加身的发明者，在他以前，后周的开国皇帝郭威也是用同样的方法夺取了后汉的政权当上皇帝的。在皇帝如走马灯般换来换去的五代，这样的戏码实在太常见了。扶植一个新皇帝，以前的将士们很可能一跃而成为开国元勋，这种买卖实在合算，甚至值得冒生命危险。只是可能当时很多人都没想到，这一次黄袍加身，居然将改变五代五十多年来的分裂动荡局面，带给华夏三百多年和平。

赵匡胤被将士们簇拥上马，他揽辔说道："你们这些人贪图富贵立我

① 《涑水记闻》。

为帝，如果听从我的命令则可，如果不能，我也不能当这个皇帝。”

诸将都下马说：“愿意从命！”

赵匡胤说：“太后、主上，是我以臣子礼节来侍奉的人，不能惊吓冒犯；朝廷公卿，都是与我比肩的同僚，不得侵凌；朝市府库，不得抢掠。听命有重赏，违命则重罚！”诸将连声答应。于是赵匡胤带着军队向京城进发。

得知赵匡胤造反的消息，宰相范质和王溥面面相觑，范质死死抓住王溥的手，指甲差点嵌进肉里：“仓促派遣赵匡胤出征，这是我们的罪过啊！”王溥吓得全身哆嗦，一个字说不出来。

侍卫亲军副使韩通不愿臣服赵匡胤，他从朝堂回来，想率领军队抵抗赵匡胤，然而此时军队早已被赵匡胤掌握，到处都是他的亲信。军校王彦升带人驱逐了韩通。韩通飞马回家，还没来得及关门，王彦升就带人冲进来杀死了他，连同他的老婆孩子也都被杀了。而这也是赵匡胤夺权时在京城发生的唯一一起流血事件。

赵匡胤从明德门进入京城，之后他让士兵回营，自己进入官署。没多久将士们就押着范质、王溥等来了。赵匡胤对着他们大哭说：“我受世宗厚恩，却被军队逼迫，到了如此地步，惭愧辜负天地，该怎么办啊！”

范质等人还没来得及说话，军校罗彦瓌就挺剑上前大喝：“我辈无主，今日必得天子！”

范质等人面面相觑，一时间不知道怎么办。还是王溥反应最快，短暂的惊愕之后，他马上走下台阶跪拜，其他人见此情况也只好下拜。众人簇拥赵匡胤来到崇元殿，准备举行禅让之礼，同时传召百官入朝。百官都站定后，范质等人才想起一件事：事发仓促，根本没有准备禅位的诏书！这时候神奇的事情发生了，翰林承旨陶穀像变魔术一样从袖子里拿出早已写好的诏书——这无疑说明赵匡胤实施计划早已不是一天两天了。①一切齐备，当即举行禅让大典，周恭帝被降为郑王，符太后改为周太后。五

① 司马光《涑水记闻》记载这事，后面加了一句“太祖由是薄其为人”。这显然是说传位诏书并非赵匡胤安排，而是陶穀自己写的。但是即便陶穀是翰林学士，业余时间没事就喜欢写传位诏书玩？这实在让人难以相信。

赵匡胤像

代最后一个中原政权后周宣告灭亡，新朝建立。因为赵匡胤赖以起家的归德军在宋州，所以国号为宋。赵匡胤成为宋朝的开国皇帝——宋太祖。

陈桥兵变也许未必光明磊落，但是不得不说这次改朝换代对国家和百姓造成的灾难是最小的。没有旷日持久的战争，没有血流成河，没有乱兵的烧杀抢掠，没有无数百姓的流离失所，甚至几乎没有太大的流血事件，除韩通一家被杀之外。事后，赵匡胤追赠韩通为中书令，以礼安葬，以表彰他的忠心。而对杀害韩通的王彦升，赵匡胤最初想严惩，但是群臣纷纷劝阻，最终饶恕了他性命，但是王彦升一生也没能得到皇帝的重用。

虽然赵匡胤陈桥兵变已经将对社会的影响程度降到了最低，但这并不能改变他谋朝篡位的事实，而对于后周旧臣来说，他就是不折不扣的乱臣贼子，人人得而诛之。对这一点赵匡胤心里是十分清楚的，因此他对周朝旧臣往往采取怀柔拉拢的策略，比如对昭义节度使李筠。

赵匡胤一即位就封李筠为中书令，希望能够让他归顺新朝。可是当朝廷的使者到达昭义节度使治所潞州的时候，李筠竟然想将其拒之门外，后来手下切谏，他才勉强接见。在迎接使者的酒席上，李筠又把周太祖的画像挂出来，对着画像大哭不已，众人吓得面无人色，只好对使者解释说："令公喝醉了，失去了常性，希望不要见怪。"

赵匡胤知道之后，将留在京城的李筠之子李守节任命为皇城使，并且让他去潞州给他爹带信说："我没当天子的时候，随便你怎么样；现在我当天子了，难道你就不能稍微让我一下吗？"

李筠看到太祖的信之后更加生气，于是决定造反。但是潞州地方狭小，物产贫乏，又没什么储蓄，李筠此时很缺军费，为了解决这个问题，他想到了一个办法。

潞州城里有一个威望很高的高僧，老百姓十分崇信他。李筠对这和尚说："我军队里用度不足，想借大师的名气筹集。您对外放言说您要自焚，一定会有很多人来施舍，您帮我筹集钱粮各三十万，暂且存放在我的仓库，事成之后我们平分。”和尚答应了。于是命人在预定地点准备自焚的柴火，李筠事先在柴火下打通了地道，一直通到自己府中，他告诉和尚：“到时候烟火起来，大师偷偷从地道里回我府中。”准备就绪后，李筠率先带着夫人倾尽家财施舍，看到他如此虔诚，其他人纷纷效仿，只用了十多天时间，六十万钱粮就凑足了，仓库都装不下了。到自焚那一天，和尚信心满满坐上柴堆，命令点火。等到火燃起来之后，和尚准备从地道逃跑，谁知道地道竟让李筠给堵上了！这个贪心的和尚竟然活活被烧死，而李筠也就独吞了六十万钱粮。①

军费凑足了，李筠联合北汉皇帝刘钧，准备合力攻打宋朝，刘钧答应了，亲自带兵来与李筠会师。李筠在迎接刘钧的时候三句话不离受周世祖厚恩，一定要剿灭反贼。可是他没想过，北汉跟后周是世仇，他口口声声为后周报仇，刘钧心里就很不爽快，因此刘钧留下一点兵马并派一个大臣做监军就自顾自回去了。至此，李筠与北汉的联盟实质上已经失败。

六月，赵匡胤御驾亲征，在泽州南边大败李筠军队，李筠退保泽州，宋军将泽州团团围住，赵匡胤亲自督战，宋军敢死队爬上城墙，泽州很快失守，李筠自焚而死。李筠的儿子李守节防守潞州，宋军进攻潞州，李守节马上投降。太祖并没有对李家斩尽杀绝，而是释放了李守节，让他当单州团练使。这次叛乱持续了不到两个月便宣告平定。

七月，太祖率军从潞州回来，这时候，又传来了后周淮南节度使李重进在扬州叛乱的消息。

李重进是周太祖的外甥，很长一段时间里都是赵匡胤的同僚，但他对赵匡胤一直忌惮怀疑。赵匡胤即位后，也封李重进为中书令，同时要他移镇青州，李重进认为这是要把自己赶出根据地，心里十分恐惧，便有了造反的想法。李筠起兵的时候，李重进曾经派亲信翟守珣前往潞州密谋联合，而翟守珣向来跟赵匡胤交好，他就偷偷跑到京师求见赵匡胤。

---

① 《杨文公谈苑·潞州李筠》《涑水记闻》。

赵匡胤问他：“我如果赐给李重进丹书铁券，他会相信我吗？”

翟守珣回答：“李重进始终没有归顺之意。”

太祖厚赐翟守珣，让他说服李重进暂缓谋反企图，以避免宋军两线作战。翟守珣回去之后，多次劝说李重进不要轻易起兵，李重进相信了。

太祖带兵回京之后，派人赐李重进丹书铁券，李重进一度动摇，甚至想进京拜见，但是手下劝阻了他。他又想到自己是后周皇室近亲，新朝建立，赵匡胤恐怕不会放过自己，最后终于下决心起兵造反。李重进派人向南唐求援，此时南唐皇帝是中主李璟，他在柴荣时代就被后周打得满地找牙，赵匡胤上台他更不敢与大宋为敌，他不但不敢派兵支援，还把李重进求援的消息转头就报告了太祖。

这时候李重进还有两个儿子在汴京担任宿卫，李重进造反的消息传来后，赵匡胤把他们召来说：“你们的父亲为什么要造反呢？江淮兵力寡弱，又没有良将，谁能跟他一起图谋大事？你们俩马上乘驿车去开导你们的父亲，我不杀你们。”

李重进的两个儿子匍匐在地，浑身颤抖，汗出沾衣。赵匡胤让他们赶快上路。两人跑回扬州，李重进正在辕门跟诸将商议军事，两个儿子忽然跑进来转达太祖的话，李重进和众将大惊，有些将领甚至有了背叛李重进的想法。①

汴京城内，准备讨伐李重进的太祖先派石守信、王审琦、李处耘等人分道进军，之后又在赵普的劝说下御驾亲征。

十月，太祖离开汴京，十一月，到达广陵。在宋军的强势攻击下，当天扬州城就陷落了。李重进知道大势已去，举家自焚。宋军入城，太祖诛杀了李重进同谋数百人，扬州之乱平定。

赵匡胤以戏剧化的黄袍加身取得了皇位，又干净利落地平定了两次叛乱，大权已经基本稳固，他的下一步，则是开启一次重大改革，这次改革不仅将革去晚唐以来近百年军将专权的弊政，还将为大宋的政治体

---

① 《东轩笔录》。

制确定基本框架。而这个框架也是中国政治史上第一次文官治国的范例，对宋朝乃至以后历史的走向都有极其深远的影响。

朕要夺权

宋太祖建隆二年（961年），原殿前都点检慕容延钊被解除职务，改任山南东道节度使；原侍御指挥使韩令坤也被改授节度使。这两次看上去很平常的官职改易，其中却有很大奥妙。

慕容延钊和韩令坤都是周朝旧臣，与李筠和李重进一样，宋朝建立的时候他们都手握重兵在外。宋太祖上台后派遣使者通知他们新朝建立的消息，两人与李筠和李重进不同，他们没有留恋周室举兵反叛，而是乖乖接受事实，承认了新朝的合法性。这让赵匡胤非常高兴，于是把自己之前担任的官职——殿前都点检——授予了慕容延钊，又拜韩令坤为侍御指挥使，这两个官职都手握重兵，实权极大。但是，不要认为赵匡胤对这些武夫悍将就十分信任了，这只是拉拢人心的权宜之计。961年三月，当慕容延钊和韩令坤来汴京朝见太祖的时候，赵匡胤马上夺去了他们的兵权，转而授予他们一个节度使的虚衔。从此，殿前都点检一职再也没有授予过任何人。

这件事表明，赵匡胤在有计划地从武将手中夺取权力了。而这是他在五代时期摸爬滚打总结出的惨痛教训。

史书一般将907年朱温废除唐哀帝自立为帝的时间作为五代的开始，以960年赵匡胤发动陈桥兵变，黄袍加身，建立宋朝作为五代的结束。五代前后仅历时53年，但是在这53年中，中原地区竟然先后出现了后梁、后唐、后晋、后汉和后周五个政权；除此之外，中国其他地区还出现过前蜀、后蜀、南吴、南唐、吴越、闽等十个割据政权，因此这段时期也被称为五代十国。中华大地，分崩离析。每一次政权的更迭，都建立在血泊和哀号之上，每一个王朝的覆灭，都将无数的冤魂拉入深渊。

从源头上说，五代十国割据局面的祸根在唐代就已经种下了。

唐朝初期，为了防备少数民族入侵，朝廷在边境设置了节度使，为了方便用兵，朝廷给了节度使很大权力，他们可以自己委任官吏、招兵买马、收取赋税，几乎等于地方小皇帝。755 年安史之乱爆发后，为了迅速扑灭叛乱，大唐王朝饮鸩止渴，在内地也设置了很多节度使。在平定叛乱的过程中，很多投降朝廷的叛将也被授予节度使职位。中唐之后节度使封地犬牙交错，遍布天下，朝廷力量极度削弱，最后导致了唐朝的灭亡。

唐朝灭亡之后，中国并没有马上回到统一的局面，而是进入了更加混乱分崩的五代十国时期。此时各个政权的建立者大多是武将，他们通过战争和政变等方式夺取政权，对暴力有着近乎痴迷的崇拜。他们相信“天子宁有种耶？兵强马壮者为之尔”①。因此在那时，武将们搞政变暗杀夺取政权简直是司空见惯的事，秩序、伦理、道德被践踏在脚下，父子反目，兄弟争位。欧阳修曾说：“五代十国时期，设立国君就像委任个小吏一样随意，改换国家就像换家旅店一样轻率。”②意思是政治混乱到了极点。

赵匡胤很清楚，自己建立的这个王朝要想站稳脚跟，必须从这些武夫悍将手里把失去的权力夺回来，否则，自己和王朝的下场不会比前面那些君主好多少。而同样做如此考虑的还有一个人，他就是赵匡胤的老部下赵普。

太祖即位后，他以前的手下石守信、王审琦等都掌管禁军，赵普对这些大权在握的武将非常不满，于是经常对太祖说起此事，太祖说：“他们肯定不会背叛我，你为什么如此担忧呢？”

赵普很狡猾，避开了对这些将领的道德评价，转而从莫须有的事入手：“臣也不担心他们会背叛陛下。臣仔细观察他们几个，都不是统御万众的人，但是臣怕的是他们不能控制住自己的手下，万一行伍间有人作乱，他们到时候也会身不由己。”

听了这话，赵匡胤惊出一身冷汗：他一下子想到自己即位的前前后

---

① 《新五代史・安重荣传》。

② 《新五代史・序》。

后，谁在面对皇位诱惑的时候不会心动呢？

过了几天，太祖又与赵普闲谈天下事，太祖长叹说：“从唐朝末年到现在，几十年间，八姓十二个君主前后相继，兵革不息，生灵涂炭。我想平息天下的兵灾，建长久之计，应该怎么做呢？”

“陛下能够说这样的话，真是天地神人之福。现在的问题是武将权力太大，只要渐渐夺去他们的兵权，天下自然就安定了。”

“你不必再说了，我已经明白了。”

赵匡胤已经意识到，当务之急是解除功臣大将兵权，可是怎么解除呢？汉朝开国皇帝汉高祖刘邦曾经也面临同样的问题，他的解决办法简单粗暴：杀。几年间，他就杀掉了曾辅佐自己立下汗马功劳的韩信、彭越等功臣，皇帝的权力是稳固了，但是后代对这种兔死狗烹的做法也颇有微词。

而宋太祖赵匡胤决定采取另一种办法。

过了几天，太祖和石守信等大将喝酒，酒过三巡，太祖屏退左右，对他们说：“要不是你们，我到不了这个位置，但是当天子也很艰难啊！还不如当年做节度使时快乐，我现在每天晚上都睡不好觉。”

大将们询问原因，太祖说：“道理很简单，我这个位子谁不想坐呢！”

石守信等人一听，酒都吓醒了，急忙叩头说：“陛下何出此言？现在天命已定，谁还敢有二心！”

“你们我当然信任，但是如果你们的手下想寻求富贵，你们会怎么办？一旦你们也被黄袍加身，即使你们自己不愿意，难道还能回头吗！”

石守信等人哭泣着请求太祖：“我们愚蠢，想不到这一层，请陛下哀怜，给我们指示一条生路。”

太祖慢慢地说：“人生如白驹过隙，人们都喜欢富贵，无过于多积累金钱，纵情享乐，使儿孙不至于贫乏。你们为何不交出兵权，出守大藩，买下好田好地好房子，为子孙建立永远不可动的家业，再买些歌儿舞女，每天纵酒欢乐。朕还可以与你们结成姻亲，君臣之间没有猜疑，上下相安，不是很好吗？”

听到这话，众将都感激涕零：“陛下为臣等考虑得如此周到，臣没齿不忘！”

第二天，这些将领便都“病了”，上书请求解除兵权。太祖当然立刻允准，不仅授予他们节度使头衔，还重重赏赐了他们。

这就是著名的“杯酒释兵权”的故事。

此后太祖有一次想提拔天雄节度使符彦卿掌管禁军，赵普马上反对：“符彦卿地位已经很高了，怎么能再掌管禁军？”

太祖不从，坚持下了诏书，赵普把诏书截下来揣在怀里去见太祖，太祖一见他就说：“不是为符彦卿的事情来的吧？”

赵普说不是，故意先提起其他的事情。谈完之后，赵普从怀中把诏书拿出来递给太祖，太祖说：“你果然还是因此事而来。你为什么要怀疑符彦卿呢？我对待他情深义重，他怎么会忍心辜负我？”

赵普反唇相讥：“陛下又是怎么辜负周世宗的？”

这话把赵匡胤噎得一个字说不出来，任命符彦卿的事情当然也黄了。①

“杯酒释兵权”主要解除的是朝中大将的兵权，但是对赵匡胤来说，威胁最大的还不是他们，而是在外镇守的节度使们。

不久，节度使入朝觐见，太祖在后苑赐酒与大家欢饮，这次，赵匡胤把“杯酒释兵权”又重演了一遍。他仍然装作很随意的样子说：“众位爱卿都是国家老臣了，多年来镇守地方，忙于公事，这让你们也没法享受生活，让朕心里很是不安啊。”

这些武将大多文化不高，没有体会出皇帝的话外音，但是永兴军节度使、中书令王彦超十分机智，一下子明白了皇帝的意思，他立刻上前说：“臣本来就没有什么功勋，多年来享受高官厚禄，现在臣已经衰朽，请求陛下允准我退休，让我回归田园，满足我的心愿。”

而另外几个节度使没有领悟，还在喋喋不休说起自己以前的功绩，太祖没好气地让他们碰了一鼻子灰：“这些都是前代的功劳！何足挂齿！”②

第三天，朝廷下旨，解除这些节度使的全部兵权，授予奉朝请的

---

① 《宋史 · 列传 · 卷九》《涑水记闻》。

② 《宋史纪事本末 · 卷二》。

闲职。

宋太祖以酒宴的和平方式解除了武将的兵权，也化解了自唐代以来百余年武将专权的危机，可以说举重若轻，手段高明。比起汉高祖、明太祖等屠杀功臣的手段，赵匡胤的手腕的确让人钦佩。不过，这只是他夺回权力的开始。

唐末到五代期间，地方诸侯割据，朝廷无力控制。每次朝廷要让节度使移镇或者接受替换，都要先派遣近臣去说明旨意，而且要发兵防备可能发生的叛乱，即便是这样，仍有很多藩镇拒不接受朝廷安排。这种弊病在宋朝初年依然存在，为了改变这一局面，宋太祖在乾德元年（963 年）开始推行一个全新的政策——以文臣掌管州事。这也是中国大规模文官执政的开始。此外，为了防止长官专权，同年四月，又在诸州设立通判一职，统管军民政事，通判有直接上报皇帝的权力，大的州甚至会设置两名通判，有效地分担了太守的权力。

对节度使权力过重的问题，除限制兵权之外，太祖还规定节镇所领的郡全部直隶京师，可以直接向朝廷奏事，不再隶属藩镇，这样节度使的权力与唐、五代时相比便不可同日而语。

太祖明白，要强化中央权力，还必须做一件重要的事：抓财权。

乾德三年（965 年），太祖下诏设置诸路转运使。从安史之乱以来，唐代各地的赋税收入大多被藩镇截留，上供朝廷的寥寥无几。五代时期藩镇势力更大，藩镇会委派专人主管当地赋税，盘剥百姓以供自己享用。赵匡胤对此十分了解。在赵普的建议下，他下诏今后地方赋税除留少数作为度支经费，其他全部送往汴京，不得截留，各地的赋税，由诸路转运使专门掌管，不管是节度使还是防御使、团练使、观察使，都不得染指分毫，这样全国赋税都集中到京城，朝廷势力大增。

为了削弱地方力量，太祖还命令将各地精兵选入京城作为禁卫军，又建立戍边士兵轮换制度，这样将不能专其兵，士卒也不至于骄惰。

除了兵权、人事权和财权，赵匡胤也没有放弃对司法权的掌控。他下诏说："五代诸侯跋扈，经常枉法杀害无辜百姓，朝廷却不加过问。但人命至重，怎么能如此姑息藩镇！从今以后，地方判决死刑，必须向朝廷汇报详细案情，交付刑部仔细核查。”

后代大多对赵匡胤的这些举措评价很高，吕中就说：

> 天下之所以四分五裂者，方镇之专地也；干戈之所以交争互战者，方镇之专兵也；民之所以苦于赋繁役重者，方镇之专利也；民之所以苦于刑苛法峻者，方镇之专杀也；朝廷命令不得行于天下者，方镇之继袭也。①

吕中认为，宋太祖任用文臣为地方官，设置转运使和通判，慢慢收回地方权力，这样就消除了割据混乱的局面，为大宋的长治久安打下了良好基础。

但是陈邦瞻也说：赵匡胤的所有策略都是力图强大中央集权的，却犯了矫枉过正的错误，精兵和财富都集中到京城，朝廷势力是加强了，但是国势却减弱了。②

但是值得一提的是，赵匡胤收权的行动其实是分两个层面的，从史料上看，赵匡胤收兵权、财权、司法权等举措主要是针对内地郡县，而对边防藩镇，他则采取了另一套做法。

从宋朝建立开始，其领土与汉唐相比就已大打折扣。除山西、河北、江南、四川、湖南、湖北等地被割据政权占据之外，宋朝还与契丹、西夏等少数民族政权并立，边防压力很大。因此，赵匡胤对边境防守十分重视。他委任赵赞、姚内斌、董遵诲、王彦升、冯继业分别镇守延州、庆州、环州、原州、灵武以防备西夏；让李汉超、马仁瑀、韩令坤等人镇守关南、瀛州、常山防备契丹；又派郭进、武守琦、李谦溥等人镇守西山、晋州等地，防备北汉。诸将的家属全部集中在京师，朝廷厚加抚养，其实也等于是人质。对于边防诸将的内政，宋太祖采取了格外宽松的方式：允许他们占有属地的赋税，郡中与外界商业往来的利润也都归其

① 《宋史纪事本末·卷二》。
② 同上。

所有，朝廷对这些藩镇的贸易免税，甚至允许他们自行招募兵丁，边防军事允许他们自己做主。每次边防将帅来觐见，太祖都对他们十分优待，让他们与皇帝对坐，赐给饮食，赏赐优厚。

大将李汉超在关南的时候就发生了这样一件事。有老百姓来朝廷告御状，说李汉超强娶自己女儿为妾，而且借钱不还。太祖把告状的叫来，问他：“凭你家的地位，你女儿能嫁给怎样的人？”

“农夫罢了。”

“李汉超没去关南的时候，契丹人会抢掠你们吗？”

“每年都被他们抢掠。”

“现在还有吗？”

“没有了。”

太祖正色说：“李汉超是朕的贵臣，你女儿当他的妾，难道不比当农妇好吗？假如李汉超没在关南，你们家还能保住你们的财产吗？”

太祖把这人骂了一顿之后让他回去了。之后他悄悄派人给李汉超送去三千两白银，对他母亲说：“你儿子钱不够花怎么不来告诉朕？”

又派人告诉李汉超：“你马上把人家女儿还回去，同时把欠的钱还了，这次我且饶过你，下次再犯，严惩不贷！”

赵匡胤这种恩威并用的手段让李汉超对他感激涕零，从此更是尽忠守边。①

后来李汉超率领五千将士镇守高阳关，他担心军队太少，便派他儿子带着奏章回京请求增兵。太祖对他儿子说：“你爹派你来是请求增兵的吧？”

太祖请他吃饭，然后说：“你爹办不好我的事，那么就让契丹砍了他的头，我另外寻找能够办好我事情的人，兵我是不会给的。”

之后他把身上的玉带解下来，又拿出一些金银让带给李汉超。后者知道之后更加奋力作战，始终没让契丹进入内地侵扰。②

---

① 《儒林公议》。《涑水记闻》，载此为沧州节度使张美事。

② 《儒林公议》。

而另一位驻守环州的将领董遵诲可以说是赵匡胤的老相识了。董遵诲的父亲叫董宗本，后汉的时候任随州刺史，赵匡胤年轻的时候曾经在他手下做事，那时候他就跟董遵诲认识了。但是董遵诲仗着自己父亲是领导，经常轻侮赵匡胤。

有一天董遵诲对赵匡胤说："我经常看见城上有一朵紫云像车盖一样。又梦见登上高台，遇见一条大黑蛇，大概有一百多尺长，很快蛇化为龙向东北飞去，龙身边雷电萦绕，这是什么征兆？"赵匡胤听了一句话也不回答。

还有一天两人争论兵法，董遵诲输了，他觉得面子上过不去，非常无礼地拂袖离开。赵匡胤随即辞别了董宗本离开。据说他离开之后，城上的紫云也就散去了。

赵匡胤即位后，将董遵诲召来对他说："你还记得当年紫云、黑龙的事情吗？"

董遵诲十分惶恐，再拜谢罪。不久部下告发董遵诲违反法令十多条，董遵诲请死，太祖说："朕正要赦免有罪、赏赐有功，怎么会顾念你的旧恶！"然后赦免了他。

董遵诲的母亲被辽国人掳掠到幽州，母子分离，太祖厚赏边民，重金将他母亲赎回，让他们母子团聚，之后又封董遵诲为通远军使。董遵诲上任之后，召集当地部落酋长，将朝廷威德向他们说明，让他们切勿扰边。当时酋长们都满口应承。可是没过多久就有部落入侵抢掠，董遵诲率兵反击，深入敌境，大败敌人，虏获羊马数万头，边境因此而安定。

洺州防御使、西山巡检郭进率部抵御北汉的入侵。郭进在后汉刘知远时代就以英勇善战闻名，建功无数，但是这个人有一个缺点，统驭部下过于严格，动不动就杀人，但是他的部队也因此军纪严明，屡战屡胜。太祖每次派兵去西山都会对士兵们说："你们一定要遵守军纪，如果有罪，我倒是会赦免你们，但是郭进一定会杀你们。"太祖手下有一支精锐部队，称之为"御龙官"，都是从精兵中千挑万选出来的精锐中的精锐，有一次太祖派遣三十名御龙官去郭进军中支援，在与北汉作战的时候，很多御龙官竟然临阵退却，郭进大怒，斩了十多人。得知消息，太祖当众大怒：“御龙官在千百健儿中才挑选出来一两个，郭进却因为他们稍微有些违反军令就杀掉，这样的话，这些精英是不够杀的！”

转头太祖又悄悄让宦官告诉郭进：“这些人就仗着自己宿卫皇帝地位尊贵，骄横不服从军令，杀了他们十分正确！”

郭进得知后感动哭泣，从此作战更加勇猛。太祖还下令在京城为郭进建造宅邸，厅堂全部用瓻瓦，有大臣说，按照规制，亲王和公主的宅邸才能使用瓻瓦。太祖说：“郭进为国尽忠，我对待他难道不像对待儿子一样，有何不可？”

到此为止，宋太祖通过各种巧妙的手段将唐代以来握在藩镇武将手中的权力夺了过来，一个高度中央集权的统一王朝已经初见雏形。紧接着，他要开始自己的下一步行动，将大宋变成能够与汉唐媲美的强大王朝，而他的目光，就此落在了四方的割据势力上。

明代刘俊《雪夜访普图》（局部），所绘为赵匡胤夜访赵普问计的场景

南征北讨

宋朝建立在五代后周的基础上，五代十国本身就是一个分裂的朝代，所以宋朝建立之初，只拥有以河南、山东为核心的中原土地，其他很多地方都掌控在割据政权手里：北汉占据了今天的山西和河北部分地区，北汉的背后则是强大的契丹；南唐占据了今天的江苏、安徽、江西等地；吴越占据了浙江；荆南占据了湖北一带，湖南则被武平节度使周行逢占据；四川是后蜀的地盘；南汉则占据了广东、海南和广西。初生的宋朝其实是被这些杂七杂八的政权包围在中间的。

假道灭虢，一石二鸟

赵匡胤登基后，就在考虑如何消灭这些割据政权，真正实现全国的统一。而最开始面临的一个问题就是从哪里入手。

当时所有的政权当中，实力最强的是契丹辽国，这其实也是宋朝要对付的最大的敌人，契丹扶植北汉，经常侵扰内地，让百姓不得安宁，所以有大臣认为应该首先攻打北汉，然后攻打契丹，之后由北向南，横扫全国；而另一些大臣则持相反的意见，一时间赵匡胤也不能决断。

一个大雪的晚上，赵匡胤微服出巡，来到了宰相赵普家里，赵普没有想到皇帝会来，一时间有些慌乱无措，急忙上前迎拜。赵匡胤说：“我已经约了晋王一起过来。”晋王就是赵匡胤的弟弟赵匡义，也就是后来的宋太宗，这时候已经改名叫赵光义。不一会儿晋王也到了，赵普让人在堂上铺下毡毯，三个人一起坐着吃烧烤，赵普的妻子给他们斟酒，太祖称她为嫂子，一派温馨祥和的景象。

吃了一会之后，赵匡胤忽然问赵普统一全国应该从哪里开始，赵普说：“太原阻挡着西北两面，它后面就是契丹。如果我们攻下太原，就意味着我们要直接面对契丹，不如等我们削平其他国家再进军太原。太原弹丸之地，难道还能逃出我大宋手心？”

赵匡胤听了之后微笑说：“我想的也是如此，只是来试试爱卿。”

赵匡胤之所以赞成赵普的观点，还有经济的考虑。据宋朝魏泰《东轩笔录》记载，太祖曾经对太宗说：“中国自从五代以来，兵连祸结，国库空虚。因此我大宋必须首先攻取西川，然后再攻打荆州、南汉和江南，这样国家财力就富足了。”

就这样，赵匡胤确立了先南后北，先易后难的统一策略，决定先对那些已经在瑟瑟发抖的弱国下手。至于要先拿谁开刀，赵匡胤需要等待一个机会。很快，这个机会他就等到了。

前面说过，宋朝建立的时候，今天的湖北在荆南节度使高保融的掌控之下。就在太祖即位的当年，高保融去世，他弟弟高保勖接替了他的位置，高保勖象征性地上奏太祖，太祖也象征性地授予他节度使之职，但是荆南其实仍然是一个独立的割据政权。两年后高保勖去世，其兄长高保融的儿子高继冲继承了节度使之位。

而湖南则掌控在武平节度使周行逢的手中。太祖建隆三年（962年），周行逢也去世了，他年仅11岁的儿子周保权继位。周行逢临终时，把手下将领召集到一起，对他们说：“我手下那些凶狠的将领已经被我诛杀殆尽，只有张文表还活着。如果我死了，张文表一定会作乱，诸君一定要好好辅佐我儿，不能够丢失土地。实在不得已，就率领所有人归顺大宋，不能够让我的领地落入虎口。”

周行逢去世之后，张文表果然心怀不满：“我跟周行逢都是从微贱中摸爬滚打到今天的，我怎么能侍奉一个黄毛小子！”

当年十一月，张文表袭击并攻克了潭州（今湖南长沙），想举兵灭掉周氏。听到张文表作乱的消息，周保权十分惊恐，他一边派大将杨师璠去平叛，一方面派使者到汴京求援。赵匡胤的机会终于来了。而北宋与湖南之间还隔着一个荆南，这对太祖来说简直是天赐良机。他说："江陵（荆南）不过是四分五裂的国家，现在我们应周保权的要求出师湖南，正好借道荆南，趁机平定两个国家，简直是万全之策。"

春秋时候，晋献公向虞国借道去攻打虢国，最后把两个国家一起灭掉，这就是经典战例"假道灭虢"。现在太祖显然也想玩这一招。

乾德元年（963年）正月，太祖命慕容延钊为都督，李处耘为都监，率领十个州的士兵，假道荆南去讨伐张文表。可大宋的军队还没到达，杨师璠就已经将张文表击败，并且杀掉了他。但是这对宋军来说没有任何意义，本来讨伐张文表就是一个借口，他们的真正目的是拿下这两个国家。高继冲见宋军没有撤兵的意思，心里有些打鼓，他派叔父高保寅带着牛和酒去慰劳宋军，借机探查宋军强弱。李处耘热情接待了高保寅，慕容延钊将高保寅请入帐中宴饮。高继冲听说之后心里的石头放下一大半。但他不知道的是，李处耘已悄悄离开大营，率领数千轻骑倍道前进，直逼江陵。直到李处耘抵达江陵城外十五里，高继冲才得知消息，他吓得惊慌失措，急忙出城迎接。李处耘见到高继冲，只是给他作了个揖，叫他在原地等待慕容延钊，然后就率领骑兵径直入城。等到高继冲回城，宋军已经接管了城里所有的交通要道，江陵城落入宋军手中。

就这样，宋军兵不血刃，就剪除了荆南这个割据政权。

灭掉荆南后，宋军继续向湖南进军，慕容延钊率兵攻下潭州。这时候周保权的手下明白，太祖是冲着他们来的，于是纷纷据城固守。慕容延钊的部队被挡在了朗陵。城池久攻不下，李处耘大怒，竟然下令手下吃人！他在被俘虏的敌人士兵中挑选了几十个长得胖的，让手下把他们吃掉了，又在其他健壮的俘虏脸上刺字，再将他们放回去。回来的士兵告诉城里的人俘虏被吃掉的消息，听到的人都十分惊恐，城中守军不战自溃。周保权和家属藏匿在一所寺院中，最后也被宋军搜了出来，送到汴京。

就这样，宋军用了不到三个月时间，用假道灭虢之计，干净利落地消灭了两个割据政权。不过这对赵匡胤来说只是牛刀小试，从这时开始，大宋的统一战车正式驶上轨道。

十四万人齐解甲

“蜀道之难，难于上青天。”崇山峻岭成为横在蜀地与中原之间的天然屏障，剑门关一夫当关，万夫莫开，所以自古以来蜀地就是割据政权最青睐的地方。早在王莽时期，公孙述就在蜀地建立了割据政权；之后东汉末年黄巾起义时，刘璋父子也在这里割据称王；三国时期刘备在这里建立蜀汉，与曹操、孙权三足鼎立；西晋末年，流民李特也在蜀地建立割据政权。五代是一个大分裂的时代，军阀们自然不会放过蜀地这个割据的天堂。907 年，王建在蜀地建立了前蜀政权，前蜀传到他儿子王衍手中的时候被后唐所灭，但是没有多久，934 年，后唐大将孟知祥又在蜀地建立了后蜀政权。

诸葛亮在《隆中对》里就曾经说：“益州险塞，沃野千里，天府之土，高祖因之以成帝业。”这里曾经是刘邦的大后方，也是他最后打败项羽建立西汉的根据地，战略地位不言而喻。对这块沃土，赵匡胤当然不会放过。

当时后蜀的皇帝是孟知祥的儿子孟昶，这是一个非常有文艺范的皇帝。事实上由于蜀地物产丰富，经济发达，前后蜀的国君们都爱好享乐，王衍就曾经写过一些在酒杯和女人堆里打滚的词，而孟昶似乎审美品位要高一些。据说他创作了中国历史上第一副春联：新年纳余庆，嘉节号长春。从此春节贴春联成为中国人最重要的习俗之一，至今不衰。有一次，孟昶带着宠妃花蕊夫人登上成都城墙，觉得风景有些单调，便下令在城中广种芙蓉树。次年成都成为一片花海。从此成都便有了“蓉城”的别称。

苏轼说，他 7 岁的时候，在眉山遇见一个姓朱的老尼姑，有 90 多岁了，老尼说曾经跟随师父到孟昶宫中。一次天气很热，孟昶与宠妃花蕊夫人到摩诃池上避暑，作了一

苏东坡像

首词，她还能记得。后来，老尼去世，这事也过去四十多年了，没人知道这首词。就连听闻过此事的苏轼也仅记得前两句，于是他就以此为开头，续写了一首《洞仙歌》。

洞仙歌

冰肌玉骨，自清凉无汗。水殿风来暗香满。绣帘开，一点明月窥人，人未寝，欹枕钗横鬓乱。　　起来携素手，庭户无声，时见疏星渡河汉。试问夜如何？夜已三更，金波淡，玉绳低转。但屈指西风几时来，却不道流年暗中偷换。

虽然这首词大部出自苏东坡手笔，但是能让苏东坡有兴趣续写下去的词，本身应该不是泛泛之作，这也从侧面证明了孟昶的水平。《十国春秋》说孟昶“好学，为文皆本于理”，应该是有根据的。

从这首词可以看出来，孟昶当时的生活是颇为快乐逍遥的，只是这种快乐逍遥很快就走到了尽头。

据《资治通鉴》记载，孟昶即位后，“日事奢纵”，让宠臣王昭远、韩保正、赵崇韬等掌管机要，自己则成天享乐，连他母亲都看不过去了，教训他说：“王昭远只是一个在你身边服侍的人，韩保正是个官二代纨绔子弟，对军事一窍不通，一旦发生紧急情况，这种人怎么能用！”但孟昶一句话也听不进去。

宋军拿下湖北和湖南之后，孟昶的宰相李昊对他说：“臣看大宋跟此前的汉和周都不一样，看样子统一海内是必然趋势了，我们不如归顺大宋，保全蜀地。”

孟昶想听从李昊的意见，但是被王昭远阻止了，王昭远还在三峡布置重兵把守，并且增置了水军，准备抵御宋军。

但王昭远也知道，以后蜀的国力，根本无法与大宋抗衡，他说服孟昶，派大臣赵彦韬带密信到北汉，约北汉从北边攻打大宋，到时后蜀从南边夹击，让大宋表里受敌。王昭远的计划很丰满，但是他没想到，信使赵彦韬走到汴京就直接把密信交给了赵匡胤！赵匡胤看信后大笑：“这下我师出有名了！”

宋太祖乾德二年（964 年），太祖任命王全斌为西川行营都部署，率领刘光义、崔彦进、王仁赡、曹彬等将，带领步骑六万，分道伐蜀。赵匡胤对这次行动充满信心，他甚至提前为孟昶在汴河边修建了宅邸，有五百多个房间，装修、家具一应齐备。军队出发前，太祖嘱咐王全斌：“攻下敌人城池后，你只需要收取兵器铠甲和粮食，财物都分给士兵，我要的只是土地。”

宋军分水陆两路进军，王全斌和崔彦进率兵从陆路进军，刘光义、曹彬等由秭归水路进军。

孟昶得知宋军进犯，任命王昭远为都统，赵崇韬为都监，率兵抗敌。王昭远是个志大才疏的小人，临行的时候喝了几杯酒，大发狂言：“我此行不仅是为了克敌，取中原也是易如反掌的！”他拿着一柄铁如意挥来挥去，自比诸葛亮，认为人生的高光时刻即将到来。

十二月，王全斌率领的宋军连战皆捷，蜀军接连败退，王昭远这才知道在战场上自己是只可怜巴巴的菜鸟，只好率兵回撤，退保剑门关。

水路方面，刘光义、曹彬率宋军首先攻下夔州（今重庆奉节），蜀将高彦俦兵败自杀，接着宋军又攻克万州、施州、开州、忠州，势如破竹。

965 年正月，王全斌率领宋军驻扎益光。从蜀军投降士兵的口中了解到，从益光江往东，越过几座大山，有一条小路名叫来苏，可以渡江绕过剑门关。王全斌分兵前往来苏，架起浮桥渡江，后蜀守军见宋军从天而降，纷纷逃亡。王昭远听说后，命令偏将守住剑门关，自己带兵退往汉源坡等待宋军，可还没到汉源坡，就听说剑门关已经失守，吓得王昭远两腿打战，坐在胡床上站都站不起来。后蜀与宋军在汉源坡决战，结局可想而知，后蜀大败，损失士兵上万，王昭远往东川逃亡，躲在一个谷仓里不停流泪，眼睛都哭肿了，最后和赵崇韬一起被追兵抓获。

宋军将领攻下城池之后，很多陆军都以屠城示威，只有曹彬坚决反对，因此水路的宋军军纪良好，秋毫无犯。

孟昶听到王昭远大败的消息十分震惊，拿出金银财宝紧急招募士兵，让太子孟玄喆率兵抵御，而孟玄喆更是个废物，出征的时候，他还带着姬妾、乐器和伶人，一路吹吹打打无比欢乐，仿佛是去春游。走到绵州的时候，他听说剑门关已经失守，这才明白自己再往前走就是送死，于是太子殿下竟然望风而逃，军队也随即溃散。

此时孟昶知道最后的希望也没有了。手下有人劝他固守成都，他说："我父子以丰衣美食养士兵40年，遇到敌人的时候，竟然没有人为我向东射出一箭，现在如果固守成都，还有谁会为我效力！"

此时王全斌正率领宋军逼近成都，孟昶下令让李昊草拟降表，请求投降。40年前，前蜀投降的时候，降表也是李昊草拟的。所以，有人趁夜在李昊家门上写下"世修降表李家"六个字，一时传为笑谈。

宋军入城后，派人将孟昶及其妻妾送往汴京。后蜀正式灭亡。

王全斌自认为立下大功，渐生骄横之心，他与崔彦进、王仁赡等开始在成都纵情享受生活，昼夜宴饮，不理军务，纵容部下抢劫百姓财物和子女，百姓苦不堪言。曹彬多次请求班师回朝，王全斌都不同意。之后太祖下诏让后蜀士兵前往汴京，并且给了优厚的路费，而王全斌竟然大胆地贪污了路费，还纵容手下宋兵欺凌蜀兵，这让蜀兵心怀愤恨，当他们走到绵州的时候就发动了叛乱，推举后蜀文州刺史全师雄为帅，刚刚平定的蜀地随即又陷入战火。面对叛乱，王全斌不仅没有妥善安抚，而且将全师雄的族人全部诛杀，还把他的爱女纳为小妾，这让蜀兵更是愤怒，发誓与宋军对抗到底。这时候成都城里还有二万七千名后蜀的降卒，王全斌害怕他们与叛军里应外合，竟然将他们全部诱到夹城里杀害。

宋太祖听到蜀兵叛乱的消息，下诏客省使丁德裕率兵入川讨伐，经过几场恶战，终于平定了这场本来不应该发生的叛乱。

乾德五年（967年），太祖召王全斌等回朝。自从听说蜀地叛乱，太祖就从使者那里了解到很多王全斌违法乱纪的行为，但是看在他刚立下大功的份上，太祖不想严惩他，将随州改为崇义军，王全斌被贬为崇义军节度观察留后，其他几个有罪的将领也受到处理。王仁赡被降为右卫大将军，他交代说："清廉谨慎，不负陛下的，只有曹彬一人。"太祖让人去调查，得知曹彬回朝的时候，囊中只有图书和衣服被子，同时曹彬统军有方，部队军纪严明，因此太祖重赏了曹彬，并问他：“这次平蜀，你觉得哪些官员很有能力？”

曹彬说：“臣只是带兵打仗，至于了解官员，不是臣的职责。”

太祖坚持问他，曹彬说：“沈义伦可以重用。”

这次平蜀战争中，沈义伦任四川转运使，这是个肥差，要借此捞油水简直是易如反掌。然而沈义伦始终居住在佛寺里，连肉都不吃，有送他珍宝的，他都回绝了，回来的时候，行李也只有几卷书。太祖知道之后，立刻提拔沈义伦为枢密副使。

再来说孟昶，亡国之后，他和母亲以及宠妃花蕊夫人等被宋军押往汴京，太祖早就知道花蕊夫人才华过人，便让她赋诗一首，于是花蕊夫人就写下了这首诗：

君王城上竖降旗，妾在深宫那得知？
十四万人齐解甲，更无一个是男儿。

太祖欢迎孟昶的仪式还是颇为感人的。他下令让人用轿子抬着孟昶的母亲入宫，还称她为“国母”，亲切地说：“国母好好保重身体，不要忧伤怀念故土，以后朕会送国母回家。”

孟昶母亲回答：“妾身本是太原人，以后如果能够回到故乡，这也是妾身的心愿。”

当时太祖正在策划攻打北汉，听到这话十分高兴。

在检视战利品的时候，赵匡胤看见一个盆子，用各种奇珍异宝装饰，他不知道是拿来干什么的，询问之下才得知，这居然是孟昶的尿盆！赵匡胤下令将其摔碎，说：“用七宝装饰尿盆，那应该用什么东西来盛食物？做这样的事，不亡国才怪。”

在战利品中还有后蜀宫殿里收藏的画，太祖问：“这些是拿来干什么的？”

手下回答：“是用来供皇帝欣赏的。”

太祖说：“一个人欣赏哪里比得上让众人欣赏！”于是下令把画赐给

东华门外的茶馆，让茶客们都能欣赏。[1]

孟昶住进了太祖为他准备好的汴河边的住所，但是他在这里只住了七天就死了。孟昶的死因，史书里没有任何记载，后人便有了各种猜想。

一、认为是赵匡胤杀了孟昶，因为孟昶很受蜀地百姓爱戴，他离开蜀地的时候，数十万蜀人哭号相送，而且灭蜀之后，蜀地很快就发生了叛乱，这一切都促使赵匡胤决定杀孟昶。

其实这种猜想是站不住脚的。赵匡胤向来以仁德宽厚闻名，对投降的君主大多宽容相待。有人曾经劝太祖诛杀投降的君主，他笑着说："他们守着千里的国土，拥有十万将士，结果被我擒获，孤身客居汴京，还能翻起什么浪？"[2]

孟昶到汴京后，也曾有大臣密奏，认为孟昶在蜀地称王三十年，根基雄厚，最好能够族诛孟昶，赦免其臣子，以防止生变。赵匡胤在奏章后面批了一行字："你好雀儿肠肚。"[3]意思是，你的气量真小。

由此看来，赵匡胤对完全控制这个亡国之君有着绝对的自信，说他因为怕孟昶造反，实在站不住脚。《宋史纪事本末》说太祖知道孟昶的死讯后非常震惊，为他废朝五日，这大概也可以作为一个证据。

二、认为可能是赵光义或者手下臣子动手杀了孟昶。

这种说法不是没有道理，特别是赵光义，他是皇帝的弟弟，后来也成为事实上的嗣君，地位很高。而且一般认为宋太宗不像宋太祖那样宽厚仁慈，这从他后来毒死李煜的事件就可以清楚看出。因此他或者他手下的大臣害死孟昶是有可能的。

三、有人怀疑孟昶之死与花蕊夫人有关。

孟昶等到汴京之后，赵匡胤就被花蕊夫人吸引住了，下诏让她入宫侍奉，很快孟昶就不明不白地死了。如果是这样的话，孟昶的死则有两种可能：第一是因为花蕊夫人被霸占而痛苦不堪，于是自杀；第二是太祖

---

① 《后山谈丛 · 卷五》。

② 《后山谈丛 · 卷四》。

③ 同①。

为了断绝花蕊夫人的希望，杀死孟昶。这两个可能性至少比赵匡胤怕孟昶造反而杀死他的说法可信一些。但是，由于资料的缺失，到现在也没人知道孟昶真正的死因。

孟昶母亲得知消息之后，一声也没有哭，只是用酒洒在地上说："你不为社稷而死，贪生苟活才沦落到今天这下场。我之所以亡国时不死，就是因为你还在。现在你已经死了，我还活着干什么呢！"于是孟昶母亲也绝食而死。

而花蕊夫人的结局也让人感叹。据《铁围山丛谈》记载，赵匡胤得到花蕊夫人之后十分宠爱，但是晋王赵光义却认为花蕊夫人是不祥的亡国祸水，劝谏太祖除掉她，太祖不愿意。一次他们在苑中打猎，花蕊夫人在一旁侍奉，晋王拉弓引满，似乎要射向猎物，结果忽然一转身，一箭就将花蕊夫人射死了，而太祖见人已经死了，也无可奈何。

为国尽忠，要先自宫

五代十国时期，不少割据政权堪称奇葩，但是南汉可以说是奇葩中的奇葩。

南汉的地盘包括现在的广东、广西和海南三省，最早可以追溯到唐末时期的广州牙将刘谦。黄巢之乱后，刘谦任广州刺史，拥兵过万，并有战舰百艘。刘谦死后，刘隐继承父职，被封为清海节度使，势力逐步扩大。岭南是唐代流放大臣的主要地点之一，很多名臣的后代都居住在这里，黄巢之乱后，一些中原士人也到这里避难，刘隐招揽人才，扩充力量，蚕食诸郡，逐渐成为岭南最强大的割据势力。刘隐死后，他弟弟刘岩袭封，刘岩比他父兄野心更大。917 年，他在番禺（今广州）称帝，国号大越，第二年，改国号汉，史称南汉。为了显示自己的皇帝身份，刘岩效仿武则天造"曌"字为自己命名，也造了一个字"䶮（yǎn）"，意思是飞龙在天，改名刘䶮，刘䶮也就被称为南汉高祖。

刘䶮为人聪明颖悟，但是手段却残忍狠毒。他创造了刀锯、肢解、刳剔等酷刑，而且非常喜欢观赏行刑过程，每次看到有人受苦，他就会兴奋不已，甚至垂涎三尺，有人觉得他就像一条食人的蛟龙或者蟒蛇。刘䶮还喜欢奢侈，岭南本来就物产丰富，他更是穷奢极欲，疯狂聚敛南海珠宝，修建玉堂珠殿。

后唐建立的时候，刘䶮派人去中原刺探虚实，在国书上他大言不惭地写着大汉国主致书大唐皇帝，使者回来对刘䶮说唐必陷入内乱，不必担忧，刘䶮更加放心。他对自己奢侈豪华的生活非常得意，中原的商人来岭南做生意，他经常会召见他们，让他们观赏自己豪华的宫殿，还说自己家乡本在长安，现在却在蛮夷之地称王，颇觉羞耻，这很像今天我们说的“凡尔赛”。刘䶮称后唐皇帝为“洛州刺史”，更显其骄横傲慢。

刘䶮去世后，儿子刘玢继位，比起他爹，刘玢更是荒淫无度，在服丧期间就召集伶人在宫里作乐，甚至穿着丧服偷跑出宫跟歌姬们厮混。由于政治腐败，岭南盗贼蜂起，很多地方陷入战乱。其四弟刘弘熙趁机作乱，杀死了刘玢，自立为帝，改名刘晟，这就是南汉中宗。

中宗刘晟比父兄更加残暴，他上台之后，为了巩固权力，杀死了自己所有兄弟，并诛杀异己，重用宦官、宫女，南汉国力逐渐衰落。

刘晟 39 岁就死了，即位的是他儿子刘鋹，这可以说是南汉集大成的一位残暴昏庸皇帝，几代皇帝的混账德行和胡作非为在他身上达到了顶峰。

刘鋹原名刘继兴，即位的时候才 17 岁，为人昏庸懦弱，受他父亲的影响，刘鋹也信任宦官。他认为宦官没有家室，没有牵挂，就能一心为国，因此他非常宠信宦官，有些宦官甚至担任了三师三公这样的高官。不仅如此，刘鋹甚至还出台了一项前无古人后无来者的荒唐规定：大臣必须要自宫才能进用，因此南汉群臣基本上全部都是宦官，可以说是“为国尽忠，必先自宫”，一时间宦官人数超过二万人！

刘鋹自己没有治国能力，他把政事全部委派给宦官龚澄枢和才人卢琼仙，开创了宦官和宫女协同治国的先例。他则每天和自己宠爱的波斯女子一起游戏玩乐。宦官陈延寿对刘鋹说：“先帝之所以能传位给陛下，就是因为杀掉了他的兄弟。”刘鋹觉得很有道理，于是便杀掉了自己的弟弟，这样内部更是人心惶惶，朝纲大坏。陈延寿还给刘鋹引荐了女巫樊胡子，说樊胡子是玉皇大帝附身，刘𬬮信以为真，在内殿设置帐幕，让樊胡子戴着王冠穿着王袍坐在里面，樊胡子也很入戏，称呼刘𬬮为太子皇帝，基本上把刘𬬮当儿子对待了。卢琼仙、龚澄枢等人看见这种情况争着讨好樊胡子，樊胡子便对刘𬬮说："龚澄枢等都是上天派来辅佐太子皇帝的，即便有罪也不能过问。"

对这种荒唐行为也不是没有人反对，尚书左丞钟允章就对宦官掌权十分不满，多次请求诛杀宦官，让后者切齿痛恨。

有一次，刘𬬮要去南郊祭天，典礼前三天，钟允章与礼官登上祭坛，安排祭祀事宜。有宦官看见就故意诬陷说："这是谋反！"于是，宦官拔剑登上祭坛，钟允章见状，迎面斥责宦官，宦官就跑回宫向刘𬬮告状，诬陷钟允章谋反。刘𬬮想都不想就将钟允章下狱，之后将其灭族。

和前几代南汉皇帝一样，刘𬬮延续了他家残忍凶暴与奢侈淫靡相结合的生活方式。刘𬬮对待罪人的刑罚花样繁多，有烧、煮、剥、剔、刀山、剑树等各种酷刑，有时候他心情好，还会像罗马人一样让罪人去与老虎大象搏斗，以供玩乐。为了维持自己的奢侈生活，刘𬬮以重税盘剥百姓。老百姓进城都要缴纳一个钱作为入城税，琼州每卖一斗米也要交税四五钱。刘𬬮还在海门部署了八千士兵，名叫媚川都，他们的任务并不是防备内忧外患，而是专门为刘𬬮冒死下海采集珍珠！他的宫殿到处装饰着各种奇珍异宝。除了在皇宫玩乐，刘𬬮还经常在城外游玩，为此他在广州城外建造了几十座离宫。

对南汉的残暴荒淫赵匡胤早有耳闻，但是他当时正在谋划平定蜀地，一时间抽不出力量对付南汉，可是南汉却没有闲着，乾德二年（964 年），南汉军入侵潭州，结果被防御使潘美击退。在刘𬬮昏庸残暴的统治下，南汉的军事力量是可想而知的。本来南汉招讨使邵廷琄是一名难得的名将，他在洸口屯兵，招集亡叛，训练士卒，积极战备，可以说是大宋潜在的劲敌。但是有人写匿名信说邵廷琄图谋不轨，刘𬬮信以为真，下诏将其赐死。士卒拥到军门向使者喊冤，说邵廷琄无罪，但是没有用。后来当地兵民在洸口给邵廷琄建了个祠堂来祭祀他。

开宝三年（970 年），刘𬬮不知死活，竟然主动出兵攻打大宋的道州，太祖大怒，他让南唐后主李煜写信劝说刘钅长对大宋称臣，并归还侵占的湖南土地，刘钅长不但拒绝，还囚禁了南唐的使者。太祖见机会成熟，便任命潘美为桂州道行营都部署，尹从珂为副手讨伐南汉。

此时南汉的猛将大多因为谗言被诬陷杀害，宗室也被屠杀殆尽，掌兵权的全是宦官。而且从刘晟执政以来，皇帝贪图享乐，城墙壕沟等防御工事都被改建为离宫和花园，根本没有防御功能，兵器也多腐朽破烂。听说宋军来讨伐，南汉朝野上下惊恐，刘钅长派龚澄枢率兵前往贺州，但是龚澄枢走到半路就逃了回来，潘美随即围困贺州。刘钅长改派伍彦柔率军支援。潘美探知南汉军队将至，事先在南岸埋下伏兵。伍彦柔军晚上到达，把船停在岸边，天明的时候，伍彦柔大大咧咧地起床，挟着弹弓上岸，坐在胡床上准备指挥，突然伏兵冲出，南汉军大乱，被歼灭十分之七八，伍彦柔也被活捉斩首。

刘钅长得知消息后大为震惊，情急之下启用旧将潘崇彻，但是刘钅长滥杀文武大臣的做法早已让大臣们寒心，潘崇彻掌握重兵却只是自保。潘美率兵接连攻下昭州、桂州和连州。事到如今，刘钅长居然还信口胡说："昭州、桂州、连州、贺州本来就属于湖南，现在宋兵取回去了，也足够了。我知道他们不会再往南攻击了。"

宋军当然不会以刘钅长的意志为转移，潘美率兵继续攻击。970 年十二月，南汉与宋军在莲花峰下进行最后的决战。刘钅长手里还有一张王牌，他认为靠着这张王牌他一定能绝地逢生，完美逆袭，这就是岭南独有的象兵。岭南战象每头上面可以乘坐十余名士兵，每次作战，战象都放置在阵前，以壮声威。潘美调集了所有强弓劲弩集中对战象射击，战象受伤后往回跑，反而把南汉军队踩踏得落花流水，南汉军大败。

开宝四年（971 年）二月，潘美连克英州和雄州，南汉老将潘崇彻率军投降，刘钅长知道情况不妙，遣使请和，却被潘美拒绝。宋军步步紧逼，在广州城外十里扎营。刘钅长见打不过，于是决定鞋底抹油——溜。他命人准备十多艘大船，满载金银财宝和宠爱的妃嫔，计划逃往海外。谁知道他还没行动，他心爱的宦官就提前一步行动了：宦官乐范勾结卫兵千余人，把皇帝的救命船偷偷开跑了！

刘鋹见逃跑不成，便决定投降，可是使者刚到宋军大营，刘鋹就又在宦官的劝说下改了主意，要与宋军决一死战，结果南汉军营遭到潘美火攻，损失殆尽。眼看亡国将成为事实，龚澄枢等人竟然想出一个馊主意："宋军来攻打我国就是贪图我们的珍宝，我们一把火把它烧光，宋军无利可图，就会退兵了。"这种神志混乱的话刘鋹居然也会相信，于是他下令把府库全部烧毁。

但是宋军当然不会退兵，刘鋹在第二天就被迫投降，潘美入城，将刘鋹及其宗室送往汴京。此时有几百名宦官，衣着鲜丽地请求拜见，潘美说："这种阉奴太多了，我奉诏伐罪，正是为这种人而来。"于是，下令将其全部斩杀。

刘鋹不仅是个昏君、暴君，也是个善于诿过、归罪他人的无耻小人。到汴京后，太祖质问他为什么烧毁府库以及在投降时为何反复无常，刘鋹马上归罪于龚澄枢等人，还言之凿凿地说："臣 17 岁就僭越帝位，龚澄枢等人都是我父亲的旧人，什么事情臣都不能做主，在国内，臣是臣下，龚澄枢才是皇帝。"

于是太祖下诏处死龚澄枢等人，封刘鋹为恩赦侯。

刘鋹从小养尊处优，是个大胖子，但是却能言善辩，还有一双巧手，他曾经用珠子将马鞍结成戏龙的形状献给太祖，太祖对左右说："刘鋹生性工巧，习以成性。如果能将这份天赋用在治国上，怎么会到灭亡的境地！"

刘鋹在南汉的时候经常用毒酒杀死自己的臣下。有一次太祖巡幸讲武池，臣下还没到齐，刘鋹先到了，太祖便让人赐酒给他，刘鋹以为太祖和自己一样喜欢使阴招，吓得面无人色，大哭说："臣继承祖先和父亲的基业，不自量力地抗拒朝廷，劳烦王师讨伐，其罪当诛。陛下既已赐臣不死，臣愿意做大宋的一介布衣，瞻仰太平盛世。臣不敢饮此酒。"

太祖听了又好气又好笑："朕对你推心置腹，哪里会做这种事？"便取过刘鋹的酒自己喝下，让人重新给他斟酒。

刘鋹在当皇帝的时候是个不折不扣的暴君、昏君，但是在归降之后马上变成死心塌地的好奴才。太宗计划讨伐北汉，一次酒宴上，刘鋹恬不知耻地站起来说：“朝廷威灵遍及远方，四方窃位僭主的君王现在都在座。再过不久，等朝廷平定太原，刘继元也会加入进来。臣是最先归降盛朝的，希望能够手执棍棒，替陛下呐喊助威，成为各位投降国王的老大。”太宗听后大笑。

南汉平定后，北宋疆域向南扩展到了广西、海南，太祖先南后北的战略构想已经完成大半，他的卧榻之侧，只剩下南唐和吴越还在酣睡了。

恰似一江春水向东流

960 年，赵匡胤发动陈桥兵变，黄袍加身，推翻了后周，建立了宋朝，史称北宋。第二年二月，偏在江南的割据政权南唐将都城迁到了豫章（今江西南昌）。南唐的都城原来在龙盘虎踞的金陵（今南京），为什么突然迁都到当时还有些僻远的豫章？原因还是为了躲避此时如日中天的大宋的威胁。

前面说过，宋朝刚刚建立的时候，后周旧将李重进在扬州发动叛乱，这次叛乱被太祖干净利落地平定了。之后太祖命令宋军在迎銮镇（今江苏仪征）举行大规模的军事演习，其实也是向南唐和吴越示威，南唐中主李璟十分恐惧，派皇子送上大量金帛犒师。南唐群臣也人心惶惶，杜著和薛良两位大臣趁机叛逃至汴京，向太祖献上“平南策”。但是这时候赵匡胤还没有剿灭南唐的想法，这两个人便将马屁拍在了马腿上，最终，杜著被送到句容下蜀处斩，薛良也被充军。尽管这样，李璟还是对大宋这个近在咫尺的猛虎感到十分不安，因此，在 961 年二月，南唐迁都豫章，只留下太子李从嘉驻守金陵。

其实，南唐在历史上也曾经有过辉煌时刻。

南唐是高祖李昪建立的，李昪出身寒微，父亲在战乱中失踪，他投靠徐温成为其养子，后来官至南吴太师、大元帅，被封为齐王。937 年，李昪称帝，国号齐，两年后李昪自称是唐宪宗后代，改国号为唐，史称南唐。全盛时期的南唐占据三十五个州，大约地跨今天江西、安徽、江苏、福建以及湖南、湖北，几乎占据了中国的半壁江山。但是到后周时期，李昪的儿子中主李璟遇上了五代公认的第一明君周世宗柴荣，南唐与后周的作战接连失败，淮北地区全部被后周占据。皇帝的架子撑不下去了，李璟在958年宣布去掉帝号，称国主，并向后周称臣。

南唐迁都后没多久，李璟就在豫章去世了。太子李从嘉当时留守金陵，马上宣布即位，并改名李煜，这就是史上著名的南唐后主。

史书记载李煜“聪悟好学，善属文，工书画，明音律”，意思是说李煜是个学者、诗人、书法家、画家，还是个音乐家。这在五代武夫横行、暴君满地的皇帝圈子里算是一股清流。但是，他却不是一个雄才大略、励精图治的皇帝。

李煜像

李煜知道，此时的南唐，完全无力与强大的宋朝抗衡，他能做的，只是随时讨好宋太祖，希望灭亡的这一天晚点到来。每次他听说宋军出师打了胜仗或者其他喜庆的事情，一定会派人送去大量金银财宝祝贺，如果遇上大的节庆，更是以“贡宴”的名义送去无数珍玩。此前中主李璟连续用兵已经让国库空虚，现在长期巨额的进贡又让南唐不堪重负，中主时期，南唐就在大臣钟谟的建议下铸大钱，以一个大钱兑换十个旧钱，后来韩熙载又主持铸造铁钱，以一个铁钱兑换两个旧钱，之后又暴增到兑换十个，这其实就是变相促成通货膨胀，因此南唐经济更加凋敝，民不聊生。

除喜欢文学艺术之外，李煜还笃信佛教，他拿出国库的钱招募百姓出家为僧，导致当时金陵有上万和尚，全靠朝廷供养。甚至有野史说李煜亲自给和尚削厕简（当时人们大便后用来拭秽的木条或竹条），可以说在佛面前，李煜卑微到了极点。李煜退朝后，就与皇后一起穿着袈裟念经跪拜，日久天长，手脚都生了茧子。太祖知道李煜有这个爱好，就专门找了个精通佛法、口才极好的年轻人南渡，跟李煜谈玄说妙，李煜对其十分敬重，称他为“一佛出世”，这样李煜的心更不在治国理政上了。

面对李煜的所作所为，有些大臣心急如焚。大臣潘佑在一次踏青的宴会上，便作了一首名为赏春，实际上讽刺朝政的词：

失调名

楼上春寒山四面，桃李不须夸烂漫，已输了春风一半。

此时的南唐朝廷，正如词中所说的一样，春寒逼近，四面危机，而与后周的长期作战，使南唐丢掉了淮河以南、长江以北的大片土地，几乎占南唐疆土的一半。潘佑不无心酸地用“已输了春风一半”代指“已失却江山一半”。此后潘佑又多次进谏，惹恼了李煜，最后被赐死。

开宝四年（971 年），李煜即位已经十年了，在这十年中，他养了很多和尚，写了很多字，画了很多画，作了很多诗词，还连娶了两个皇后；宋太祖即位也十一年了，在这十一年中，他平定了李筠和李重进叛乱，收复了湖北、湖南，灭掉了后蜀，又在这一年灭掉了南汉，他的目光转向了富庶繁华的江南。十一月，李煜派自己的弟弟李从善入朝上贡，太祖扣留了李从善。李煜与李从善兄弟情深，亲自写信哀求太祖放回李从善，但是被太祖拒绝。

李从善被扣押是个危险的信号，意味着一直表面和气的大宋准备跟南唐翻脸了。此时南汉已经灭亡，李煜心怀恐惧，上书请求去掉“唐”的国号，自己从“唐国主”改称“江南国主”，希望能用这种卑躬屈膝和低声下气的方式换取太祖的怜悯。为了自保，李煜还试图贿赂太祖身边的重臣。他派人秘密送给赵普五万两白银，赵普不敢隐瞒，禀告了太祖。太祖说：“这银子你不能不接受，你只管收下然后写个回信，好好赏赐一下使者就可以了。”

赵普惶恐说不敢接受，太祖说：“大国之体，不能够自己削弱自己的声威。应该使他们觉得深不可测。”

之后宋太祖转手就赏赐李从善五万两白银，跟李煜贿赂赵普的数目完全一样，南唐君臣听闻后大为震骇。

南唐将被北宋吞并的危险信号越来越明显，一些南唐将领已经感觉到了危机。江都留守林仁肇和沿江巡检卢绛都向后主建议早做防备，但是后主根本不听。林仁肇是南唐猛将，太祖早就听说过他的大名。他贿赂了林仁肇的侍者，得到了他的画像，并把它挂在别室内。江南使者来的时候，太祖让他们观看画像，并问："知道这是谁吗？"

使者回答林仁肇，太祖故意说："林仁肇很快就来归降，特意把画像先送来作为信物。"

又指着一处空宅子说："这个是朕将要赐给林仁肇的。"

使者回去之后禀报李煜，李煜竟然看不出这是反间计，派人毒死了林仁肇。

南汉被灭后，宋朝灭南唐已经是箭在弦上，只是缺少一个借口。可是李煜实在太谦恭了，太祖根本找不到借口。但是没关系，没有借口可以制造借口，这个借口就是让李煜入朝觐见皇帝。你不是对我称臣吗，臣子觐见皇帝是应尽之义啊！但是谁都明白，李煜如果真的入朝，那就是有去无回，李煜当然不能答应。而赵匡胤要的就是李煜拒绝。开宝七年（974 年），宋太祖任命曹彬为西南路行营都部署，潘美为都监，曹翰为先锋，率兵十万攻打南唐。

太祖一直没有忘记平蜀地时大将王全斌等杀降屠城的暴行，曹彬等人出发前，太祖特地叮嘱："江南的事情，朕就全部委托给爱卿了。一定要推广朝廷恩信，让他们自然归顺，不要着急用武力。金陵城破之日，一定不要滥杀无辜，如果对方坚决抵抗不得已使用武力，也切记不能伤害李煜一家人。"

太祖又拿出自己的宝剑授予曹彬说："副将以下不遵从命令的，以此剑斩之！"旁边的潘美等将领听后都大惊失色。

曹彬率军从荆南沿江而下，南唐士兵认为这只是宋军常规调动，甚至还送来牛酒慰劳。等他们发觉这次跟往常不一样的时候为时已晚，曹彬顺利攻克池州，又在铜陵击败南唐军队，进驻采石矶。

得知消息的李煜并不惊慌，因为他认为自己最稳固的防线并不是精兵强将，而是上天赐给他的长江天险。但是他不知道，他依靠的天险对宋军来说，早已形同平地，这一切竟然都是因为一个南唐的落第书生，他叫樊若水。

樊若水在南唐参加科举考试，接连落榜，这让他对这个江南小朝廷彻底失去了信心，决定投靠宋朝。他装扮成渔夫，每天来往于采石矶附近的江面，表面上是在捕鱼，其实他的船上拴着绳子，他频繁来往是为了测量江面宽度、水深、流速等重要数据，他的目的是要寻找到一个合适的地方，让宋军可以在长江上架设浮桥。

樊若水测量完成后，逃到了汴京，向太祖献上他亲手绘制的《横江图说》，上面将长江采石矶一带的险要曲折标记得清清楚楚，更详细标注了各处江面的宽度，太祖大喜，决定采纳樊若水的建议，在采石矶江面架设浮桥。

按照樊若水的安排，宋军先在石牌口架设浮桥，然后顺江把浮桥运到采石矶，完成这一切只用了三天，而且架设在采石矶的浮桥“不差尺寸”。

李煜起初听说宋军架设浮桥的消息只是哈哈一笑，说：“自古就没有在长江上架设浮桥的事情。”当他知道浮桥已经架设好之后大惊，急忙派将领率兵攻打浮桥，结果被潘美击败。宋军踏上浮桥，如履平地，源源不断地渡过长江，直逼金陵。

开宝八年（975年），宋军势如破竹，攻到金陵城下，南唐十万军队大败，纷纷作鸟兽散，宋军将金陵团团围困了起来。而此时的李煜竟然对此一无所知，还天天在后苑与和尚道士们讲经。当时守城军队的主帅是皇甫继勋，这个人根本不想抵抗，只盼李煜早点投降以便保命，只是嘴上不敢这么说。每次对众军训话的时候，他总是说：“宋军强劲，谁能抵挡啊！”听到南唐军失败，他反而喜形于色：“我就知道宋军是不可战胜的！”有些将士招募勇士出城作战，皇甫继勋知道后竟狠狠杖责他们，还把他们囚禁起来。而这一切，李煜全被蒙在鼓里。

有一天，李煜心情不错，爬上城墙去看风景，竟然看到城外全部是宋军的营寨，这才知道自己的首都已经被围困几个月了，李煜大怒之下，杀了皇甫继勋。可怜皇甫将军希望主子投降的愿望在他有生之年无法实现了。

李煜派大臣徐铉请求宋军退兵，徐铉对太祖哀求道：“李煜没什么罪过，陛下师出无名。李煜以小国侍奉大国，就像儿子侍奉父亲，没有任何过失，为什么要讨伐他？”

“既然说是父子，那么父子分为两家难道可以吗？”

徐铉还在太祖前争辩不已，终于惹恼了太祖，他厉声喝道：“不需多言！李煜的确没什么罪，但是天下一家，卧榻之侧，岂容他人酣睡！”

徐铉吓得面无人色，只好告退。

宋军围困金陵接近一年，眼看城破即将成为事实。曹彬派人对李煜说：“事到如今已不可挽回，应该怜惜的是这一城生灵，唯有投降才是上策。否则十一月二十七日，城必破，希望国主早做打算。”但李煜不听。

在金陵被围困得如铁桶一般时，曹彬忽然声称自己病了，不来处理公务。诸将都来探望，曹彬说：“我的病不是医药能够治愈的，只需要各位诚心发誓，在城破的时候，不要杀害一个无辜，我的病自然会好。”

诸将听到后全部许诺，并焚香立誓。第二天，曹彬就声称“病”好了，宋军继续攻城，第三天，也就是十一月二十七日，金陵城被攻破。

金陵城里有一座尼姑庵叫净德尼院，里面有四十多个尼姑。她们是南唐先帝们的女眷。围城时，李煜与众尼相约，城破之日，他会与亲属一起自焚。但到了那一天，李煜却怎么也没胆量跳入火中。战斗中有士兵放火，净德尼院的尼姑们看见火光，以为后主已经自焚，于是全部投火自尽，没有一个留下的。

李煜率领臣下到军门请罪，曹彬好言安抚，并且告诉李煜要带他到汴京，请他先回宫收拾行装，并只让几名骑士跟随李煜回宫，守候在宫门外。手下有人反对，说李煜要是自尽了，曹彬怎么向皇帝交代？曹彬笑着说：“李煜为人，懦弱少决断。现在已经投降，肯定不敢自杀。”

李煜的确没有自杀，他忍受屈辱，从此成了阶下囚，但是却也因为命运的巨大转折，他蜕变成了五代时期最伟大的词人。

破阵子

四十年来家国，三千里地山河。凤阁龙楼连霄汉，玉树琼枝作烟萝，几曾识干戈？　　一旦归为臣虏，沈腰潘鬓消磨。最是仓皇辞庙日，教坊犹奏别离歌，垂泪对宫娥。

这首《破阵子》将李煜家国破亡时的悲凉描写得入木三分，从此南唐国主李煜走下历史舞台，而词人李煜则正式登场，虽然他以这个身份只在世上生存了两年多，但是他词人皇帝的名字却因此不朽。

976年，李煜被押解到汴京后，太祖封他为违命侯。而立下大功的曹彬也受到了封赏。曹彬出发前，太祖曾经对他说："等你打败了李煜，我会任命你为使相。"

宋代的使相职权相当于宰相，可谓位极人臣，潘美知道后提前祝贺曹彬，曹彬说："不是这样的，这次是仰仗天威，遵照皇上的谋略，我又有什么功劳呢？何况使相是多么重要的位置！"

"将军为何这么说？"

"平定了南唐，太原还没平定啊。"

回朝后，太祖对曹彬说："本来要授予爱卿使相之职，但是太原还没剿灭，你姑且稍微等一下。"

潘美听到后忍不住对曹彬笑了一下。太祖问他为什么笑，潘美把此前他们的对话告诉了太祖，太祖也大笑，赐给曹彬钱五十万。曹彬回来之后说："人生何必一定要当使相，当大官也比不上多挣钱啊！"没多久，太祖拜曹彬为枢密使。

最后再说说李煜的结局。

在李煜被押解到汴京这一年的十月，宋太祖去世，赵光义即位，是为宋太宗。李煜的称号由此前带有侮辱性的"违命侯"进封为"陇西郡公"，但是他囚徒的身份并没有得到任何实质性的改变。成为囚徒的李煜日夜以泪洗面，这种痛彻骨髓的悲哀也刺激他写出了很多流传千古的词章。

太平兴国三年（978年），南唐旧臣徐铉来见李煜，君臣相顾无言，许久，李煜才脱口而出："悔不该杀了潘佑、李平！"这两位大臣曾经力劝李煜抗击宋军，但是李煜不但不听，反而将其赐死，这时候，他才后悔莫及。而徐铉回去之后就把李煜的话禀报了太宗，这让太宗对其更加愤恨。而更让太宗愤恨的是李煜的这首《虞美人》。

虞美人

春花秋月何时了？往事知多少。小楼昨夜又东风，故国不堪回首月明中。　雕栏玉砌应犹在，只是朱颜改。问君能有几多愁？恰似一江春水向东流。

太平兴国三年（978 年）七月初七，这天是李煜的 42 岁生日。太宗派人赐给李煜牵机药，命令其服下。李煜就在自己生日这一天离开了人世，词人皇帝的红尘之旅就此落幕。

南唐被灭后，占据今天浙江一带的吴越也唇亡齿寒，在李煜去世这年的一月，吴越国主钱俶也纳土归降。至此，北宋用了 18 年时间，消灭了荆南、武平、后蜀、南汉、南唐、吴越 6 个割据政权，统一南方的大业已然完成，大宋将矛头指向了北边的北汉和契丹。

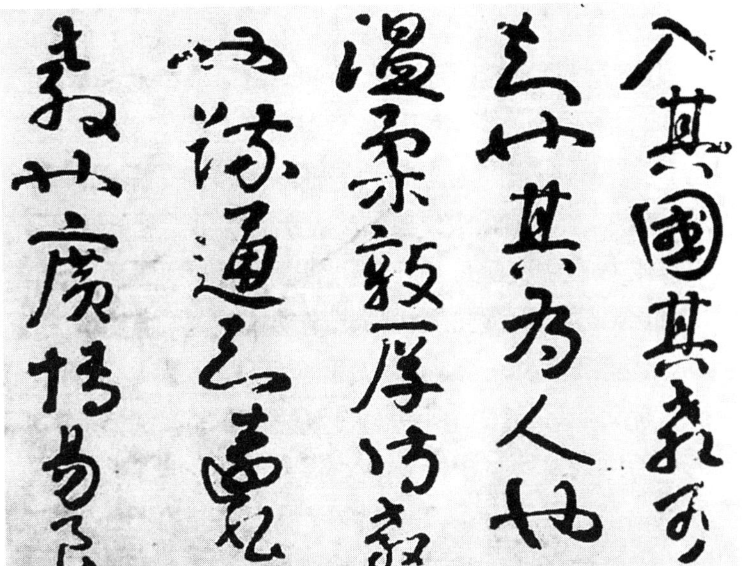

南唐李煜《入国知教帖》（局部）

金匮之盟

北宋翰林学士范镇在他的《东斋记事》里记载了一个颇有传奇色彩的故事：后唐年间，有一个年轻人从河朔往南去，走到路上的时候遇到大雪，无法前行，只好在一家庄院门口避雪。雪下得很大，年轻人无法上路，干粮也吃完了，看门人觉得他可怜，就偷出些饭来给他吃，一连好几天都是如此。看门人觉得这个小伙子长得身材魁梧、相貌堂堂，就告诉了主人，主人听闻，也十分喜爱他，就把年轻人请进庄院，将其留下。过了几个月，庄院家人商议让小伙子当上门女婿，把四女儿嫁给了他。这个小伙子就是北宋宣祖赵弘殷，他的妻子就是宋太祖和宋太宗的母亲杜太后。后来小夫妻生了 5 个儿子，分别叫赵匡济、赵匡胤、赵匡义、赵匡美、赵匡赞。

太后的遗命

杜太后在史书中并没有太多记载，《宋史纪事本末》说她“治家严而有法”，可以推想她的子女对这个母亲是十分敬畏的。杜太后的五个儿子中，赵匡济和赵匡赞早卒，于是赵匡胤便成了大哥。

960 年陈桥兵变，杜太后听到消息高兴地说：“我儿向来就有大志，今天果然实现了！”

赵匡胤即位后，尊母亲为皇太后，杜太后坐在殿上接受儿子朝拜，但是却闷闷不乐，左右进言说：“母以子贵，现在您儿子当天子了，为何太后不开心？”

太后说："我听说当皇帝是很难的，天子置身臣民之上，如果能够以道治国，那么这个位置是可以尊崇的；如果治理失控，那么即使想当个平民百姓都不可能了，所以我十分忧虑。"

太祖听到之后再拜说："谨受教！"

建隆二年（961年），也就是太祖即位的第二年，杜太后去世了。而她去世之前的一项安排，改变了北宋皇位继承的走向，也成为后人争议不休的千古疑案。

杜太后病重的时候，赵匡胤在病床前侍奉，不离左右。杜太后自知时日无多，派人把赵普召进宫接受遗命。她问太祖："你知道你为什么能得到天下吗？"

太祖说："是仗着祖先和太后的福分。"

太后说："不对。你能得到天下，只是因为柴氏年幼的皇帝主宰天下。如果周有年长的君主，你怎么能够到这个位置！你去世以后，应该传位给弟弟赵光义，再由赵光义传位给赵光美，赵光美去世后再传给你的儿子赵德昭。国家这么大，立年长者为国君，才是社稷之福呀。"

赵匡胤哭着说："怎敢不听从太后教诲！"

太后转头对赵普说："你也要记住我说的话，不能够违背。"

赵普便在病榻前起草了誓文，在末尾写着"臣普记"，将其藏在金匮中，命人谨慎保管。这就是著名的"金匮之盟"。

不得不说，如果史书记载真实的话，杜太后还是很有政治远见的。不仅是后周，还有其他很多朝代，如东汉最后的灭亡，都跟皇帝即位时还是懵懂少年有关。此时宋朝刚刚建立，四周强敌环伺，稍有不慎，就有重蹈前五个短命王朝覆辙的可能，"金匮之盟"改变了中国古代嫡长子继承的惯例，效法了少数民族兄死弟及的继承方式，在很大程度上避免了孩子成为君主的事件发生，使政权稳定成熟。

但是，金匮之盟却有一个致命的漏洞，那就是杜太后怎么知道自己的儿子赵匡胤什么时候死，死时他的儿子又是多大？

赵匡胤生于927年，他的弟弟赵光义比他小12岁，两人都属猪，很巧的是，赵匡胤的次子（长子早夭）赵德昭比他二叔小12岁，也属猪。

杜太后去世于961年，这一年赵匡胤35岁，赵光义23岁，赵德昭只有11岁。11岁的赵德昭做皇帝似乎的确小了点，但是35岁的赵匡胤也不是垂垂老矣，此时的赵光义也只有23岁。杜太后去世之后，赵匡胤又活了15年，等他去世的时候，皇子赵德昭已经26岁了，比杜太后去世时赵光义的年纪都还大了，不管放在哪个朝代，都不算所谓幼君。那么杜太后所谓的忧虑就根本不存在，除非这个娘咒自己儿子紧随着自己去世，或者她认为自己死后孙子就不再长岁数了。如果金匮之盟是赵匡胤参与的，他也不会不明白这一点，难道他只是为了遵守对母亲的承诺而毅然决然将皇位传给弟弟，而且在实质上判了自己儿子的死刑？这一点怎么也解释不通。

因此，神秘的金匮之盟真相到底如何，历史上一直有多种猜测，但是却没有可靠的史料作为佐证。原因很简单，宋太祖的实录在太宗时期就经过多次修订，最后经太宗御览才通过，可以想象，太宗对哥哥的实录如此感兴趣，是因为其中隐藏着自己即位的秘密。他必须通过篡改历史的方式来保证自己即位的合法性，这样才能坐稳皇位，并且传给自己的子孙。

兄死弟及

杜太后在六月驾崩，七月，赵匡胤就封弟弟赵光义为开封府尹。在北宋，将宗室封为开封府尹，基本上就暗示他是储君了。赵匡胤又将三弟赵光美封为兴元尹，而自己的儿子赵德昭在两年后才封了个贵州防御使。按照惯例，皇子出阁就应该封王，但是赵匡胤借口德昭还没成年，所以降低了他的待遇。

乾德三年（965年），赵匡胤又封赵光义为中书令，赵光美为同平章事，赵德昭为贵州团练使。

而在开宝六年（973年），发生了一件耐人寻味的事情。

这一年赵普被罢相，担任河阳三城节度使。赵普被贬的真实原因史书里并没有详细说明，只说是被卢多逊弹劾，但是从赵普到河阳后一封为自己鸣冤的奏章中却透露出了一些蛛丝马迹。赵普上书说：外人说臣妄议皇弟开封府尹（赵光义），皇弟忠孝两全，怎么会跟陛下有隔阂？当初昭宪皇太后（杜太后）病重之际，臣的确参与接受顾命。知臣者君，希望陛下明察！

这个奏章很奇怪，赵普说自己被贬的原因是“妄议皇弟”，但是妄议的内容是什么，是褒扬还是贬斥，他却说得含含糊糊，让人摸不着头脑。对此，王夫之的解释是这样的：

传位给弟弟并不是太祖本意，但是受太后的命令不敢违抗。到太祖暮年的时候，太宗威望渐隆，羽翼丰满，太祖越来越感觉到他的咄咄逼人，意识到如果传位给弟弟，儿子德昭很可能不能保全。于是太祖陷入了深深的矛盾中。善于体察上意的赵普得知了皇帝的矛盾，就向太祖献上对付太宗的计策，换而言之，赵普很可能劝赵匡胤除掉弟弟。这件事非同小可，自然十分隐秘，但是被卢多逊察觉了，于是弹劾赵普。太祖不忍心对弟弟下手，决定遵从母亲的遗愿，所以最后没有听从赵普的建议，而是把他贬到河阳。这其实不仅是在保护太宗，也是在保护赵普。①

如果真相的确如此，赵普在这件事中扮演的角色实在不太光彩，而他在之后扮演的角色则更不光彩。

不管背后如何暗流涌动，赵匡胤兄弟之间表面上还是融洽和睦的。赵光义曾经生病，太祖亲自给他做艾灸，赵光义觉得痛，太祖就在自己的皮肤上试温度。还对近臣说：“光义龙行虎步，他日必为太平天子，福德不是我能及的。”

开宝九年（976 年）十月，这一天晚上，天降大雪，太祖病重，召赵光义入宫嘱托后事。据史书记载，当时左右都不能进入内室。只是从远处看见太祖寝宫里烛影幢幢，烛影下，晋王赵光义多次匍匐离席，显得十分惶恐，而太祖拄着柱斧（宋代朝官常持的水晶制小斧）戳着地面，大声说：“好为之！”不久，皇帝就驾崩了。这就是著名的“烛影斧声”

---

①《宋论·卷二·太宗》。

赵光义像

的典故。

太祖去世之后，宋皇后看见赵光义十分震惊，对他大呼：“我们母子的性命都托付给官家（北宋称皇帝为官家）了。”

赵光义哭着说：“共保富贵，不要担忧。”

赵光义随即即位，改名赵炅，是为宋太宗。赵光美（此时为避皇帝讳改名赵廷美）拜开封府尹，接替了赵光义的位置，而赵德昭任永兴军节度使兼侍中，太宗还宣布，赵匡胤和赵廷美的子女和自己的子女一样，都称皇子、皇女，以示一体。

盟约破裂

按照金匮之盟的安排，赵匡胤死后皇位传给赵光义，这第一步计划已经顺利完成；此时赵廷美成为第一顺序继承人，赵德昭成为第二顺序继承人，但是仅仅三年后，赵匡胤的长子，也就是第二顺序继承人赵德昭就死了。

太平兴国四年（979年），太宗率兵讨伐北汉，平定北汉后，有功的将士们还没有赏赐，太宗就要趁势攻打契丹。结果高梁河一战中，宋军一败涂地，太宗自己都差点死在战场上，幸好他找到一辆驴车才得以逃出生天。此时军中不见太宗踪迹，有人认为他已经战死，于是计划推举赵德昭为皇帝，正巧这时候，太宗狼狈不堪地回来了，听到这消息，他心里当然很不高兴。

回朝之后，太宗因为高梁河之战失利而憋了一肚子火，连平北汉有功将士的赏赐也迟迟不执行，导致将士们怨气很大。于是，赵德昭向太宗进谏，太宗本来对他就很不满，他这时候进谏更是火上浇油，太宗没好气地说：“等你自己当了皇帝再赏也不迟！”

据司马光《涑水记闻》记载，赵德昭被太宗斥责后，知道太宗对自己猜忌已深，回去之后便问左右：“带刀了没？”左右回答，在宫中不敢带刀。于是赵德昭东找西找，最后在储存茶果的房间找到一把水果刀，之后关上门，用找到的刀自刎了，年仅 29 岁。

赵德昭死后两年，赵匡胤第四子赵德芳也莫名其妙地死了，年仅 22 岁。

两个年轻侄儿先后死去，这让准皇嗣赵廷美十分紧张。他隐约感觉到皇帝哥哥对自己的嫉恨，所以时时处处谨慎小心。当初太宗伐北汉，本来让他留在京城，手下劝谏他说："皇上栉风沐雨，在外征战，王爷你地位尊贵，应该率先表达您跟从陛下的决心，如果留在后方享福，恐怕不太合适。"听到这话之后，赵廷美马上请求跟随太宗一起出征，

但是尽管赵廷美处处小心，他特别的地位仍然会引起别人的仇恨，而如果这个仇恨实际上是来自皇帝，那么他的结局必将是万劫不复的。

此时赵普罢相已经多年，这些年他只有个奉朝请的闲职，而政敌卢多逊对他始终不放过，一直在诋毁他，说赵普最初根本不想迎立太宗，使赵普郁郁不得志。而正在此时，有人告发秦王赵廷美骄恣，有篡位的阴谋。太宗心下狐疑，召来赵普询问，赵普终于得到机会，对皇帝说："臣愿备位朝廷，观察奸人变化。"

赵普趁机对太宗说了自己参与昭宪皇太后与太祖金匮之盟，以及太祖时自己上书辩冤的事情，说："臣本是旧臣，却被奸臣陷害。"

史书说，太宗下令打开金匮，果然找到了誓书和赵普此前的奏章，于是太宗对赵普大加信任，甚至说："生而为人，谁能没有过错，朕还没到五十，已经知道此前四十九年的错误了。"

而赵普随即被拜为司徒兼侍中，封梁国公。

赵普这个人最擅长的就是揣摩上意，然后根据皇帝的意思行事，以至于有时候加戏太多了引火烧身。此前他察觉到太祖有不想立太宗的意思，于是在太祖面前诋毁太宗就是这种情况。而现在，他很清楚太宗是绝对不想把皇位让给自己的弟弟赵廷美的，那么剩下的事情，赵普就知道该怎么做了。

太平兴国七年（982 年），有人告发赵廷美想趁太宗巡幸西池时作乱，于是赵廷美被罢免开封府尹之职。这实际上就是取消了他的皇嗣资格，

从某种意义上说，也是判处了他的死刑。而这件事背后的主谋就是赵普。

赵普回朝之后，太宗有一次询问他皇嗣的问题，其实就是试探赵普是否该把皇位传给自己的弟弟赵廷美，赵普一句话就判了赵廷美死刑："太祖已经错了，陛下怎能再错！"

王夫之评论说："赵普就是那种卑鄙小人。"（夫普则诚所谓鄙夫者耳。）孔子说："如果害怕失去既得利益，就会什么坏事都干得出来。"（苟患失之，无所不至。）[1]也就因为赵普的这句话，坚定了太宗想要除掉赵廷美的决心。

赵普之所以要诬陷赵廷美，还有一个原因，他要向自己的死对头卢多逊复仇。

此前因为卢多逊的排挤，赵普被罢相，卢多逊接替了他的宰相之职。之后他又屡屡被卢多逊指责，对此赵普耿耿于怀，而扳倒皇嗣赵廷美对宰相卢多逊无疑是一个重大打击，这样自己就有了打败卢多逊的可能。

不久，赵普就告发说卢多逊曾经派遣手下与秦王赵廷美勾结，太宗大怒，下诏翰林承旨李昉、学士扈蒙等大臣会审此案，卢多逊供认说："自己曾经派人对赵廷美说：'等皇上驾崩，我会尽力侍奉大王。'赵廷美也派人回话：'此言正合我意。'"还招认赵廷美曾经赠给自己弓箭，自己也接受了。

这个案子的结果是：卢多逊被流放崖州（今海南三亚崖州区），家属也被流放边地；手下受牵连的官员都被处斩；秦王赵廷美被勒令回归私第，其子女被取消皇子皇女的称呼，仍然被称为皇侄和皇侄女。

此时，赵廷美已经被完全剥夺了继承皇位的资格，但是赵普知道，此事如果不做绝，皇帝是不会放心的。于是他指使开封府一个叫李符的人上奏说："赵廷美犯罪后不悔过，对朝廷有怨恨之心，请求将他安置在偏远郡县，以防他变。"因此，赵廷美被贬为涪陵县公，被安置在房州。之后赵普又怕李符泄漏自己指使其上书的秘密，找了其他借口将他流放，一年后李符就莫名其妙地死了。

---

① 《宋论·卷二·太宗》。

赵廷美被流放到房州后，一年多就死了，年仅38岁。

赵廷美的冤案是赵普一手造成的，《宋史纪事本末》和《宋史》直言“廷美之得罪，赵普为之也”[①]，王夫之更是贬斥他为“鄙夫”。但事实上，此事真正的幕后主使是宋太宗赵光义，赵普不过是供他利用的棋子而已。而赵廷美死后，宋太宗赵光义的一块心病终于去除了，他可以放放心心地将皇位传给自己的儿子了。从此，赵光义一系子孙占据了北宋的所有皇位，一直到将近200年后，南宋1162年，因为宋高宗赵构无子，皇位才传到赵匡胤一系，由他的七世孙赵昚（shèn）即位，是为宋孝宗。

高危的太子之位

金匮之盟的故事到此就算结束了，但是后面却还有一个意味深长的尾声。

赵光义有九个儿子，长子是楚王赵元佐。赵元佐年少的时候就聪明伶俐，长相也很像太宗，十分受太宗的喜爱。13岁的时候，他跟从皇帝一起出猎，突然有一只兔子从马前跑过，赵元佐一箭就射中了兔子，当时契丹使者也在，元佐的箭法让从小娴于骑射的契丹人都为之惊叹。

元佐长大后被封为楚王，如果一切顺利，他理所当然成为太宗的继承者，成为下一任大宋皇帝，然而，他却令人费解地疯了。

赵元佐发疯其实跟他的叔父赵廷美有关。当时赵廷美被贬为涪陵县公，满朝文武都杀声一片，太子太师王溥等74名大臣联名上奏，说赵廷美“大逆不道，宜行诛戮，以正刑章”[②]。然而只有赵元佐上书为叔父辩冤，结果当然无济于事。后来赵廷美死了，元佐就发狂了，甚至因为下人的一点小过失就持刀刺伤侍者。过了一段时间，赵元佐的发狂病似乎好了些，太宗十分高兴，甚至因此大赦天下。重阳节宗室宴会，赵元佐因为有病而没被邀请，诸王参加宴会回来经过赵元佐的府邸，他说：“你

① 《宋史纪事本末·卷十》《宋史·列传·卷三》。
② 《宋史纪事本末·卷十》。

们都陪同皇帝参加宴会，只有我没有参与，这是抛弃我了。”

于是这天夜里他喝得大醉，竟然放火烧了自己的宅邸。事发之后，赵元佐被废为庶人，安置均州，后来在群臣和诸王的请求下被召回，废居南宫。

长子赵元佐成了疯子，当然没法继承大统，雍熙二年（985年），太宗次子赵元僖被任命为开封府尹兼侍中，进封许王。《宋史》记载，赵元僖“姿貌雄毅，沉默寡言”，担任开封府尹期间勤于政事，没有任何差池，可以说是下一任皇帝的理想人选，如果不出意外，太宗去世之后赵元僖即位是毫无悬念的，谁知道，还是出了意外。

淳化三年（992年）十一月，一天赵元僖清晨入朝，刚坐到殿庐中就觉得身体很不舒服，于是径直回府。太宗得知消息急忙去探望，起初赵元僖听到父亲呼唤自己的名字还能勉强答应，可是没过多久他就逝世了，年仅27岁。太宗十分悲痛，废朝五日，追赠赵元僖为皇太子，还写了《思亡子诗》，表达自己的悲痛哀悼之情。

可是赵元僖死后没多久，太宗突然下诏，派内侍王继恩审讯赵元僖的宠妾张氏，审讯结果说张氏仗着赵元僖的宠爱十分专横霸道，甚至将婢女仆人鞭打致死；还说张氏在都城西佛寺为去世的父母做法事，规格有僭越之处。太宗大怒，最后张氏被缢死，赵元僖左右都被杖责免职，还捣毁了张氏父母的坟墓，其亲属都被流放。这让人对赵元僖的死又陡增疑问：年仅27岁的钦定皇储到底是怎么死的？

有人认为赵元僖卷入了夺位之争，这种说法可谓荒诞不经：赵元僖此时已经是内定皇储，他需要做的就是恭恭敬敬、老老实实地等待皇帝去世，然后自己登基，他还需要向谁去夺位呢？况且，即便是赵元僖有谋逆大罪，他死后首先受到牵连的应该是他的正妻，怎么会审讯妾张氏呢？

另一种说法是赵元僖可能死于妻妾之间的争风吃醋。

赵元僖的妻子是隰州团练使李谦溥的女儿，李谦溥是北宋名将，太宗对这门亲事十分满意，曾经对宰相说：“我曾对儿子们说，现在为他们娶亲都从将相大臣家选择，六礼具备，能够不自重吗？”

王铚在《默记》中说：虽然这门亲事是父皇钦定，但是赵元僖并不喜欢这个妻子，反而喜欢侍妾张氏。张氏擅长梳头，有个外号就叫张梳头。据说赵元僖也跟张氏秘密约定，以后立她为正室。冬至日那天，张氏给赵元僖和夫人斟酒。她预先让人做了一个有暗格的酒壶，给赵元僖斟的是正常的酒，而给夫人斟了毒酒。结果在祭神的时候，夫妇俩把手中的酒交换了，毒酒就到了赵元僖手中。张氏在屏风后面看见大惊，但是无可奈何。喝了毒酒的赵元僖进宫去贺冬至，还没见到皇帝就死了。这其实是赵元僖突然暴死的真正原因，更解释了太宗为什么要处死张氏。但是这样的事情说出去实在不光彩，因此正史对赵元僖真正的死因讳莫如深。

两个实质上的太子，一个疯了，一个死了，太子一时间成了高危之位。

淳化五年（994 年），太宗任命第三子襄王赵元侃为开封府尹，进封寿王。赵元侃被立为储君，跟寇准有很大关系。两个儿子一个疯一个死了之后，太宗一直没有立太子，冯拯等大臣上书请立储君，反而惹得太宗大怒，将他们流放到岭南，于是朝臣没有敢说立太子这件事的。

不久，寇准入朝担任左谏议大夫，太宗主动对寇准说："我想从诸子中挑选一个继承大位，你看谁最适合？"

一向快语直言的寇准在这件事上也不敢造次，他十分小心地说："陛下为天下人选择君主，与中宫皇后商议，是不可的；与近臣商议，也是不可的。这件事只能陛下自己决断。"

太宗埋头思索了很久，然后屏退左右说："襄王可以吗？"

寇准回答："知子莫若父，陛下既然认为可以，希望马上做决定。"

于是太宗下诏，封赵元侃为寿王，任开封府尹。第二年，至道元年（995 年），太宗下诏，正式宣布立赵元侃为皇太子，改名赵恒，大赦天下。从唐代天祐年间以来，政局动荡不休，已经将近一百年没有皇帝立太子的事情了，直到现在立储之礼才恢复。京师百姓奔走相告，都欢呼雀跃说："真是少年天子啊！"太宗知道之后心里反倒吃醋了，他召来寇准说："人心都归属太子了，将置我于何地！"

寇准再拜太宗，祝贺说："这正是社稷之福啊！"

听了这话，太宗才回心转意，与寇准宴饮，大醉而罢。

至道三年（997 年），太宗病重，宣政使王继恩联络参知政事李昌龄、知制诰胡旦等，想立赵元佐为帝。三月，太宗驾崩，皇后命令王继恩召宰相吕端入宫，吕端知道有问题，便将王继恩诱骗进书阁，之后把他锁在里面。自己急忙入宫。见到皇后之后，皇后说："陛下已经升天，应该立长子为帝，这才顺合天意，大人您看如何？"

吕端说："先帝之所以立太子就是为了今天，怎么能再有异议？"

皇后听后默然无语，此时王继恩也被囚禁，皇后只好答应让太子到福宁殿即位，并垂帘让众臣下拜。然而吕端拒绝下拜，请求卷起帘子，上殿审视，确定的确是太子赵恒本人，吕端才走下台阶，率领群臣下拜。宋真宗就这样即位了。

之前，太宗在时，要任命吕端为相，有人说："吕端为人糊涂。"

太宗说："吕端这人，小事糊涂，大事从不糊涂。"

经过这事之后，大家都钦佩太宗对吕端的了解之深。

真宗即位后，拜哥哥赵元佐为左金吾卫上将军，重新封为楚王。奇怪的是，从这之后赵元佐似乎就不再有疯狂的症状了，甚至还能未卜先知。真宗为了给他治病，派道士管归真为他做法事，人还没到，赵元佐就说："管归真来了。"真宗很惊讶："哥哥是不是被什么东西附身了？"后来赵元佐被拜为天策上将军，碰上皇宫发生火灾，赵元佐还上书请求用自己的俸禄来重修宫阙。

赵元佐莫名其妙地疯狂，又莫名其妙地痊愈似乎令人费解，但是后人大多认为，他其实是佯狂。因为他知道自己的父亲为了揽权，处死了无辜的叔父赵廷美，如果自己接受皇位，无异于与父亲同流合污，但是他又没有办法对抗刻毒寡恩的父亲，于是只有假装疯狂，也算是保存自己的清白。苏辙曾一针见血地指出：

> 楚王元佐，太宗之长子，将立为嗣，坚辞不肯，欲立太祖之子，由此遂废，故当时以为狂，而实非狂也。[①]

---

① 《龙川略志·龙川别志》。

王夫之认为：赵元佐想为叔父辩冤，把父亲从不仁之行中挽救出来，但是愤恨于太宗不听从，于是故意假装疯狂，纵火焚烧宅邸，就是为了告诉天下人自己不能成为皇帝。赵元佐如果进一步就可能成为皇帝，而退一步就可能像庶人一样被惩罚（他却选择了后者）。他决心已定，即便是惹怒了父亲而真遭杀身之祸，他也会甘之如饴[①]。

但是赵元佐在宋史中并没有得到史官的承认，因此王夫之长叹说：“三代以来，能够顺遂自己善良的天性，保全自己坚贞的大节，做事情能够不偏离中庸之道，品行中蕴含着幽微的灵光，却在近五百年的时间里没有得到人们称颂的人，大概也就是楚王元佐了吧！”[②]

所以王夫之愤愤地说：“后世之史，不如其无史也，多矣。”[③]

元代钱选《宋太祖蹴鞠图》，所绘为赵匡胤、赵光义和大臣们一起踢球的场景

① 《宋论·卷二》。

② 同上。

③ 同上。

十国归一

很多年后，赵匡胤都时常想起高平之战，在那次战役中，还名不见经传的他与张永德一起浴血奋战，为周世宗柴荣击败北汉军队立下汗马功劳。也是在那一战中，他崭露头角，逐渐受到柴荣赏识，走上了飞黄腾达之路，直到最后身登大宝。

高平之战

北汉其实是五代后汉的延续。

947 年，刘知远建立后汉，他封自己的弟弟刘旻（mín）为太原尹、北京留守，镇守晋阳（今山西太原）。刘旻年少时是个无赖，喜欢赌博、喝酒，因为犯罪被刺青发配为士卒，而现在仗着哥哥当皇帝，他也在太原成了土皇帝。

后汉是五代中持续时间最短的朝代，仅仅两年多就灭亡了。后汉灭亡的原因主要是刘知远的儿子汉隐帝刘承祐的神操作。刘知远做了一年皇帝就死了，他儿子刘承祐上台后，猜忌大臣，竟然毫无理由地杀了大将郭威一族，郭威被迫起兵反叛，攻入汴梁，汉隐帝被乱兵杀死。

汉隐帝被杀，后汉实际上已经灭亡。但是后汉有一些大臣没有马上尊奉郭威，所以郭威也不敢马上自立为帝，而是以太后的名义召刘旻的儿子刘赟（yūn）为帝，明眼人一看就知道这是个圈套，可是刘旻却信以为真，喜滋滋地说：“我儿子要当皇帝了！”于是，兴冲冲派出使者与郭威接洽儿子即位的事情。郭威出身贫贱，脖子上有个鸟雀的刺青，人送外号“郭雀儿”。他指着脖子上的刺青对使者说：“自古哪里有脖子上有刺青的天子？希望刘旻不要怀疑我的诚意。”刘旻听使者回报之后，更加信以为真，便将儿子刘赟送往汴梁。

郭威为了表现自己的诚意，奉命率军出击辽军，走到澶州的时候，晚上将士们忽然喧哗不止，说要奉郭威为帝，将一面黄旗扯下来披在郭威身上——这其实才是最早的“黄袍加身”，近 9 年后，赵匡胤在陈桥也重演了这一幕。

郭威建立了后周，将兴致勃勃赶来当皇帝的刘赟降为湘阴公，不久又杀了他。刘旻这才知道自己上了当，还赔上了爱子，从此便与后周有了不共戴天之仇。

北汉占据了现在山西的中部和北部，地域狭小，物产贫乏，无法与中原争衡。刘旻致书契丹说：“本朝沦亡，绍袭帝位，欲循晋室故事，求援北朝。”

什么叫欲循晋室故事呢？

清泰三年（936 年），后唐的太原留守石敬瑭勾结契丹，认契丹皇帝耶律德光为父，并以燕云十六州为代价，请求契丹帮他夺取皇位。后来石敬瑭灭后汉，建立后晋。而他也成为中国历史上著名的“儿皇帝”。此时刘旻的意思就是想效法石敬瑭，再次认贼作父。

契丹当然乐于看到中原内乱，也愿意扶植一个傀儡，于是北汉对契丹自称侄儿，称契丹国主为“叔皇帝”。

在契丹的帮助下，刘旻决心向后周复仇。后来北汉和契丹联军在晋州一战中大败，十分之三左右的士兵被踩踏掉崖而死。

周太祖郭威在位四年，于显德元年（954 年）去世。由于郭威的家人此前被汉隐帝全部杀害，所以他死后只能由养子柴荣继位，是为周世宗。

听到郭威去世的消息，刘旻喜不自胜，认为复仇的机会终于来了。他向契丹请求支援，契丹派出士兵五六万人，号称十万大军支援刘旻，刘旻又带骑兵三万攻打潞州，准备一雪前耻。

此时周世宗柴荣刚刚即位，他拒绝了宰相冯道等人的劝谏，坚持御驾亲征。

954 年，后周军队与北汉、契丹联军在泽州高平相遇。后周军李重进、白重赞率兵在左翼，樊爱能、何徽在右翼，向训、史彦超居于中军，张永德率领禁军护卫皇帝；刘旻也排为三阵，张元徽在左翼，杨衮居右翼，刘旻率军居中。两军对峙，刘旻看见后周兵力不多，居然有些后悔："早知道我们就不向契丹请求援兵了。"杨衮看着后周军队对刘旻说："这是劲敌，我军不能轻举妄动。"刘旻吹胡子瞪眼说："机不可失，不要乱说话。"此时天气突变，南风大起，刘旻命大军发动攻击，手下劝谏刘旻说风向不利我军，请暂缓攻击。然而刘旻置之不理，挥军进攻。

战斗刚刚打响，北汉张元徽率部猛攻后周右翼，后周将领樊爱能、何徽竟然望风而逃，骑兵乱成一团，数千后周步兵叛变投降，向着北汉高呼万岁，呼声震动山谷。后周军队面临土崩瓦解的危险，柴荣大惊，亲自上阵督促将士作战，士卒见皇帝亲冒矢石，身先士卒，个个都奋勇争先。

当时的赵匡胤还只是禁军中一个小统领，他对同列军官大呼："皇上如此危险，我们怎么能不拼尽死力！"

之后，他又对张永德说："敌人气焰嚣张，我们如果死战是能够将其击破的。您手下有很多人擅长左手拉弓，请您率兵从左翼攻击，我率兵从右翼攻击，国家安危在此一举！"

张永德答应了，两人分别率领二千禁军从左右杀出，对北汉军队形成夹攻之势，终于让后周军队绝处逢生，反败为胜。很快周军后援也赶到战场，后周再次向北汉军发动攻击，北汉大败，刘旻穿着粗布衣服戴着斗笠，化装成百姓，骑着契丹送他的黄骝马亡命奔逃，一路上风声鹤唳、草木皆兵。此时的刘旻已老迈，这样昼夜趴在马背上逃命差点就要了他老命。回到太原之后，刘旻为黄骝马专门修了个用金银装饰的豪华马厩，以三品官员俸禄的规格来饲养它，称它为"自在将军"①。

高平之战中，樊爱能等将领临阵脱逃，差点导致后周全军覆没，柴荣想诛杀诸将，但是又顾及他们是先朝老将，所以犹豫不决。张永德是郭威的女婿，相当于是柴荣的姐夫，柴荣向他征询意见，张永德说："樊

---

①《新五代史》。

爱能这些人本来就没什么功劳，靠运气成为将领，但战场上却临阵脱逃，即便是死也不能赎罪。况且陛下正要扫平四方，如果军法不严明，即便有百万兵力，士卒凶猛如熊罴，又有什么用呢？”

柴荣听了之后将枕头一下子扔在地上，大呼称善。

很快，柴荣将临阵脱逃的七十余名将领全部处斩，后周军队从此军纪严明，人人守法。张永德又向柴荣汇报赵匡胤作战中的英勇表现，盛赞其智勇双全，柴荣就任命赵匡胤为殿前都虞侯，之后赵匡胤又代替张永德成为殿前都点检，最后登上皇位。（详见本书《天下归宋·黄袍加身》）

高平之战中，北汉元气大伤，刘旻亡命奔逃，回去之后不到一年就死了，次子刘承钧继位。刘承钧继承了北汉以契丹为爹的传统，他派遣使者到契丹，自称儿子，契丹国主也下诏称其为儿。

960 年，赵匡胤发动陈桥兵变，建立宋朝，史称北宋。当年后周大将李筠发动叛乱，并请求北汉支援，宋太祖干净利落地平定了叛乱，而北汉军队也无功而返。（详见本书《天下归宋·黄袍加身》）

太祖曾经让人给刘承钧带话说：“你家与周朝是世仇，对他们不屈是可以理解的。但是我跟你向来没有冤仇，为什么要固守割据一方呢？如果你有占据中原的想法，应该直接走下太行山，跟我一决胜负。”

刘承钧回话说：“我河东的土地和兵力，比不上中原的十分之一。我家世世代代都不是喜欢叛乱的人，我坚守此地，只是为了延续刘氏的香火。”

赵匡胤听到这些话，笑着对使者说：“替我告诉刘承钧，我放他一条生路。”因此在刘承钧在位的时候，太祖并未对北汉用兵。

当然，宋太祖肯定不是因为恻隐之心而暂时放过北汉，而是他“先南后北”的战略让他决定先解决了南方的割据政权之后，再来平定北汉，甚至击败契丹。

太原之围

自 960 年宋朝建立之后，赵宋王朝平李筠、李重进，灭南平、后蜀、南汉、南唐，收吴越，可以说一刻也没闲着。在这期间，偏在山西的北汉也没闲着，他们主要忙着内斗。

刘承钧在位十三年后去世，他膝下无子，因此他的养子兼外甥刘继恩继位。

刘继恩本来姓薛，他父亲叫薛钊，娶了刘旻的女儿。薛钊没什么才能，虽然娶了公主，但是地位也不见得高了多少，老婆经常住在娘家，两口子聚少离多。从史书云遮雾罩的隐晦记载中大致可以猜到，这位公主十分“贤惠”，亲手做了不少绿帽子给老公戴，这让薛钊的情绪总是阴晴不定。有一天喝了点酒，他竟然拔出佩刀刺伤了老婆，薛钊自知罪重，随即自杀。薛钊死后，他老婆又嫁给一个姓何的，生了个儿子叫刘继元。后来因为刘承钧没有儿子，刘旻就让他将刘继恩和刘继元收为养子。

刘继恩继位后，大权主要掌握在宰相郭无为手里。郭无为号抱腹山人，长相很奇怪，史书说他“方颡鸟喙”，意思是他额头方方的，嘴巴尖尖的像鸟嘴。这个人杂学多闻，能言善辩，隐居在武当山，但是看其做派，更像战国时期的纵横家一流。他曾经向郭威毛遂自荐，但是没被任用。刘承钧即位后征召他为谏议大夫，之后又拜为宰相。刘承钧曾对郭无为表示了自己对刘继恩的不满，担心他不能保住北汉政权，郭无为听后未置可否。刘继恩上台后知道了这件事，很愤恨郭无为不支持自己，又因为他大权在握，所以刘继恩一直计划铲除郭无为，但是却犹豫不决，没能付诸行动。

968 年九月，刘继恩还在为刘承钧服丧，供奉官侯霸荣等率领十余人冲进宫内，关闭大门，刺杀了刘继恩。很快，得到消息的郭无为让人爬梯子进入宫内救驾，杀死了侯霸荣。但在此事上，人们大多认为侯霸荣杀刘继恩就是受了郭无为的指使，郭无为杀他是为了灭口。

刘继恩才当了六十天皇帝就驾崩了，他弟弟刘继元继位。

北宋开宝二年（969 年），宋太祖御驾亲征攻打北汉。三月，宋军将太原城重重围困，并在城外挖掘壕沟、建造城寨，太祖下令掘开汾水和晋水灌城，太原城内一片慌乱，郭无为在朝堂上痛哭：“为什么要以空城对抗宋军百万之师！”还抽出佩刀做出要自杀的样子。刘继元慌忙离开座位拦住他，好言劝慰。

北汉向契丹请求救兵，但是救兵在路上遭到宋军伏击，大败而归。宋军将契丹俘虏押到城下示众，太原城内更是人心惶惶。

然而，上天拯救了北汉。

当时宋军驻扎在甘草地，遇上连月淫雨，很多士兵染上了疾病，太祖见决水灌城也没能攻破，便与部下商议退军。

宋军退却后，扔下了军粮物资无数，光粮食就有三十万石，还有无数茶和绢，北汉白捡了这些物资，国力稍微恢复，暂时躲过了一劫。之后刘继元让人开挖沟渠将水泄出去，水位一下降，很多被水泡软的城墙便自动垮塌。契丹使者韩知璠也在城内，见此情景叹息说："宋军决水灌城，只知其一不知其二，如果先灌城再放水，太原城不攻自破！"

北汉就这样又延续了十年，但是在天下统一的大势下，这只是暂时的苟延残喘而已。

太平兴国四年（979 年），宋太宗决定再伐北汉，很多大臣反对，只有曹彬全力支持，于是太宗率兵再次围攻太原城。北汉照例求救于契丹，然而契丹的援军又一次被宋军击溃，北汉失去了最后的依靠，外援不至，粮道也被宋军切断。宋军猛烈攻城，在宋军的攻击下，太原城墙已没有一个垛堞是完整的了，墙上矢如猬毛，刘继元知道再顽抗下去已毫无意义，只好出城投降。五代十国最后一个割据政权宣告灭亡，北宋用了 19 年时间，终于初步完成了统一中国的大业。

灭掉北汉后，太宗下令捣毁太原旧城，改为平晋县，将居民分批迁往其他地方。但很多百姓还没来得及出城，宋军就在城内放火，很多人被烧死在城里。

平定北汉是北宋消灭割据政权的最后一战，也是太宗独立领导的第一战。这一战奠定了北宋后来的基本版图，看似宣布全国统一大功告成，但是后人却对此有不同看法。

明朝陈邦瞻就说：北宋之所以受制于夷狄，原因是没有占据燕蓟（现河北、北京一带）；之所以没能占据燕蓟，失误就在于先攻下太原。当年王朴与周世宗商议如何取得天下，就确定先平定南方，之后攻打契丹，最后再攻下太原的战略方针了。因为如果契丹被消灭，太原就是网中的兔子，还能逃到哪里呢！太祖与赵普雪夜的对话，也是赵普最初的想法。太宗却忘记了最初的战略决策，急于伐汉，将精锐全部投到坚城之下，最后费尽千辛万苦才攻克。这时候军队已经极度疲惫，再想攻打契丹，已经是强弩之末。一次失败就一蹶不振，再次举兵又再次失利，这些都是因为太宗不知道天下大势，倒着行走却想往前行进，最后导致的惨重失败[①]。

陈邦瞻的话是有一定道理的，当时的宋军与辽军的战斗力相比并不弱，甚至还略略胜出，两次太原之战，宋军都击败了辽军的援军。但是太宗上台后急于建功表现自己，吃柿子先挑软的捏，北汉固然是平定了，但是军队疲惫到极点。更糟糕的是，太宗竟然不让军队休整，甚至连有功将士的赏赐也不颁发，就带着宋军急急忙忙去攻打辽国，造成后来的高梁河惨败，事实上也造成了在此后的一百多年中，北宋始终无法收回燕云十六州，从而先后处在辽国和金国直接威胁下的被动局面中。

为尔均贫富

北宋灭后蜀政权之战可以说打得干净利落，仅用 66 天就灭掉了存续三十多年的后蜀。但是之后不久蜀地就发生了全师雄叛乱，这次叛乱席卷大半个蜀地，北宋用了两年才费力平定。

灭蜀之战时，王全斌等人率领的宋军就曾经在蜀地大肆烧杀抢掠，给百姓带来深重灾难；后蜀灭亡后，北宋朝廷命令将蜀地府库所有财富运到汴京，蜀地为之一空；地方官又在正常赋税之外设立博买务，垄断经济，禁止私人买卖丝绸布帛，百姓陷入困境。蜀地本来就地狭人多，加之豪强兼并严重，很多农民因此失去土地而沦为旁户，旁户的地位相当于农奴。这一切都导致蜀地贫富差距急剧增加，富豪者借助权力贱买贵卖以牟利，穷者早已无立锥之地，只能转死沟壑。

宋太宗淳化四年（993 年）春天，蜀地青神人王小波不堪忍受盘剥，

① 《宋史纪事本末·卷十二》。

率领民众起义，他提出了一个在后来很多年里都成为中国老百姓理想的口号：吾疾贫富不均，今为尔均之。

很多蜀地百姓已经走投无路，纷纷投入王小波麾下，义军攻打青神、彭山，杀死了作恶多端的彭山县令齐元振。因为这个县令平时就爱钱如命，所以义军剖开他肚子，把钱塞了进去。听到王小波起义的消息，青神附近很多郡县都纷纷响应。

蜀地百姓响应王小波除不愿再忍受朝廷盘剥以外，可能还有一个原因，就是王小波其实是以后蜀主孟昶后代的名义号召起义的。

孟昶虽然算不上什么明君，晚期还颇为奢靡，但是绝对也不是昏君暴君。

孟昶亲政之后，很关心政事，曾经放归大批宫女让其回家，他还向地方州县颁布了《戒石铭》，要求官员爱护百姓。其中有几句多次被后代统治者引用，作为清明吏治的警醒：尔俸尔禄，民膏民脂，为民父母，莫不仁慈。

宋太宗后来把《戒石铭》改写成“尔俸尔禄，民膏民脂，下民易虐，上天难欺”，刻石颁布天下州县，用来劝励地方官员。足见其影响力。孟昶被押解到汴京的时候，蜀地数十万百姓自发去送别，哭声震动天地。

南宋陆游曾经在蜀地做过几年官，他在《老学庵笔记》中说：王小波起义的时候对手下说，我就是土锅村一个村民，哪里有能力率领众人称霸一方。我的妻弟是孟大王（孟昶）的遗孤，他才是我等之主。并且说，当初后蜀灭亡的时候，有人清晨经过摩诃池，看见池畔有一个锦缎箱子，里面有一个用锦缎包裹的婴儿，婴儿身边有一张纸，上面写着：“国中义士，为我养之。”人们知道这就是孟昶的儿子，于是偷偷养在民间，他就是李顺[①]。

李顺是不是孟昶的儿子无从查考，但是王小波以孟昶号召百姓很可能是真的，这跟项梁和项羽以楚将项燕的名义号召反秦是一个套路。当时后蜀灭亡才三十年，蜀地遗老的故国之思还没有被消灭，孟昶在蜀地

① 《老学庵笔记·卷九》。

百姓中仍有巨大的号召力，王小波以此来号召百姓是很合乎逻辑的。

这年十二月，义军与西川都巡检使张玘作战，张玘一箭射中王小波，王小波忍痛指挥战斗，最后取得胜利杀死张玘，但王小波也因伤重不治而死。义军推举李顺为首领，李顺率领义军攻克邛州（今邛崃）、永康军（今都江堰市），兵力达到数十万。

淳化五年（994 年），起义军攻陷汉州（今广汉市），接着攻陷彭州，紧接着围攻成都。转运使樊知古、知府郭载以及其他官员仓皇逃亡梓州（今三台），李顺率军入城，宣布成立大蜀国，李顺为大蜀王。义军以成都为根据地，派出军队四处攻击，蜀地大半都落入义军手中，两川大震。

蜀地起义的消息传到汴京，宋太宗任命宦官王继恩为剑南两川招安使，以雷有终为转运使，率兵讨伐。而李顺在此时犯了一个致命的错误，让这次起义很快被扑灭。

蜀地号称天险，很大程度上是因为"一夫当关，万夫莫开"的剑门关。李顺也知道，要与朝廷对抗，必须先攻克剑门关，控制栈道，这样才能阻止朝廷援兵。他派出将领率兵数万去攻打剑门关，守关官兵仅有三百，之后又加上成都监军的一些部队，但是朝廷居然就靠这支小部队不仅抵抗住了义军的攻击，而且还把他们打得大败，数万人中只有三百逃回成都。李顺将这三百人全部斩首，义军士气大受影响，而他竟然没有派人继续攻打，于是剑门关和栈道一直为官军掌控，这就保证了朝廷的援军和物资源源不断进入蜀地。

李顺不打剑门关，他去打哪里？答案是成都官员们逃奔的梓州。李顺率领大军二十万围困梓州，但是遭到官军极其顽强的抵抗，双方恶战八十天，梓州也没有被攻克，此时王继恩援军到达，义军的失败基本已成定局。

不久，王继恩军队逼进绵州，起义军被击溃。五月，官军围攻成都，史书记载"破贼十万众，斩首三万级"，李顺被抓获杀死，起义基本宣告失败。

然而关于李顺的结局，民间却有不同的说法。《老学庵笔记》说：城破之前，李顺突然下令施舍城中数千和尚以祈福，又将数千少年儿童剃度为僧，之后将所有和尚从东西两门放出，官军看是和尚，也就没有过多干预，之后李顺就不知下落，有人认为李顺可能是化装成僧人逃脱的。李顺是个“大胡子”，官军进城后抓获一个很像他的“大胡子”杀掉了，但后来有一个叫张舜卿的大臣曾经密奏皇帝说杀掉的不是李顺，太宗认为是张舜卿嫉妒诸将的功劳而诬陷他们，差点砍掉张舜卿的头。后来又据说李顺出现在岭南，又有人说在荆楚见过李顺，一时间众说纷纭[①]。

这些消息是否真实已经无从查考，但是可以说明一点，即使义军失败，李顺在民间的威望也是很高的。《老学庵笔记·卷五》还记载，南宋时在成都江渎庙的北墙上还有一幅壁画，画上一个美髯大汉坐在银胡床上，周围簇拥着一群手下，有人说这个大汉就是李顺。所以，李顺逃脱的传闻也许代表的是蜀地百姓对此事最真实的心理期待，也说明当时的北宋政权在蜀地有多么不得人心。

李顺死后，他的旧部张余继续率领义军反抗，先后攻陷嘉州、戎州、泸州、渝州、涪州、忠州、万州、开州八州，开州监军秦序战死，蜀地仍然没有回归太平。而此时，王继恩仗着自己讨平蜀地功劳巨大，竟然怂恿宰相上奏封自己为宣徽使。太宗意识到这样可能会成为宦官专权的开始，重蹈唐代覆亡的老路，因此坚决不同意，甚至因此跟宰相发生了激烈争执，最后另设了一个宣政使的官职授予王继恩了事。

这件事也让太宗明白，蜀地必须指派一位精明能干的大臣去治理才能平定动乱，同时抑制宦官武臣的嚣张跋扈，于是，张咏就在此时登上了历史舞台。

---

① 《老学庵笔记·卷九》。

能臣猛将

智勇张乖崖

—张咏像—

张咏字复之，是濮阳人。年轻时行侠仗义，不拘小节，即便身份低微，他也从不对权贵卑躬屈膝。太平兴国五年（980年）考进士，当时朝廷评定张咏为第一，他竟然拒绝，与一起参考的另一位书生寇准一起上书，说有一个叫张覃的学问深厚却没有及第，请求以张覃为第一。面对名利，张咏和寇准竟能如此大度地秉持公义，这让当时的人们十分震惊，都钦佩他的谦让。

而张咏在名利上谦让，在有些事情上可就当仁不让了。

张咏从小习武，武艺高强。他还没当官时，有一次在驿站遇到一个小官员，官员曾有些把柄被一个仆人捏在手里，仆人反客为主，竟然逼着要官员把女儿嫁给自己，这个小官一点办法都没有。张咏知道后就假称借一下这个仆人为自己驾车，自己坐车到郊外，走到林中无人处，张咏拔剑斩杀了仆人，将尸体扔下悬崖。回来之后对小官说："你的仆人不会再回来了，以后不要做违法的事情。"张咏曾经对朋友说："我幸好生活在太平盛世，靠着读圣人经典以自律，要是生在乱世，我会变成什么人真无法想象。"

张咏在太平兴国五年中进士，之后做崇阳县知县，后任荆湖北路转运使，转太常博士。李顺死后，蜀地仍未平定，太宗下诏以张咏为益州知州，张咏立即上任。

当时李顺虽然已死，但是张余等仍然拥兵反抗，而掌兵的王继恩、上官正等却按兵不动，拥兵玩寇。张咏上任之后召集军官们宴饮，酒过三巡，张咏举杯对众将说："你们蒙国家厚恩，无以塞责，应该直抵敌人老巢，荡平反贼。如果按兵不动，旷日拖延，那么此地就是你们死的地方。"

上官正听到张咏的话，立即率兵进讨，但是王继恩却阳奉阴违，他手下有些士兵竟然趁夜缒城想逃跑。手下抓住逃兵报告张咏，张咏命人把他们捆绑起来，并投入井中淹死。但是王继恩仍然不出兵平叛，张咏便吩咐手下停供王继恩军队军粮。结果，王继恩手下官兵全部跑到张咏这里来兴师问罪，张咏丝毫不让步："现在你们出兵就给军粮，如果不出兵就不给，你们要造反随便！"

王继恩没办法，第二天就下令出兵。

对待消极避战的官军如此，对其他地方官不敢惹的军队张咏也是如此。

当时成都有一支龙猛军——所谓龙猛军，其实招募的全部是犷悍无赖、无法节制的群盗，他们剽悍善斗，经常掳掠平民。有一天张咏把龙猛军钤辖召来，把自己的官印递给他，钤辖十分惊讶，问怎么回事，张咏悠悠然地说："现在盗贼如此猖獗，而钤辖您晏然安坐，没有讨贼之心，想必是想让老夫我去出兵吧，钤辖应该代我管理州务，老夫亲自出兵讨贼。"

钤辖羞愧难当，只好说："我马上出兵。"

张咏紧逼不放："何时？"

"今天。"

张咏马上命令在成都西门城楼摆酒，说："钤辖要出兵，我来为你饯行。"

钤辖没有办法，只好被赶鸭子上架，喝了几杯后，钤辖说："我也有要求。"

"请讲。"

"我出兵所要求的军粮，希望大人都能提供。"

张咏微笑说："好，老夫也有要求，钤辖今天出兵，一定能剿灭叛贼，如若无功而返，我一定会在这楼下砍你的头。"

钤辖听得两腿打颤，率兵出征，结果与义军作战后果然战败，士兵奔逃十几里，钤辖把手下召集到一起说："看那老头子所为，（如果我失败）一定会砍我的头，不会有其他结果的。"

于是钤辖挥军重新进攻，最后竟然大破敌军[①]。

当时很多百姓是被逼造反，张咏抓住他们之后把他们全部放归田里，说："以前李顺胁迫你们做盗贼，我现在把盗贼变为百姓，难道不好吗？"

动乱年代，社会上经常会有各种流言。当时就谣传有一个白头翁妖怪午后要吃小孩，百姓吓得中午之后都不敢出门。张咏仔细访查，抓获了谣言的制造者并把他杀掉，老百姓重归安宁。

蜀地的读书人很好学，但是不喜欢当官。张咏知道后，便推举了三个有学问的人参加科举，这对蜀地的读书人鼓舞很大。

张咏智慧过人，很擅长断案，他能根据情节斟酌适用法律，几句话就断清案件，老百姓甚至把他的判语刻在石头上作为鉴戒。张咏在杭州的时候，一次有一户人家的儿子与女婿争财产。女婿说老丈人临终的时候，这个儿子才 3 岁，老丈人写下遗书让女婿抚养儿子，并且把十分之七的财产留给女婿，儿子得十分之三。张咏看了案卷之后，端起一杯酒洒在地上，对女婿说："你的老丈人是个有大智慧的人啊！因为儿子幼小，所以托付给你。如果把十分之七的财产分给儿子，他早就死在你手上了。"然后下令判十分之七的财产给儿子，十分之三给女婿。当时的人都佩服他的明断。

还有一次，官吏看见一个和尚形迹可疑，把他押来见张咏。张咏盯着和尚观察了半天，在文书上写了一句话："勘察杀人贼。"手下审讯这个和尚，果然他是杀害了一个和尚，剃光自己的头发，冒用了和尚的度牒招摇撞骗。手下十分钦佩，问张咏："大人如何知道？"张咏回答："我看

---

① 《涑水记闻》。

他额头上还有戴头巾的痕迹。”[①]

当时成都城内屯兵三万，但是军粮还不够半个月。张咏知道当时老百姓最愁的就是盐价太贵，而官库里盐还有余，于是他下令降低盐价，并且允许百姓用米换盐，这样不仅解决了老百姓的困难，还很快筹集了数十万斛粮食，足够军队使用两年多，他上书朝廷请求停止从陕西往四川运粮，这极大减轻了朝廷的负担，太宗听说后大喜：“这个人还有什么事做不到？我无忧了！”

在张咏的监督和鼓励下，宋军奋力平叛。至道元年（995 年），四川都监宿翰终于在嘉州抓获了张余，历时两年的王小波、李顺起义最后被扑灭。

真宗即位后，张咏任左谏议大夫，后任御史中丞。在朝堂上，他是个严格得近乎严苛的谏官，在承天节宴会的时候，宰相手下官员有喝高了失礼的，张咏刚正不阿地弹劾了他们；后来他出任杭州知州，这时候他又显出与平时完全不同的宽容。

当时遇上饥荒，很多老百姓都贩私盐来养家糊口，当时官府抓了几百人，张咏对他们只是批评两句就放了，没有做任何惩处。手下劝谏说：“贩私盐违犯国法，不严加惩处恐怕不能禁绝。”张咏却说：“钱塘十万人家，挨饿的十之八九，如果不借贩私盐养活，一旦群聚为盗贼，为害就更大了。等到秋天庄稼成熟，我会继续按照法令执行。”果然到秋天，老百姓有了粮食，犯禁的也少了很多。

而在这时候，蜀地却又发生了叛乱。

这次叛乱是因四川驻军待遇不公而引起的。当时四川驻军由王均和董福二将分别率领。董福善于统御手下，他的士兵待遇都比较好；王均喜欢喝酒赌博，军士的给养都让他胡吃海喝掉了。有一天兵马钤辖符昭寿和益州知州牛冕举行阅兵式，百姓都来围观。两支军队一拉出来，只见董福的部队军容严整，王均的部队却穿着破烂，跟乞丐无异，围观的百姓都指指点点，大肆嘲笑，于是王均的手下脸上挂不住了。真宗咸平三

① 《涑水记闻》。

年（1000年）正月初一，王均手下一些士兵作乱，杀死了符昭寿，其他官员闻讯缒城而逃。监军王泽把王均召来说："你手下作乱，你马上去招安！"结果王均一到，就被叛兵拥为首领，于是王均宣布建立大蜀国（从五代到现在，已经是第四个大蜀国了），改元化顺。

叛军派兵攻打绵州、剑州，都被官军击退，之后退保益州。朝廷派户部使雷有终率兵讨伐，二月，官兵在成都升仙桥与叛军作战，叛军出城攻击，被官军击退。之后官军与叛军反复拉锯，互有胜负。最后终于在十月，雷有终攻克益州，叛乱被平定。

短短几年间，四川就连遭两次兵乱，皇帝觉得必须委派一个能让蜀地休养生息的好官。咸平六年，宋真宗下诏让张咏再次担任益州知州。消息传到益州，百姓奔走相告，欢欣鼓舞。之后转运使黄观将张咏治理益州情况上报皇帝，真宗十分欣慰，下诏褒扬。当时正好派谢涛巡视西蜀，真宗让他给张咏带话："有爱卿在蜀地，朕无西顾之忧了！"

张咏两度任蜀，平定叛乱，可谓一代名臣，蜀地的百姓对他无比景仰，家家供奉着他的画像，认为自从诸葛亮之后，任职蜀地的官员没人能比得上他的。事实上，张咏在蜀地的时候发明了世界上第一种纸币：交子，这对之后世界经济的影响可谓至为深远。张咏曾经在其他地方任职，也是政绩杰出。但是他最终也没能做宰相，这与他刚直严猛的性格有关。

曾经有一个小吏触怒了张咏，张咏让人用枷锁住他。这个小吏脾气也倔强，扬言说："你锁住了我，除非杀了我，否则这个枷就别想脱下来。"张咏一听更是怒气冲天，竟然真的把这个小吏给杀了。

张咏不仅驭下极严，甚至对老朋友也毫不留情面。张咏与寇准是布衣之交，又是同年考取进士，寇准一直把张咏当大哥，两人关系很好。张咏任益州知州的时候，听说寇准当宰相了，说："寇准是真正的宰相！"但接着又说："可惜苍生无福！"

手下奇怪，问他原因，他说："别人一千句话才说得清的事情，寇准一句话就说清了。但是寇准当宰相太早，重用太快，来不及学习。"

原来张咏认为寇准学问不够，这话不仅背着他说，甚至当着他面也会暗示。张咏从蜀地任满回来遇到寇准，问他："你读过《霍光传》吗？"

寇准说:“没读过。”

张咏之后一句话也不说,寇准也不知道怎么回事。后来他把《霍光传》找来读,读到“不学无术”四字的时候他才明白,大笑说:“原来张咏是骂我‘不学无术’啊!”[①]

张咏自号“张乖崖”,这个别号的意思很让人费解。范镇的《东斋记事补遗》中记载了一个有趣的故事:

张咏在即将离开蜀地的时候,把一个封好的卷轴留给一个和尚,说:“十年后再看。”十年后,张咏已经去世了,和尚打开卷轴,只见上面是张咏的画像,穿着短衣,系着草绳,画上还有张咏自己的题赞:“乖则违众,崖不利物。乖崖之名,聊以表德。”意思是:性格乖张就与世俗相背,性格傲岸就对世事不利。乖崖这个名字,可以表明我的德行。看来,张咏对自己性格的概括还是非常精准的。

回过头来再说这个天下已定却迟迟不定的蜀地。从966年后蜀灭亡,蜀地的起义和叛乱直到1000年才最后平定。其中根本的原因固然是北宋政府的官贪吏虐,但是与北宋强本弱枝的国策也是分不开的。当时除蜀地之外,其他地方也经常发生内乱,濮州的盗贼甚至趁夜入城,洗劫了知州王守信和监军王昭度的家,朝廷大哗。当时还在黄州任职的王禹偁写了一个奏章,详细描述了自己在各地看见的真实情况和自己的隐忧:

> 太祖、太宗削平僭伪,天下一家,当时议者乃令江、淮诸郡毁城隍、收兵甲,撤武备者,二十余年。书生领州,大郡给二十人,小郡减五人,以充常从,号曰长吏,实同旅人;名为郡城,荡若平地。[②]

王禹偁还说:“我在滁州的时候,遇上要发兵护送漕运,结果发兵之后就没人守城了,只能暂时找人负责开关城门。城池残破倒塌,铠甲兵

① 《后山谈丛·卷四》。

② 《宋史纪事本末·卷十六》。

器残破腐朽。后来我到维扬，这里号称重镇，竟然跟滁州没有差别。我曾经拿出三十副铠甲兵器交给巡逻的士兵，他们试射弓弩，结果十分之四五都已经损坏，因为官员不敢擅自修理，上下因循，竟到了这种地步。”

王禹偁忧虑地说：“如果长此以往，遇上水灾旱灾，盗贼猖獗，官府如何对付？太祖削弱诸侯势力，太宗杜绝诸侯觊觎之心，当时是不得不如此，但是这样延续下去，必然产生弊端。因此江淮诸州面临三大弊病，第一城池颓圮，第二兵仗不完，第三军队训练不足。”他认为濮阳盗贼居然能把知州和监军的家都洗劫一空，原因正在于此。

《宋史纪事本末》在这个奏疏后面有一个小注释：按禹偁此疏，深切时弊，故附见于此。不过，这个奏疏是否起了作用，恐怕答案是否定的。鉴于五代的动乱，重文轻武是太祖时期就定下的基本国策，用他的话来说，文臣为逆至多不过贪污腐化，而武将造反可能就会危及权力，后者才是统治者最关心的问题，哪怕最后因此导致国力衰弱为异族所灭，那也是以后的事情，管不了那么多了。

半部《论语》治天下

赵匡胤发动陈桥兵变时，后周的宰相有三个：范质、王溥和魏仁浦。太祖上台后，他们三个都仍旧留在相位不动，不仅如此，其他很多朝廷大臣也没有被替换。这当然不是因为赵匡胤念旧，而是他甫登大宝，立足未稳，想用这种办法平稳过渡罢了。陈师道《后山谈丛》记载：太祖即位之后，派使者通知各地藩镇。藩镇首先问使者：“宰相是谁？枢密副使是谁？掌兵的将军是谁？手下有谁？”听到使者说以前的旧官几乎都没变，藩镇才放心下拜①。这个故事明显说明，太祖保留旧官的做法在稳定藩镇人心上起到了很大作用。

但是到了乾德二年（964年），此时赵匡胤即位已经四年了，先后平定了李筠与李重进的叛乱，又收复了南平与荆南，立足已稳，于是，在

① 《后山谈丛 · 卷四》。

赵普像

这一年，范质、王溥和魏仁浦同一天罢相，赵匡胤随即将自己最信任的文官赵普提拔为门下侍郎、平章事、集贤殿大学士。

赵普字则平，起初追随后周永兴军节度使刘词，刘词将他推荐给周世宗。周世宗征讨淮南的时候，赵匡胤的父亲赵弘殷也率兵出战，赵弘殷在滁州卧病在床，赵普尽心侍奉，赵弘殷十分感激，因为赵普也姓赵，所以把他当族人对待。赵匡胤在父亲那里见到赵普，交谈之间，赵匡胤觉得这个人能力出众，于是赵普便开始跟随赵匡胤。

当时后周军队抓获上百盗贼，朝廷全部判处死刑。赵普怀疑其中有无辜者，便请求赵匡胤重新审查，果然救下了很多无罪被关押的人。

赵匡胤担任同州节度使的时候，就让赵普担任推官，后来赵匡胤移镇宋州，上表朝廷，赵普便成了他的掌书记。

960 年，赵匡胤发动陈桥兵变，整个政变期间，赵匡胤似乎都表现得很被动，似乎很不愿意做这个皇帝，而积极奔走在前台的主要就是赵普和赵光义，赵普是那次事件中最惹眼的人物之一。

赵普为赵匡胤的登基鞍前马后，这一切不仅赵匡胤看在眼里，就连赵匡胤的母亲杜太后也心存感激。赵匡胤当天子后，杜太后还跟以前一样称赵普为书记，对他说："希望赵书记尽心辅佐，我这儿子还不懂事。"

有一次御史中丞雷德骧不知死活，居然告状说赵普强行买别人房子，还收受贿赂，太祖听后大怒——但不是对赵普，而是对雷德骧。太祖大骂他说："鼎铛尚且有耳朵，你的耳朵哪儿去了？没听说过赵普是朕的社稷之臣吗？"

然后命人把雷德骧在庭院里拖行了几圈，之后又让他戴上帽子上殿，对他说："今后不能这样了，现在暂且赦免你，别让外人知道。"①

赵普是文官，但处处表现出对武将出身的皇帝的忠诚。赵匡胤平定

① 《涑水记闻》。

李筠叛乱的时候，赵普力劝皇帝亲征，赵匡胤下令赵普留守京师，赵普请求跟从皇帝，太祖大笑说：“你能穿得上甲胄吗？”

但是太祖还是让他跟从军队。平定了上党回朝之后，赵普就被任命为兵部侍郎、枢密副使。建隆三年（962 年），赵普又被任命为枢密使、检校太保。两年后，也就是前面说到的乾德二年，赵匡胤完成了对后周老臣的清洗，任命赵普为平章事。

赵普生长于五代乱世，又一直跟随太祖东征西讨，对五代武将专权之弊有很深的感受。因此，当赵匡胤问他五代变乱的原因时，他首先指出是因为藩镇兵权太重，并提出应该削夺武将权力（详见本书《天下归宋·朕要夺权》）。这其实是赵匡胤“杯酒释兵权”的滥觞，可以说，赵匡胤是在赵普的启发下开始逐步削夺藩镇武将权力的，并奠定了宋朝重文轻武的基本格局。

赵普担任平章事后发现一个问题，中书省没有宰相签署敕令。赵匡胤说：“你只管呈上敕令，朕亲自签署，你看行吗？”

赵普说：“签署敕令是下面官员的事情，不是皇帝的事情。”

太祖就向翰林学士们询问典章先例，窦仪说：“现在皇弟赵光义担任开封府尹、同平章事，就是宰相的职权。”

于是太祖命令将赵光义的签署权赐给赵普。这就相当于赵普担任宰相了。从此之后，赵匡胤将赵普看作自己的左右手，事无大小都向他咨询决断。

此后，太祖在一个雪夜微服出行到赵普家，与晋王赵光义一起，确定了北宋“先南后北”统一全国的战略方针。（详见本书《南征北讨·假道灭虢，一石二鸟》）

赵普在很早的时候就跟随赵匡胤，他俩的关系有点像萧何与刘邦的关系，彼此交游既久，当然知根知底。太祖当皇帝之后，赵普有时候还忍不住说起太祖以前的糗事，如果遇到其他心胸狭隘的皇帝，赵普恐怕早就身首异处了，好在太祖为人豁达，只是淡淡地说：“如果在草野中就能认出天子、宰相，那么人人都可以提前访求了。”

赵普很聪明，察觉了皇帝语气中的不满，从此再也没有提过旧事。

赵匡胤认为，五代动乱一个很重要的原因是武将们不读书，没有文化，因此行事没有底线。所以他上台之后极力主张大臣读书。后蜀平定之后，太祖在后蜀官人的物品中看见一面镜子，背面铸有“乾德四年铸”的字样，太祖询问翰林学士窦仪等，窦仪回答说：“这一定是蜀地的东西，蜀主曾经用过乾德的年号。”太祖听后大喜说：“看来做宰相必须是读书人啊！”因此对儒生愈加重视①。

赵普是文臣，但是并非真正的读书人，他是小吏出身。担任宰相后，太祖多次劝他读书，因此赵普晚年手不释卷，每次回家就捧着书读，一读就是一整天。家人不知道他读的什么，等他去世之后才发现，他读的是《论语》。

据说后来太宗曾问赵普是不是只读《论语》，赵普回答说：“臣用《论语》的前半部分辅佐太祖，后半部分辅佐陛下。”这就是“半部《论语》治天下”的由来。

赵普深受皇帝信任，他也对皇帝竭忠尽力。宋朝初年，当宰相的大多唯唯诺诺，不想招事，只有赵普刚直果断，与众不同。

曾经有一次赵普要推荐某个人担任某个官职，太祖不用。赵普第二天又再次上奏，太祖还是不用。第三天，赵普仍然坚持上奏，太祖大怒，将奏章撕烂扔在地上，赵普脸色不变，跪着将撕烂的奏章搜集起来，回家修补好之后再次上奏。太祖大怒说：“朕就是不任用这个人，你将奈何？”

赵普回答：“国家用刑罚惩罚恶人，用奖励鼓励有功的人，这是古今通用之道。况且刑赏是天下的刑赏，不是陛下的刑赏，怎么能因为陛下的喜怒而专制。”

太祖怒不可遏，拂袖而起，赵普也跟着一起起来，跟在太祖后面，太祖进宫，赵普就守在宫门口，很久也不离开。最后竟然是太祖屈服了，同意了赵普的意见。

赵普在辅佐太祖的过程中，像这样的矛盾应该是不少的。有一次两个人意见又不一致了，太祖吐槽说：“怎么就找不到桑维翰（五代名臣）

---

① 《宋史・本纪・卷三》。

那样的人一起谋事呢？”

赵普没好气地怼皇帝：“即便桑维翰在，陛下也不会用他，因为桑维翰爱财如命。”

太祖反击道：“如果要用他的长处，当然就应该护他的短处，穷措大（当时对寒酸读书人的蔑称）眼孔小，赐给他十万贯就能塞破他的屋子。”①

赵普在宋朝建立之初飞黄腾达，深得皇帝信任。他生病的时候，皇帝亲自到他家里看望，可以说宠贵无比。不过随着他的位极人臣，猜忌很快也随之而来。

开宝六年（973年），有一天太祖突然驾临赵普家。当时吴越王钱俶正好给赵普送来十坛子海鲜和一封信，海鲜全都放在屋檐下，皇帝到得很突然，赵普来不及把这些东西收起来。太祖问坛子里是什么，赵普照实回答，太祖说：“海鲜一定很好吃。”命令他打开，结果里面全是瓜子金。赵普大惊，叩头谢罪说：“臣还没打开信看，的确不知道是这些东西！”

太祖只是淡淡地说：“接受下来也无妨，他们以为国家大事都是由你们这些书生决断的呢！”

钱俶这件事，赵普是不是真的不知道，现在已经无从查考，但是身居高位的他也绝对不是纯洁的羔羊。

当时朝廷禁止私自贩运陕西、甘肃一带的大木材，而赵普利用职权让手下购买木材，将大木材钉成巨大的木筏运到京师为自己建造宅邸，手下还以赵普的名义在京师公开贩卖木材。这件事让朝臣知道后汇报给太祖，太祖大怒，想要罢免赵普。幸好王溥力劝，太祖才平息了愤怒，但是对赵普的疑忌却越来越深。

按照惯例，宰相和枢密使每次去长春殿议事前，都要一起在庐中休息等候，然而皇帝听说赵普的儿子娶了枢密使李崇矩的女儿，便下令让他们分开等候，显然是为了防止他们私下交流勾结。赵普又犯了一些说大不大说小不小的错误，诸如私下用空地换取皇宫尚食的菜园来扩大自己的宅邸，又经营店铺牟利之类，翰林学士卢多逊知道后多次弹劾赵普，

① 《东轩笔录》《杨文公谈苑》。

但是按照王夫之的推测，真正的原因很可能是赵普秘密劝说太祖除掉太宗。（详见本书《金匮之盟·兄死弟及》）因此赵普被罢相，离开京城，担任河阳三城节度使。

这是赵普仕途的第一次挫折。

太祖去世之后，宋太宗赵光义即位。太平兴国初年，赵普终于回朝，但是由于死对头卢多逊仍然掌权，因此赵普只有个奉朝请的闲职，处处被卢多逊打压。正好此时柴禹锡、赵镕等告发秦王赵廷美暗藏阴谋，企图篡位，太宗便询问赵普，赵普趁机说希望自己能够进入朝廷权力的核心位置，来防备奸人作乱，并上奏说自己曾经参与太后与太祖定下的金匮之盟，算是册立太宗即位的元勋。之后赵普又一手策划了赵廷美冤案，直接导致了赵廷美的死亡。（详见本书《金匮之盟·盟约破裂》）

赵普通过赵廷美案成功实现了一箭三雕：首先，除掉了赵廷美，解除了皇帝的一块心病，也成功得到了太宗对自己的信任；其次，反杀卢多逊成功，后者及其家人全部被流放，赵普完胜；最后，被废黜已久的赵普借此重新登上相位，可以说大获全胜。

太平兴国八年（983年），赵普外调任武胜军节度使、检校太尉兼侍中，太宗写诗为他饯行，赵普捧着诗大哭说："陛下赐给臣诗，臣应该将其刻在石头上，与臣的朽骨一起葬于黄泉之下。"据说赵普的话也让皇帝颇为感动。

雍熙三年（986年），太宗出兵讨伐契丹，赵普又写了一封奏疏，劝太宗少事征伐，调养身体，增强国力，让异族"率土归仁……相率响化"[①]。

这封奏折不仅感动了太宗，也让大臣们都赞叹赵普之忠心。

雍熙四年（987年），太宗下诏亲耕籍田。所谓耕籍田，是古代一种仪式，一般是皇帝率领百官诸侯象征性地耕种一块土地，以此来勉励天下人勤于农桑。赵普听到消息之后，上表请求入朝觐见，言辞十分恳切，皇帝答应了。见到赵普后皇帝以言语抚慰，赵普感激得呜咽流涕。

籍田礼结束之后，太宗想任命吕蒙正为宰相，但是吕蒙正是新人，

① 《宋史·列传·卷十五》。

太宗想让赵普作为他的表率，因此册拜赵普为太保兼侍中，这也是赵普第三次为相，这时候赵普已经六十多岁了。按照惯例，宰相每天上班到未时（13—15 点）才能回家，当时夏天很热，皇帝特许赵普每天午时（11—13 点）回家。

赵普在淳化三年（992 年）去世，享年 71 岁（一说 70 岁）。赵普死讯传来，太宗很震惊，对群臣说："赵普侍奉先帝，与朕也有老交情，能断大事。虽然大家都知道，他曾跟朕有过一些不愉快，但朕即位以来，对他十分礼待，赵普也竭忠尽职地为朕效力，堪称国之重臣，朕十分痛惜。"①

明太祖朱元璋对赵普建议解除诸将兵权的做法十分赞赏，他说：赵普的确是贤相，假如诸将不早解除兵权，那么宋朝天下未必不会像五代一般动乱。史书说赵普多猜忌刻薄，但只这一件事，功劳施于社稷，福泽施于百姓，怎么能单凭他的猜忌刻薄就批评他呢！

但王夫之对赵普则大加批评，他在《宋论》里认为，赵普在太祖时期很可能曾劝太祖杀掉太宗，这也是他第一次被罢相最重要的原因，之后又投靠太宗，陷害秦王赵廷美，所以王夫之说"可以知普之终始矣"。他在书中毫不留情地斥责赵普为"鄙夫"，说他与五代的冯道是一路货色。而赵普劝太祖收兵权，王夫之也认为其中最重要的原因是赵普想固宠：不管是平后蜀、平南汉还是平南唐，都是武将在前线浴血奋战的成果，赵普并没有参与，所以他要得到皇帝的宠信，"唯折抑武臣，使不得立不世之功以分主眷而已"。

赵普到底是个怎样的人，现在看来似乎并不是那么重要，重要的是，他辅佐太祖和太宗，成功地改变了五代动乱割据的局面，让历史的车驾走上了大宋治下的富庶繁华之路，无论如何，这都是当时饱受兵祸的百姓的幸运，也是疮痍遍地的中华的幸运。

---

①《宋史·列传·卷十五》。

武夫中的清流

跟着赵匡胤打天下的主要是一些乱世中的武将，他们大多出身贫贱，基本没有受过任何教育，在乱世中脑袋别在裤腰带上打仗，其素质也就可想而知。残暴、贪婪、狡猾可以说是他们中很多人的标配。

前面说过的王全斌，在攻打后蜀时滥杀无辜，甚至将二万七千后蜀降卒全部诱杀。大将曹翰担任后周将领的时候也曾借口怕暴动，将八百南唐降卒全部杀害；曹翰后来当地方官，赋税繁重严苛，多为不法，御史中丞对他的恶行进行调查，认为应该判他死罪，后来皇帝看在他曾建立功勋的面子上饶他一命，削夺了他的官爵。

忠武军节度使党进也是个文盲，他连自己率领的士兵有多少都不知道，就让人把数据刻在他拿着的木棒上，有一天皇帝问他手下兵卒有多少，他看着木棒上的数据愣了半天，竟一个字也不认识，于是举起木棒说："全部在这上面。"皇帝认为他质朴忠直，因此更信任他了。不过党进可不是皇帝想的那么忠直。他曾经受诏巡视京师，看见百姓有养禽兽的就命令他们放掉，理由还十分冠冕堂皇："你们买肉不拿来孝敬父母，竟然用来饲养禽兽吗？"不过有一次他也触了霉头。当时太宗赵光义还是晋王，手下人架着一只鹞鹰在街市上走，党进上前就要把鹞鹰放了，对方马上说这是晋王的，而且说要回去报告。党进一听说马上住手，还拿钱让人去给鹞鹰买肉，对他说："你一定要小心看护！别让猫狗伤害了它！"当时被人们传为笑谈。这德行跟契诃夫《变色龙》里的警官奥楚蔑洛夫简直一模一样。还有一次党进听到有人说书，问说的是谁，说书人回答，说的是韩信。党进大怒，命人把说书人痛打一顿，说："你这两面三刀的家伙！对我说韩信，肯定会在韩信面前说我！"[①]事后，人们纷纷笑他，身为大将却不知鼎鼎大名的韩信。

在这一群蛮横而粗野的武将当中，曹彬可以说是一股清流。

① 《宋史・列传・卷十九》。

曹彬像

曹彬字国华，他父亲曹芸曾担任成德军节度都知兵马使。曹彬1岁的时候，父母为他举行抓周仪式，曹彬左手抓住了干戈（武器），右手拿取了俎豆（祭器），过一会又抓起一个官印，其他的看都不看，大人们很惊讶，认为这个孩子长大后必成大器。

长大后的曹彬跟一般咋咋呼呼的武将完全不同，史书说他“气质淳厚”①。后汉乾祐年间，曹彬担任成德军牙将。他行为端正，不苟言笑。当时的节度使武行德指着他对左右说：“这个人有大气量，不是一般的俗流。”曹彬的姨母后来成为周太祖郭威的宠妃，因此他也是周朝王室的外戚，但是他从不因这个身份而飞扬跋扈，反而更加小心谨慎，甚至在官府宴会上他都是终日端坐，目不斜视，与满堂的吆五喝六形成鲜明对比。就连当时以谨慎谦恭闻名的王仁镐见到他都对手下说：“老夫自以为夙夜不懈，现在看到监军（曹彬）如此严肃，才觉得自己太散漫了。”

后周显德五年（958年），曹彬奉命出使吴越，完成公事就马上返回，吴越大臣私下送他的礼物他一概拒绝。后来吴越人用快船追上他送礼，接连几次，曹彬都不接受。到后来他说：“如果我再不接受，就显得有点沽名钓誉了。”于是接受礼物登记造册返回，回朝之后他把礼物全部上交。周世宗强行还给他，曹彬才拜受这些礼物，拿回去之后，全部分给亲朋，自己丝毫不留。

后来他出任晋州兵马都监，有一次与主帅和其他官员坐在野外，邻郡有使者送来公文，因为不认识曹彬，便向人打听，旁人指给他看，使者完全不信：“曹彬大人是皇亲国戚、国家重臣，怎么可能穿着朴素的绨袍，坐在没有装饰的胡床上？”后来使者确认了几次才相信。

赵匡胤后来掌管禁军，权力渐重，不少人争相依附。但曹彬不依附任何人，不是公事绝不去拜访赵匡胤，臣僚的宴集聚会他也很少参与。

---

①《宋史·列传·卷十七》。

赵匡胤曾经在澶州跟随周世宗，曹彬当时掌管官府茶酒，有一次赵匡胤想从曹彬那里要点酒喝，曹彬说："这是官府的酒，我不敢随便给您。"然后自己出钱买酒给太祖。而正是因为这一点，赵匡胤反而对他更加器重，他对左右说："不欺骗主人的大臣，只有曹彬一个。"

太祖即位后，将曹彬从平阳召回，问他："我以前常常想亲近你，但你为什么故意疏远我？"

曹彬顿首谢罪说："臣是周朝皇室近亲，又身居要职，每天想的就是认认真真干好工作守住自己的官位，即便这样都怕获罪，怎么敢随意交结大臣？"

宋朝建立之后，曹彬与王全斌一起奉命攻打北汉，屡战屡胜，威名初显，而让他真正为太祖欣赏的，还是灭蜀之战。

当时宋军分两道进攻后蜀，曹彬与刘光毅负责水路，每次攻下后蜀城市，一些宋军将领就想屠城立威，曹彬坚决反对，保全了不少无辜百姓的生命。后蜀平定后，王全斌等人昼夜宴饮不理政事，又是曹彬多次劝谏。(详见本书《南征北讨·十四万人齐解甲》)后来后蜀全师雄等人叛乱，曹彬率兵与刘光毅在新繁击败叛军，为最后平定叛乱做出了贡献。而且曹彬在蜀期间廉洁奉公，回朝之后深得太祖赏识，被拜为宣徽南院使、义成军节度使。

而曹彬的封神之战还是平南唐。

开宝七年(974年)，曹彬受命率兵十万攻打南唐。在这次战役中，他按照宋太祖的叮嘱，吸取了平蜀之战中的教训，严格约束手下不得滥杀，并且对投降的李煜多加抚慰，"煜之君臣，卒赖保全"①。(详见本书《南征北讨·恰似一江春水向东流》)

曹彬待人厚重是一以贯之的，不仅对皇帝从不忤旨，对战败者和善待之，即便是对地位很低的手下，他也能尽量替对方考虑，有时候甚至细致到了让人惊讶的地步。

曹彬在徐州的时候，一次一个小吏犯罪，证据确凿，被判杖责，可

---

① 《宋史·列传·卷十七》。

是曹彬并没有下令立即执行，而是过了一年后才实行责罚，手下都不知道原因。曹彬说："我听说这个人刚刚娶妻，如果这时候杖责他，他父母肯定会认为这是新媳妇带来的倒霉运，可能会每天打骂她，这个新媳妇很可能就没法活了，所以我推迟责罚，但是也没有枉法。"

曹彬先后参与讨伐北汉、平定后蜀和南唐的战争，立下大功，但并没有因此而骄横傲慢，平南唐回朝，面见皇帝的时候他甚至不说自己是灭掉南唐回来的，而是说"奉旨去江南办事回来"，没有半点炫耀功劳的意思。

然而，太祖时期曹彬的高光时刻很快过去，太宗即位之后他的武运似乎就开始走下坡路了。

宋太宗即位不久便想征讨北汉，太宗问曹彬："周世宗和太祖都亲征北汉但是失败，这是为什么？"

曹彬回答："周世宗时期因为史彦超在石岭关大败，军心浮动，所以只好班师；太祖当时在甘草地驻扎，连降阴雨，军士很多染病，所以中止。"

太宗问现在是否可以北征，曹彬回答："凭借国家精锐的军队，剪除太原这孤垒，就如摧枯拉朽，有什么不可的。"

于是太宗下定决心北伐，并于太平兴国四年（979 年）消灭了北汉，完成了中国的基本统一。

然而，高梁河一战的惨败成为太宗挥之不去的耻辱，他一心想报仇雪恨，于是在雍熙三年（986 年），太宗下诏命令曹彬率军与大将潘美等分路讨伐契丹。

宋军主要分为三路：曹彬、崔彦进、米信从雄州入侵；田重进从飞狐口进攻；潘美从雁门关进攻，约定日期同时攻击。宋太宗告诉将领们："潘美一部先攻打云州、应州，曹彬等号称率兵十万攻打幽州，但是进军要慢一些，不要贪图小利。敌人听说大军攻打幽州，肯定会集中精锐来救援，这样山后的我军部队压力就会小一些。"

战斗打响后，三路宋军都进兵神速，曹彬部队很快攻下了涿州。但是很快他就遭遇了一生中最大的一次惨败。

当时曹彬部孤军深入，很快军粮不继，他被迫下令撤回雄州（今河北保定市雄县）以便接应粮运，太宗接到报告大惊："哪里有敌人在前，反而退军迎接粮运的道理，太失策了！"急忙下诏命令曹彬停止行动，并要他马上沿着白沟河与米信军会合，曹彬不得已，只好再次向涿州进发，此时辽将耶律休哥率骑兵不断骚扰宋军，趁宋军吃饭的时候攻击离开部队的士兵，宋军自顾不暇。为了保证自己的队伍不被契丹骑兵冲乱，曹彬让军队结成方阵前进，并在队伍两边挖壕沟保护士兵，行军速度缓慢。当时正值盛夏，天气炎热，宋军没有水喝，军士们只好把泥坑里的水过滤一下饮用，足足走了 4 天，宋军才走到涿州，这时候军粮又即将告罄。此时契丹国主耶律隆绪和萧太后已经率重兵集结在涿州附近，曹彬见势不妙，只好撤退。辽军趁势追击，双方在岐沟关大战，宋军大败而逃，军队一片混乱。晚上宋军在渡拒马河的时候又遭到耶律休哥的追击，惊慌之下，宋军被淹死的不计其数。曹彬和米信向南逃到易州，正在沙河边埋锅做饭，耶律休哥军队又追了上来，宋军兵败如山倒，死者过半，尸体甚至堵塞了沙河，丢弃的盔甲兵器堆积如山。

沙河之败意味着宋军主力的溃败，这也间接造成了勇将杨业的死。

很多后人是从《杨家将》里知道杨业的。杨业原来是北汉猛将，北汉世祖刘崇为他赐名刘继业。杨业作战勇猛，人称"杨无敌"。北汉灭亡后，他归降宋朝。雍熙北伐，他隶属潘美麾下。

曹彬军在岐沟关大败后，各路宋军纷纷退却，杨业驻扎在代州。此时，太宗下令将附近四个州的百姓撤回内地，这是古代战争中常见的手段，即掠取敌国的人口、牲畜为自己所用。但是这种行动也比较冒险，因为百姓势必拖慢军队的行动，让敌人有机可乘。杨业对潘美等人说："辽兵兵力强大，士气旺盛，我们不能硬拼。最好带领部队从大石路出发，先派人秘密告诉云州、朔州守将，大军离开代州时，让云州军民先出发，我驻扎在应州，契丹人必然来抵抗，此时让朔州百姓出城，进入石碣谷，再派一千弓箭手埋伏谷口，骑兵中路支援，这样就万无一

杨业雕像

失了。”

但是潘美手下的王侁却讥讽他说：“我们带领精兵数万却如此怯懦。只需直奔雁门北川，大张旗鼓前进即可。将军一直号称‘无敌’，看到敌人却畏缩不前，难道你有别的想法？”

这话深深刺痛了作为降将的杨业的心，他说：“不是我怕死，而是时机不对，让将士们白白死伤却无法立功。既然您说我害怕敌人，那我就率先出发。”

杨业出发前，指着陈家谷口说：“请在这里埋伏下强弓劲弩，等我转战到这里，就用步兵夹攻敌人。”

于是潘美和王侁便在谷口摆下阵势。而事实跟杨业估计的完全一样，他一出击便遭遇了契丹的重兵围攻，杨业率兵且战且退，逐渐靠近陈家谷口。但是杨业还没到，王侁见一直没有动静，以为契丹军队已被打败，便急着争功，竟然率兵离开了！潘美也无法阻止。之后他听说杨业战败，竟然又见死不救带兵后退！杨业带兵来到谷口，见没有一个宋兵，知道自己被出卖了，仰天号啕大哭。这时候他手下只剩下一百多人，杨业对他们说：“你们各自想法冲出重围，各求生路去吧！”然而没有一个人离开，最后全部壮烈战死。杨业亲手杀敌上百，后因战马受伤无法前进，就躲在树林里。辽将耶律奚底望见林中有袍影，一箭射去，杨业受伤被俘。之后在辽国拒不投降，绝食而死。

北伐失败和杨业战死的消息震动朝野，太宗命翰林学士贾黄中等询问曹彬及其手下，曹彬承认了违反诏书擅自行动之罪，之后被降职为右骁卫上将军。虽然此后他又被拜为侍中、武宁军节度使，并在真宗时担任枢密使，但是从岐沟关之败后，曹彬在军事上再无建树。

高梁河之败后，宋朝再也没有真正打败过契丹，其原因可能是多方面的，首先如陈邦瞻所说：太宗急于立功，置既定战略于不顾，先攻打北汉，军队疲惫之后再攻打契丹，其失败是必然的；其次，曹彬等将领在太祖时期几乎战无不胜攻无不克，到太宗时期除拼老命打下北汉之外，其他的基本以败绩居多，这与太宗的统帅能力恐怕是有直接关系的。曹彬的败退以及杨业的阵亡，根本上是宋太宗赵光义瞎指挥的结果，不过在小说家嘴里，杨业的死成了被潘美陷害所致，于是宋初名将潘美白白背了一千年的骂名。在封建集权下，要向皇帝追责几乎是不可能的，而在宋太宗这样无能的统帅下，宋朝的将领们要建立卫青、霍去病、李靖那样的功绩恐怕就很难了。而曹彬很大程度上甚至不是因为他的战功而闻名史册，而是因为他“仁恕清慎，能保功名，守法度”，因此《宋史》称他为“宋良将第一”，很难说这是对曹彬的赞美，还是对宋朝军事力量孱弱的讥讽了。

潘美雕像

恩怨两百年

北宋开宝九年（976年），群臣上书，为太祖上尊号“应天广运一统太平圣文神武明道至德仁孝皇帝”。这种用尊号吹嘘皇帝功德的做法并不新鲜，以前的皇帝大多是假意推辞一番之后就喜滋滋地接受了。但是这次赵匡胤却坚决拒绝了。他拒绝的原因只有八个字：“幽燕未定，何谓一统？”①

大打折扣的统一

960年赵匡胤发动陈桥兵变建立宋朝，史称北宋，结束了五代以来割据分裂的局面，实现了国家的再次统一。但是这个统一却是大打折扣的。

宋朝的版图与汉唐的相比可以说不在一个数量级。汉唐全盛的时候，不仅占有今天中国的大部分土地，而且在中亚开疆拓土，威震远方。而北宋这些都不敢比。宋朝领土最多时是280万平方公里，不管是与唐代还是与现代中国960万平方公里的国土面积比都小多了。宋朝建立之后，经过数十年征战，依次削平了后蜀、南汉、南唐、北汉、吴越等割据势力，但是面对一块被割让出去数十年的土地，北宋却有些一筹莫展了，因为，这块土地被牢牢控制在契丹的手里。

契丹的祖先现在已经不可考，一般认为出自鲜卑宇文部，这个民族从2世纪以后就控制了中国的东北边疆。后来宇文部被鲜卑慕容部击溃，分成三部，其中一部称为库莫奚，契丹人就属于库莫奚。

① 《涑水记闻》。

对这些少数民族的历史，汉族史官一般是不屑于记载的。“外族人受到关注，或是因为他们的臣服提高了中原王朝的声望，或是因为他们的存在威胁到了中国的统一。”①此时的契丹两方面都没份，因此在中国史书中的记载可以说十分稀缺。这种情况一直延续到 907 年。

巴林左旗辽墓壁画（局部）

在契丹族自己的传说中，他们的始祖叫奇首可汗。据说他有一次骑着一匹白马沿老哈河而下，在老哈河与西拉木伦河交汇处遇到一位驾着青牛车的女子，两人结婚，生了 8 个儿子，他们就是后来契丹八部的祖先。从那以后，每三年这 8 个部落的酋长都会聚在一起，选举出契丹族的首领——可汗。可汗的任期不是终身的，他可以被罢免和取代，契丹族通过这种原始的“民主选举”的方式确保领导权一直掌握在受贵族尊敬的、有能力的人手中，以此保证族群的强大。但是在 906—907 年，旧秩序被打破了，终止它的就是耶律阿保机。

在这时候，契丹族的前任可汗因为政绩不佳被罢免，联盟的军事统帅于越（官名）耶律阿保机趁机取代了他的位置。这种行动是符合传统并且受到八部落拥护的。但是，当几年之后按照惯例要选举新的可汗时，耶律阿保机却拒绝让出自己的位置。《辽史》记载耶律阿保机在 907 年即皇帝位，这一年正好是唐朝灭亡、五代开始的年份，但是根据《新五代史》的史料，他正式即位很可能是在 916 年，这种说法是比较可信的。很可能耶律阿保机在 907 年成为可汗之后，通过各种方式打击了阻止自己权力延续的势力，之后到 916 年，他举行了一次汉式的登基典礼，宣

① 《剑桥中国辽西夏金元史》。

耶律阿保机雕像

布自己为契丹皇帝，并且将自己的长子耶律倍立为继承人。这等于是宣布了契丹开始采取汉族皇室父死子继的继承制度，也就等于原始契丹部落选举可汗制度的终结。

此时的中原正处于五代分裂混战时期，耶律阿保机在各个军阀间从容周旋，熟练应对，契丹与幽州的刘仁恭长期对立，但是耶律阿保机又与晋王李克用结成盟友，两人还约为兄弟。在阿保机的统治下，契丹迅速壮大，全盛的时候，已经拥有了东起高丽，西至阿尔泰山的广大疆域。不管汉族人是否乐意，事实上，在整个欧亚大陆，那时契丹甚至取代中原王朝成了中国的代称，俄罗斯和斯拉夫语称呼中国为“Kitaia”“Cathaia”或者“Cathay”，其实这些词早期都是对契丹的称呼[①]。

耶律阿保机死后，他指定的继承人耶律倍并没能即位，皇位被传给了耶律倍的弟弟耶律德光，这就是辽太宗。耶律倍不是一位统帅，而是一位艺术家，他的部分画作甚至被宋朝皇室收藏。为了表现出自己对权力毫无欲望，耶律倍后来流亡到中原，他以为用这种方式就可以保全自己的性命，可是他错了。

在后唐时期，耶律倍一直受到后唐明宗的庇护，但是到 936 年的时候，事情发生了变化。这一年，后唐的大将石敬瑭起兵造反，面对朝廷强大的平叛军队，石敬瑭写信向契丹皇帝请求援助。辽太宗亲自率领五万骑兵越过边界，击败了后唐的军队，石敬瑭被契丹封为皇帝。后唐灭亡，后晋就这样建立了。

根据双方的协议，石敬瑭需要认比自己小 10 岁的辽太宗为父，自称儿皇帝；每年向契丹进贡大量金帛；并且将燕云十六州割让给契丹，这成为后来宋王朝最大的先天隐患。为了向契丹献媚，石敬瑭将流亡到中原的耶律倍杀死，可怜耶律倍放弃王位亡命天涯，最终也没能保住自己的性命。

---

① 《剑桥中国辽西夏金元史》。

在这些约定中，割让燕云十六州对后世尤其是宋朝的影响是最大的。所谓燕云十六州，指的是现在河北、北京和山西北部的大片领土。这一带地形以山地居多，从先秦时起就是中原民族与游牧民族的分界线，也就是人们熟悉的长城一线。燕云十六州往南就是广袤无边的华北平原，异族的骑兵在这里驰骋可以一马平川，毫无阻拦。因此燕云十六州在战略上具有极其重要的意义，可以说它就是保护中原免受游牧民族威胁的天然屏障。而石敬瑭为了皇位将如此重要的土地拱手送给异族，这等于给北方游牧民族打开了中原的大门，中原再也无险可守了。从此，燕云十六州的归属问题也成为中原统治者心中必须除去的在喉骨鲠。

后晋灭亡后，短命的后汉成为中原的主人。不久后汉灭亡，后周建立。959 年，周世宗柴荣发动了北伐战争，接连占据了益津关、瓦桥关和淤口关，并挥军直进，夺取了十六州最南面的瀛州（今河北河间）和莫州（今河北任丘），此时契丹的统治者是辽穆宗，这是个醉时多醒时少的酒鬼，一天大部分时间都在睡觉，被称为“睡王”。后周军队凌厉的攻势把睡王的梦惊醒了，他急急忙忙率兵准备迎击，而正在这时候，柴荣病重，后周退兵，五代汉族政权唯一一次收回燕云十六州的机会就这样失去了。

荒淫昏庸的辽穆宗继续他醉多醒少的生活，他经常残杀身边侍从，后来终于被侍卫杀死，契丹皇位传给了耶律贤，也就是辽景宗。如果说燕云十六州是汉族人的国耻，是汉族人心中永远的痛，那么从穆宗之后，被后周占领的瀛州和莫州就成为契丹人心中永远的痛了。汉族人一心想收回燕云十六州，而契丹人则念念不忘关南之地（瀛州与莫州），两方的恩怨就这样延续纠葛了两百年，一直到辽国和北宋先后灭亡。

内战内行，外战外行

960 年，赵匡胤发动陈桥兵变，黄袍加身，建立宋朝，史称北宋。很快，北宋就踏上了消灭割据势力，统一天下的征程。

963 年，北宋灭荆南；

966 年，北宋灭后蜀；

971 年，北宋灭南汉；

975 年，北宋灭南唐；

979 年，北宋灭北汉。

此外，978 年，吴越王钱俶纳土归顺。在不到二十年的时间里，北宋先后剿灭了各地主要割据势力，基本完成了国家的统一。当然，如前文所说，在赵匡胤心里，此时的北宋还不能称为真正的“一统”，原因就是幽燕还掌控在契丹的手里。

根据宋太祖与赵普和宋太宗的决策，北汉和契丹应该是宋朝最后要消灭的目标。此前北宋剿灭其他割据势力可以说是势如破竹、摧枯拉朽，从表面上看，北宋在消灭这些割据政权后再北上攻打契丹，收回燕云十六州，似乎是易如反掌的事情，然而让人费解的是，赵匡胤对攻打契丹似乎表现出非同寻常的审慎。

乾德三年（965 年），赵匡胤设立了一个特殊的仓库叫封桩库。当时太祖刚刚平定了湖南、湖北以及后蜀，将其大量的金帛财物收为己有，全部储存在封桩库中；此外每年国家剩余的财物也存入封桩库，用来支持战争和饥荒年的用度。而封桩库真正的用途，还是太祖对臣下说的一段话道破天机：“石敬瑭把燕云十六州割给契丹，让我们的国土被外人占据，朕非常怜悯。等这封桩库的财物存储到四五百万，朕就派遣使者与契丹商量，如果他们愿意归还土地，朕就把这些财物拿来做交换。如果他们不同意，我就用二十匹绢悬赏胡人的一个首级，他们精兵不过十万，只需要花费我两百万匹绢，敌人就被杀光了！”①

太祖的战略让人有些费解：宋朝自建立以来，东征西讨，所向披靡，按照常理，消灭后蜀、南汉等诸侯后挥师北讨，与契丹一决雌雄，应该是最顺理成章的策略，可是为什么太祖会放弃最后一战，希望以金帛换土地呢？

原因很简单，戎马一生的赵匡胤对契丹的军事实力有相当充分的了解，对辽宋两家的实力对比也有很清醒的认识，他知道：宋军虽然在消

① 《宋史纪事本末·太祖建隆以来诸政》。

除割据的战争中屡战屡捷，但是与强悍凶狠的契丹人相比，实力还是有一定的差距。况且，中原赖以为屏障的燕云十六州一直掌控在契丹手里，这等于宋朝失去了最重要的保护，如果宋军真的与契丹开战，胜利的天平很可能不会向自己倾斜。因此他决定暂时放弃武力，用巨额的财富来引诱契丹人，让他们归还燕云十六州。

但是赵匡胤也应该知道，事实上石敬瑭在割让燕云十六州之后就后悔了，后来他也曾向契丹提出用巨额金帛赎回，但是遭到拒绝。由此可见，以封桩库中的财物为代价赎回土地的策略，成功的希望十分渺茫；至于太祖之后说用二十匹绢悬赏契丹人头的计划更有些幼稚：如果两国真的陷入战争，两百万匹绢恐怕很快就会耗光，甚至整个封桩库的财富能否支撑一次战争都要打个问号。

所以，赵匡胤用财富换土地的策略从开始就是不大可能实现的。

宋朝建立之初，契丹与宋朝的关系还是比较友好的。开宝八年（975年），辽景宗耶律贤派遣使者到宋朝，请求通好，赵匡胤同意了，两国签订盟约，约定不互相攻伐。

太祖去世之后，太平兴国二年（977年），契丹派遣使者来为太祖送葬，葬礼结束后，太宗派辛仲甫为使者出使契丹表达谢意。而辛仲甫到契丹后与辽景宗的一番对话揭示了两国和好的表象下涌动的暗流。

辽景宗问："听说大宋有个名将叫党进，真是骁勇善战，你们像党进这样的人有多少？"

辛仲甫回答："名将很多，像党进这样的不过是鹰犬之才，哪里数得清！"

辽景宗很欣赏辛仲甫，想把他留在契丹，辛仲甫说："凭借信用达成使命，按照大义使者不能留下，如果不让我回国，我只能一死。"

辽景宗知道无法强求，便厚礼送辛仲甫回国。

而辽宋之间的盟约很快就被打破了，原因就是宋太宗讨伐北汉。

太平兴国四年（979年），宋军攻打北汉，契丹派使者质问："宋军讨伐北汉是以什么名义？"

太宗回答："北汉违抗王命，理当问罪。如果北朝不支援，我们的和约如故；不然，我们只有一战。”

从此，北宋与契丹的和约就成为一张废纸。

前面说过，在对付契丹的事情上，赵匡胤是至为审慎的，甚至他根本就没打算与契丹直接开战。然而宋太宗对这事却是轻率得可怕，灭掉北汉后，他竟然不让军队休整，直接北上攻打契丹。结果高梁河一战，宋军遭遇到立国以来第一次重大失败，战死者上万人，宋太宗随行的侍从和妃嫔全被俘获，服御宝器也被抢走，太宗大腿中了两箭，幸好抢了辆驴车仓皇逃回。此后每年太宗箭伤都会复发，这也是他后来去世的原因①。

雍熙三年（986 年），一心想复仇的太宗又派兵攻打契丹，结果名将曹彬在岐沟关大败，之后宋军又在沙河遭遇辽军伏击，几乎全军覆没，名将杨业也兵败殉国。（详见本书《能臣猛将·武夫中的清流》）

当时辽景宗已经去世，耶律隆绪即位，是为辽圣宗。辽圣宗即位于 982 年，刚刚即位时，由他母亲承天皇太后萧绰辅政，这就是著名的萧太后。事实上，宋太宗当时就是认为耶律隆绪刚刚即位，萧太后又是一介女流，想趁契丹政权交接局势不稳之际讨伐，谁知道被刚刚 10 岁的辽圣宗率领臣下打得满地找牙，宋军也因此大伤元气。而经此之后，契丹也在寻找机会，一报当年宋军攻打之仇。

太宗针对契丹的两次军事冒险成了惨痛的悲剧，宋军此后再也没有组织过对契丹大规模的军事进攻。

997 年，太宗去世之后，宋真宗即位。

宋真宗是宋朝第一个非军旅出身的皇帝，甚至被认为是宋朝“最消极的皇帝”②，他身上既没有太祖的雄才伟略，也没有太宗的盲目冒进，作为守成之君③，他最大的愿望就是能维持现状，不想考虑任何进取，哪怕维持现状需要付出一些代价他也心甘情愿，反正他爹和大伯给他留下的家当足够他挥霍。

---

① 《默记》。

② 《剑桥中国辽西夏金元史》。

③ 指开国皇帝之后的其他君主，守成就是保持前人创下的基业。

真宗刚刚即位不久，咸平二年（999年），契丹以牙还牙，也趁宋朝新皇即位，政局不稳，发动大规模入侵。契丹军队深入边境，当时宋军大将傅潜领兵八万多，竟然不敢接战，只顾闭营自守，手下将校向他请战，都被他一顿辱骂。朝廷派使者让他出兵他也不听。手下范廷召气得大骂主帅：“你怯懦得还不如一个老太婆！”

傅潜被骂得狗血喷头，只好分出八千兵马给范廷召，并且承诺之后出兵援助。范廷召向都部署康保裔求援，康保裔欣然领兵前往。宋军与契丹在瀛州遭遇，当时天色将晚，双方约定明日会战。哪知道把傅潜骂作老太婆的范廷召竟然趁夜偷偷逃跑了！康保裔一无所知，第二天一早，契丹将康保裔军队团团围住，左右请求康保裔换装逃跑，他说：“临难不苟免，这正是我效死之日！”最后宋军战得矢尽援绝，康保裔也英勇战死。

杨延昭雕像

宋朝援军被击溃后，契丹军队乘胜攻打瀛州城，守将杨延昭，正是殉国的名将杨业的儿子。他见大军压境，马上组织手下登城固守。当时天气寒冷，杨延昭命令士兵往城墙上泼水，很快城墙上结了冰，契丹士兵怎么也爬不上去，最后只好带兵撤退。

十二月，真宗下诏亲征，车驾从京城出发，先驻扎陈桥，之后来到澶州（今河南濮阳）。咸平三年（1000年）春，宋真宗率军来到大名府（今河北大名县），契丹听说之后，将附近官署、百姓抢掠一空而去。此前逃跑的范廷召又挺身而出，追击回国的契丹军队，据说斩首一万多。范廷召因此升官至检校太傅，而傅潜则被斩首示众。

此后辽宋边境经常发生冲突。咸平四年（1001年），契丹入寇，宋朝三路都部署王显率军抵御，据说在遂城一战，宋军大胜，歼敌两万余。

之前，赵匡胤在设立封桩库的时候曾估计，契丹精兵不过十万。现在仅这两仗就消灭了三万多，不说让契丹亡国灭种，至少也应该使他们元气大伤才对。然而，神奇的是，一年多以后，辽圣宗耶律隆绪与萧太后以及先锋萧挞凛又率领大军进攻宋朝了。

澶渊之盟

宋真宗咸平六年（1003 年）夏，契丹军队大举入侵，直扑定州（今河北定州市）。高阳关副都部署王继忠率兵增援，在康村与契丹军遭遇，双方发生激战。此时王继忠的友军见敌人声势浩大，纷纷溃逃，唯独王继忠率领手下冲入敌阵。契丹人看出王继忠是大将，将他团团包围了几十重，宋军拼死力战，走到白城的时候已经弹尽粮绝，王继忠最后被契丹俘虏。真宗闻讯，认为他已经殉国，下诏给他赠官。王继忠后来被押到炭山，萧太后很欣赏他的忠勇，不但没有杀他，还任命他为户部使。

而也就是这个王继忠，之后成为辽宋之间穿针引线的人，促成了澶渊之盟的签订。

景德元年（1004 年）契丹大举入侵，来势汹汹，朝廷一天能收到五封告急文书，寇准竟然根本不打开看，还跟平常一样喝酒谈笑，镇定自如。同列把这事报告给真宗，真宗大惊，问寇准怎么回事，寇准满不在乎地说："陛下想了结此事，不过五天就能办到。"因此劝说宋真宗御驾亲征。同列一听寇准要让皇帝冒如此大的风险，都吓傻了，纷纷想退避，寇准把他们拦住，皇帝也吓傻了，想回后宫，寇准说："陛下一回后宫，臣就见不到陛下了，事情就无法挽回了，请留下准备亲征。"此时北宋朝野震骇，不少大臣主张迁都以避敌锋芒，同时大臣们各自又有各自的小算盘。比如王钦若是临江人，就主张迁都金陵（今南京），而陈尧叟是蜀人，则主张迁都成都。一时间争执不下，皇帝被弄得心烦意乱，后宫的女眷们更是哭成一团。这时候宰相寇准坚持要真宗御驾亲征，真宗却反复问寇准到底应该迁都到哪里，寇准大怒说："这与昨晚大哭的女人们有什么区别！"

寇准装作不知道王钦若和陈尧叟的提议："那些主张迁都的，应该斩首衅鼓①！"

---

① 古代战争时，用牲血涂鼓，以祭祀神灵。

君臣商议了几天也没能决断。寇准从宫里出来后遇到太尉高琼，对他说："你是国家上将，遇到危难一句话都不说，是什么原因？"高琼忙向寇准道歉。

群臣一起觐见皇帝，真宗问对策，大家都一言不发，只有杨亿赞同寇准的建议，滔滔不绝说了半天，结果皇帝一句话把他噎得半死："你是儒生！不懂军事！"

这时候高琼说："蜀地太远，王钦若说迁都金陵是比较可行的。陛下和后宫乘船从汴河而下，几天就能到。"

寇准听到这话大惊失色，以为高琼临阵反水。谁知道高琼又说："臣说了是死，不说也是死！与其大祸临头而死，不如说了之后再死。现在陛下只要离开都城一步，城中就会有另外的主人了！吏卒都是北方人，家都在都城，一旦有了新主，他们都会去侍奉，谁愿意跟随陛下到金陵！"

寇准大喜过望，大喊："高琼知道这一点，为什么不护送陛下亲征！"①

真宗终于下定决心亲征，任命参知政事王钦若为天雄军部署，坚守河北。

此时战局正在悄悄朝着对宋朝有利的方向转变。契丹军队攻击威虏军和顺安军，都没有占到便宜，反而折损了偏将，辎重也受到损失；又攻打北平寨和保州，也被击败；萧挞凛攻打定州，也被宋军阻挡。契丹大军于是驻扎在阳城淀，不再组织大的军事行动，每天只派小股部队侵扰，遇到坚决抵抗便撤退。这时候，宋朝故将王继忠对辽圣宗建议两朝和好，辽圣宗赞同，于是派人向宋朝议和。

宋朝君臣得知契丹想议和，不知道如何处置。宰相毕士安建议先拖延一下，以便以后讨价还价。真宗十分忧虑："敌人如此强悍，恐怕无法议和。"

毕士安说："臣听契丹的降兵说契丹虽然深入我国，但是打了多次败仗，士气很受影响，想偷偷回国，又觉得面子上过不去。而且他们也担心后方空虚，我军会直捣巢穴。议和的请求应该不是假的。"

真宗回复王继忠："朕难道想穷兵黩武吗？朕只想停止战争！如果契

---

①《后山谈丛》。

丹愿意议和，可以派遣使者。”

十月，真宗派遣曹利用出使契丹军营议和，萧太后坚持要宋朝割让关南土地，曹利用坚决拒绝，和议一时间陷入僵局。在寇准等大臣的一再坚持下，十一月，宋真宗御驾亲征。

就在此时，一个突发事件沉重打击了契丹军队的士气，而给宋军打了一针强心剂，这就是萧挞凛的阵亡。

萧挞凛是契丹名将，建功无数，曾俘获杨业和王继忠。这一天，萧挞凛在战场上巡视地形，结果进入了宋军床子弩的攻击范围。床子弩又称八牛弩，它将三张大弓合并在一起，需要三十个人才能拉开，箭支以木头制成，长三尺五寸，粗五寸，以铁叶为翎，基本上就是当时的大威力狙击步枪。萧挞凛被宋军床子弩射中，很快毙命，这对契丹军队的士气影响巨大。

宋朝这边，真宗还没到达澶州，就在路上发布了一个诏令，任命宰相王旦为东京留守。此前真宗离开京师的时候，已经任命自己的弟弟雍王赵元份为留守，走到半路，传来了雍王暴病的消息，因此火速任命王旦为留守。王旦临走的时候对皇帝说：“请陛下宣召寇准，臣有话要说。”

寇准到后，王旦问真宗：“如果我军十天后还不能取胜，应该如何处置？”

真宗听了默然良久，半天才吐出三个字：“立太子。”

真宗走到澶州，这时候又有人提起迁都金陵的事情，真宗又动摇了。寇准力劝：“陛下只能前进，不能后退。河北诸军日夜盼望圣驾，士气倍增。一旦陛下退回，万众立刻瓦解，敌人如果乘虚追击，金陵我们也到不了了！”

高琼也极力劝说，真宗终于继续前进。走到澶州南城，一些大臣看见契丹军势强盛，请求就此停下，寇准极力请求前进，高琼指挥卫士为皇帝备辇。真宗无奈，只好过河，登上澶州北门城楼，召来诸将慰问。远近将士望见皇帝御盖，踊跃欢呼万岁，声震天地，契丹人看见后，大惊失色。

到了澶州的宋真宗心里还是忐忑不安，他时刻派人去探查寇准在做什么，回报说：“寇相公在喝酒！”“寇相公在赌博！”“寇相公在听曲子！”真宗听了之后心里安定了许多：“寇准如此镇定自若，我还有什么可忧虑的呢？”

十二月，契丹使者韩杞带着国书与曹利用一起来到宋营，曹利用提起萧太后坚持要得到关南土地，真宗说：“这个要求毫无道理！如果定要如此，朕当决战！如果契丹想要财货，汉朝就有过以玉帛赐单于的先例，这个可以答应。”

寇准认为此时形势对宋朝越来越有利，不仅可以不给契丹财货，甚至可能要求其称臣以至于索回幽燕之地：“如果继续打下去，我大宋可保百年无忧，不然，几十年后，契丹又会生贪婪之心。”

真宗此时急于求和，拒绝了：“几十年后自然会出现抵御的人才，我不忍生灵涂炭，姑且允许和议。”

真宗让曹利用再次出使契丹，商量给契丹岁币的数量，说：“万不得已，即使每年给百万也是可以的。”

寇准知道后，偷偷把曹利用叫到自己帐中，对他说：“虽然有圣旨，但是你要是答应每年给契丹的岁币超过三十万，我就会砍掉你的头！”

曹利用到契丹军营，萧太后说：“后晋给了我们关南土地，周世宗又抢走了，现在应该还给我们。”

曹利用回答：“晋朝和周朝的事情，我大宋不知道。即便是每年给你们金帛财货我都不知道皇帝是否会同意，割地的请求，我根本不敢跟皇帝提。”

契丹大臣上前说：“我们率领大军而来，就是想收回故地。现在只得到财货回国，我们都愧对国人！”

曹利用反驳：“你为什么不为你的国家认真考虑？如果契丹采纳你的建议，只可能兵祸不断，国家永无宁日！”

曹利用并非在虚张声势。此时契丹人明白：“虽然他们正在朝宋朝都城进军，但是他们的军队与（辽）太宗947年占领开封时所处的形势一样。他们被困在由未受损失的宋军从东西包围的狭长地带中，甚至在他们所占领的地区内，一些只是被辽朝轻骑绕过的，却具有战略意义的州县和要塞也仍有宋军在坚守。这些强大的据点中，值得注意的是定州和瀛州。实际上，辽军面临着被切断归路和困于敌境的危险。”①

几天后，曹利用与契丹商定了岁币数目回到宋营，当时真宗正在吃饭，让内侍问曹利用岁币数目，曹利用说：“此事机密，我要面奏皇上。”心急火燎的真宗又让人去问：“你先说个大概。”曹利用还是不说话，只用三根指头贴在脸上示意。内侍还报后，真宗大惊：“难道是三百万？！太多了！”过了一会又说：“姑且把这事了了也行。”这些话都被帐外的曹利用听见了。等他进去之后，真宗急忙又问，曹利用故意说：“臣许的财物太多。”

“到底多少？”

“三十万。”

真宗一听简直喜出望外②。

真宗的喜悦不是没有理由的，澶渊之盟规定，北宋每年给契丹绢 20 万匹，银 10 万两，根据估算，每年送给契丹的绢仅相当于南方一个州的产量，而且和约签订后，两朝的贸易不断，宋朝从中获得了大量的贸易盈余，岁币中大约 60% 的银两最终又回到了宋朝手里。

除岁币之外，澶渊之盟还规定：辽宋边界应认真划分；任何一方不得对对方逃犯进行庇护；两朝分别以“南朝”和“北朝”称呼对方，契丹皇帝称大宋皇帝为兄……

现代学者对澶渊之盟评价非常高，《剑桥中国辽西夏金元史》认为：

> 澶渊之盟是在意识形态要求之上的政治务实主义的巨大成功。它为一个世纪的稳定与和平共处铺平了道路，并通过两个宫廷之间不间断的使团互访得到加强和保障。……两国从海边到黄河拐弯处的边界被清晰地划界并由双方警惕地守卫，这构成了现代意义上的真正的国际边界，而这在中国历

① 《剑桥中国辽西夏金元史》。

② 《龙川略志·龙川别志》。

> 史上是空前的。最重要的是，这一条约取得了非凡的成功，非常有助于整个11世纪两国的长期稳定和经济与文化的进步。
>
> ……
>
> 因此，这种安排对于双方来说均是一个很好的交易。宋朝以有限的代价获得了持久的和平。契丹获得了稳定的额外收入来源，而且在某种程度上减轻了他们南边的边界防卫并致力于国内发展。

《哈佛中国史·儒家统治的时代：宋的转型》也认为："'澶渊之盟'为后世建立和平共处的双边关系树立了范例。"

但是在当时人眼里，澶渊之盟大概就不是这么回事了。在中原士大夫的心里，所谓夷狄从来是被看不起的，可是现在居然与天朝平起平坐，这让很多人不舒服。一个叫王曾的大臣就上书说："《春秋》认为夷狄是外人，封爵都不能超过子爵，现在以国号称呼他们已经足够了，何必还与他们对称两朝？"用公元前的《春秋》来作11世纪国际关系的指南，这是很多儒生千年以来最熟悉的路径依赖，可以说王曾的话代表了很多士大夫的心声。

而事实上，危机过后，事件最主要的亲历者宋真宗也有些心理不平衡了。

从澶渊回朝后，大家都认为寇准立了大功，寇准自己也禁不住有些洋洋自得，真宗对寇准也日加信任，王钦若看在眼里，心里十分不满。一次朝会，寇准离开后真宗还深情目送他，王钦若说："陛下敬重寇准，是认为他为社稷立下了大功吧？"

"是的。"

"澶渊之战，陛下不以为耻，反而认为寇准为社稷立功，这是怎么回事？"

皇帝愕然问："此话怎讲？"

"订立城下之盟，是《春秋》认为十分羞耻的事。澶渊之役，以陛下万乘之贵去订立城下之盟，什么羞耻能与此相比！"

真宗听了之后脸色大变，闷闷不乐。王钦若继续说："陛下知道赌博吗？赌徒眼看要输光了，干脆把所有的赌本全部押在一把上，这叫'孤注一掷'。陛下就是寇准的孤注啊！当时情况是多危险啊！"

不过此时的真宗心里可能觉得自己更像另一种赌徒，明明拿了一手好牌，却不知怎么的输得一败涂地，以至于以后要按揭还赌账。真宗当然不会觉得错在自己，只会觉得一切都怪寇准，因此对寇准渐渐疏远，之后将其罢相，让他到陕州当知州去了。

寇准被罢相后，宋真宗痛定思痛，越来越觉得澶渊之盟对自己是个巨大的侮辱，整天闷闷不乐。王钦若知道真宗心理不平衡，但是更不敢打仗，于是故意进言："陛下派兵收回幽燕，就能洗雪前耻。"

果然真宗拒绝："河朔百姓刚刚免除战争忧患，朕怎忍心如此？你看看还有没有别的办法？"

王钦若说："如果不打仗，只有靠举行封禅仪式才能向外族夸耀。不过自古以来，帝王要封禅，一定得天降祥瑞才可。"

说需要祥瑞，祥瑞马上就从天而降了，果然，1008 年春天，有人宣称在承天门发现了天书，真宗宣布大赦天下，并把这一年改为大中祥符元年。

辽墓壁画《备猎图》

举国病狂

很久很久以前，有一个皇帝，他特别喜欢豪华奢侈的东西。有一天，两个骗子来到皇帝面前，说能给他做出一件世界上最美丽的衣服，皇帝相信了……

唔……先打住，其实骗子们不是说要给皇帝做衣服，而是要给他创造奇迹，让他过一把臻于郅治、万国来朝的瘾，因为我们今天讲的不是《皇帝的新衣》，而是——

皇帝的天书

上节说到，王钦若刚说需要祥瑞，正巧上天居然就降下祥瑞了。其实哪里有那么凑巧的事，显然，这所谓祥瑞其实是王钦若与真宗合谋伪造的。

当时王钦若说封禅泰山需要上天降祥瑞的时候，真宗就一筹莫展了，王钦若察言观色，继续说："上天的祥瑞哪里是想得就得的？前代其实有些也是人为的。只要皇帝深信不疑，颁布天下，那跟上天的祥瑞也没有区别了。"

这分明是暗示真宗伪造祥瑞，真宗有些心动，但是又有些不敢。王钦若循循善诱："陛下认为什么河图、洛书真的存在吗？不过是圣人以神道设教罢了。"

"以神道设教"意思是利用鬼神之类作为教育手段。王钦若显然是在教皇帝，圣人做得，我们也做得。

但是真宗还是犹豫不决。有一天他到收藏图书的秘阁，突然问直学士杜镐："古代所谓的河图、洛书，都是真的吗？"

杜镐是个老儒生，没明白皇帝问话的意思，随便回答说："这就是圣人以神道设教的。"

饱读诗书的翰林学士都这样说，真宗终于放下心了。不过他还有一个顾虑，那就是宰相王旦很可能反对。对此王钦若倒是把握十足，认为只要说是陛下的意思，王旦再有十个胆子也不敢反对。于是王钦若私下把这事告诉了王旦，王旦十分震惊："这不是君臣合谋弄虚作假吗？"但是如王钦若所料，听说是皇帝的意思，王旦马上就底气不足了，只好支支吾吾勉强答应。

过了几天，真宗邀王旦宴饮，酒过三巡，真宗叫人拿出一壶酒赐给王旦："这酒爱卿拿回去跟家人共享。"

王旦把酒拿回家，打开封盖，发现里面装的全部是珍珠！王旦这下彻底没有什么话好说了，只好成为皇帝的同谋，真宗心里最大的障碍也就消除了。

1008年春天，有人报告说皇宫左承天门的鸱尾上有一条两丈多长的黄色锦帛挂在上面，中间还包裹着像书卷一样的东西，用青丝缠裹，看上去隐隐有字迹。真宗听到之后大喜："去年冬天十一月的时候，快到夜半时分，朕刚刚就寝，突然室内金光照耀，一个戴着星冠穿着红纱衣的神人站在室内，告诉朕说：'下个月应该在正殿建一个月的黄箓道场，到时候会降下天书大中祥符三篇。'朕正要起身回话，神人就不见了。所以从去年十二月开始，朕就在朝元殿斋戒，建立道场等待上天降下天书，今天果然应验了！"

真宗绘声绘色的描述无疑是最权威的背书。群臣跟着皇帝来到承天门，对着挂在半空的天书拜叩。真宗派两个宦官架梯子上去把天书取下来，王旦跪着把天书进奉给皇帝，皇帝再拜接受，亲自放在车里，一起回到道场。整个典礼庄重肃穆，郑重无比。

进入道场后，宋真宗命令状元出身的陈尧叟打开封缄，黄帛上写着：赵受命，兴于宋，付于眘，居其器，守于正，世七百,九九定。

大意是：赵宋受命于天，谨慎治国，坚守正道，王朝能传七百代，世世无穷。

黄帛里还裹着三张有黄字的锦帛，语言有些类似《尚书·洪范》和《道德经》的风格，大意和前面的文字差不多。陈尧叟朗读完毕，真宗再拜接受，把天书放入早就准备好的金匮，群臣在崇政殿恭贺皇帝，真宗宣布这一年改年号为大中祥符，群臣都得到升官和赏赐，京师百姓大宴五天，把承天门改名为承天祥符门，设置天书仪卫扶持使的官职，有重大典礼的时候，就让宰相或者近臣兼任这个官职。

天降祥瑞当然是最重大的事件，陈尧叟、陈彭年、丁谓，还有那个图书管理员杜镐纷纷写文章，引经据典，指出天降祥瑞的重大意义，其他学者文人更是争相附和，一时间天下人都在谈论、颂扬祥瑞了。

“显而易见的是，宋真宗希望用制造一个宗教卡里斯玛的办法洗雪澶渊之盟对自己的羞辱，同时确立帝国至高无上的地位。然而不是所有人都被这卡里斯玛影响。”①比如龙图阁待制孙奭就很不识时务地说：“以臣愚蠢所闻，天何言哉②，怎么会有天书？”

好在真宗性格比较温和，或者因为造假心里多少也有些忐忑，听了这极其不以大局为重的话也没有治罪，只是沉默不言了事。

不过，天书只是真宗用来达到其目的的手段，他真正的目的是封禅。

所谓封禅，指的是古代帝王在太平盛世或者天降祥瑞的时候到泰山祭祀天地的大型典礼。能够举行封禅的帝王，基本都是公认的拥有雄才大略的君主，此时的王朝一般也是公认的强国盛世。在宋真宗之前，曾经到泰山封禅的帝王有五位：秦始皇、汉武帝、汉光武帝、唐高宗和唐玄宗。相比之下，宋真宗无论是在个人层面还是国运层面似乎都与他们不在一个档次上。尤其在不久前北宋才在澶渊之盟中吃了个哑巴亏，因此北宋无论如何也无法与强大勇武的汉唐相比。别的帝王封禅是为了炫耀国威，真宗封禅倒像是病危冲喜。不过这些都不重要，天书都降下来了，

---

① 《剑桥中国宋代史·上卷》。卡里斯玛（charisma）来自早期基督教，最初指得到神帮助的超常人物，引申为具有非凡魅力和能力的领袖。（引自本书译者注）

② 出自《论语·阳货》，意思是天不会说话。

封禅就是理所应当的，至少臣民们会这样认为。

两个月后，大中祥符元年（1008年）三月，兖州父老一千二百人来到京城请求皇帝举行封禅大礼；几天后，兖州和其他各路进士八百四十人也来到京城请求皇帝封禅；之后，宰相王旦率领文武百官、将校、藩夷、耆寿①、僧道两万四千三百七十多人请求封禅，真宗当然全部拒绝，臣下五次上表，真宗都“谦虚”地表示不同意。

然而，一个月后，四月，宋真宗突然下诏，决定当年十月封禅泰山。

为什么真宗此前一再推辞，而到四月突然又同意了？一个很大的原因是丁谓在其中起了作用。丁谓当时任参知政事，真宗想要封禅但是担心经费不够，于是问丁谓，丁谓说：“大略有余。”

这样最后坚定了宋真宗封禅的决心。

但是，宋真宗还是觉得仅凭一次天书降临就封禅好像显得理由不是很充分，于是，他又在策划第二次天书降临了。

盛世需要仪式感

当王旦满肚子不情愿地率领两万多人上表请求真宗封禅的时候，他一定想起了多年前李沆对自己说的话。

真宗还是太子的时候，李沆就是他的老师，对这个学生的德行性格，李沆可以说是了如指掌。真宗即位后，李沆和王旦同任宰相。当时西北的西夏经常侵扰中原，真宗刚刚即位，与宰相商量边防之事，经常连饭都顾不上吃。王旦长叹说：“我们这些人怎么能安享太平，优游无事啊！”

李沆说：“外有强敌边患，反而可以作为治理国家之人的警戒，以后如果四方安宁太平，朝廷未必不会无事。”

王旦对这话很是不理解。更让他不理解的是，李沆经常把各地的水灾旱灾盗贼等事情上奏皇帝，在王旦看来，这些区区小事，几个地方官就可以处理了，何必拿来让皇帝烦心。李沆说：“陛下年纪轻，应该让

① 指民间年高有威望者。

他知道四方的艰难，不然，他正在血气方刚的年纪，没有这些烦虑，他不是去留心声色犬马，就会搞大兴土木、穷兵黩武或者求神拜佛一类乱七八糟的事情。”

王旦当时对李沆的话颇不以为然，到这时，他才明白李沆的确是有先见之明。

但是，李沆已经于四年前去世了，而王旦此时已经被真宗拉上了船，再也无法脱身。

这一年四月，真宗任命王钦若为参知政事，任命王旦为封禅大礼使，冯拯、陈尧叟负责封禅礼仪，丁谓负责封禅资金调度，封禅大典正在紧锣密鼓地筹备中。

这时候，王钦若突然上表说：泰山出现了醴泉，锡山出现了苍龙。没多久，一个叫董祚的木匠在醴泉亭附近看见有黄帛挂在树枝上，但是他不识字，于是告诉了皇城使王居正，王居正发现上面写着皇帝的名字，急忙报告王钦若，王钦若马上把黄帛取来送到皇宫。宋真宗欣喜地说：“朕在五月一天夜里，又梦见上次的神人对朕说：‘下个月上旬，会在泰山赐给你天书。’因此朕提前密告王钦若，让他一发现奇异的事就马上禀报，现在果然应验了！”

王旦等人照例叩拜祝贺。真宗拜受天书，上面写的跟前一封大同小异。很快，王钦若又献上芝草八千株，各地也纷纷献上金丹、芝草、嘉禾、瑞木等祥瑞。

十月，宋真宗开始封禅之旅，千乘万骑从京师出发，经过十七天到达泰山脚下。王钦若又献上芝草，这次数量更为庞大，有三万八千多株。斋戒三日之后，用玉车载着天书为先导，真宗开始在随从的簇拥下登山，在山上祭祀了各方神灵，礼仪完满，他成了第六位，也是最后一位在泰山封禅的帝王。

按常理，一个帝王能够到泰山封禅，已经是达到人生巅峰了。可是宋真宗似乎对封禅上了瘾，东封之后，他又想到西边的汾阴去举行祭祀大典了。

既然皇帝心里有这个意思，自然会有懂事的臣民首先提出来。大中祥符三年（1010年），河中府一个叫薛南的进士带领父老和僧道一千二百人请求皇帝到汾阴去祭祀后土。真宗很快下诏，明年春天西封汾阴。

真宗的决定在朝廷里激起了很大反响，前面那个不顾全大局的孙奭再次上书表示反对，真宗认真听取了他的意见，肯定了他的忠诚，但是仍然我行我素。

大中祥符四年（1011年），真宗在认真学习、操练后，认为自己已经熟练掌握了祭祀后土的礼仪，于是下诏，抬着天书，君臣浩浩荡荡往汾阴而去。二月，真宗一行出潼关，渡渭河，经河中府，来到宝鼎县，在这里举行了隆重的祭祀仪式，完成了祠汾阴的壮举。

敢怒不敢言

在这场君臣合谋的闹剧中，最憋着一肚子火的可能就是被迫卷入的宰相王旦了。据《王文正公遗事》说，泰山封禅和汾阴祭祀结束后，真宗命令近臣编纂《符瑞录》，王旦上奏说："臣两度为大祀使，这些符瑞，臣都未曾目睹，全是手下根据司天监邢中和的报告编写的。请求编修官把臣的话全部如实记录，不要缺漏。"

《宋史》也记载，翰林学士陈彭年向王旦呈上公文过目，王旦眼睛都不睁开，找一个信封就装进去了。向敏中当时在一旁说："大人还是应该看一看。"王旦满不在乎地说："不过是关于符瑞图的那些事情罢了。"王旦担任天书使，每次有重大典礼，他就要捧着天书走在队列前面，而每次他都脸色阴沉，闷闷不乐，像一个被父母逼着给客人表演才艺的孩子，满肚子不情愿。

不仅王旦，其他很多大臣对天书封禅闹剧也是不以为然的。司马光曾在《涑水记闻》中说：真宗封禅泰山时，为了表示虔诚，皇帝和近臣都斋戒吃素。仪式结束后，真宗慰劳王旦等大臣："各位爱卿一直跟着朕吃素，实在不易。"王旦等人哼哼哈哈地不回答，只是下拜谢恩。可是大臣中有个直肠子马知节却大大咧咧地说："吃素的只有陛下，王旦和臣等在路上吃住一起，我们都一直喝酒吃肉。"王旦见马知节点破，也只好承认:“马知节说的都是真的。”真宗听后也无可奈何。

天禧元年(1017年),天书又一次出现了,可是王旦的确是再也不愿意蹚这浑水了。

1017年巡检朱能与宦官周怀政声称天书出现,其实当时几乎所有人都知道,所谓天书是这两人假造的。当时寇准已被罢相,担任山南东道节度使,真宗得知消息后与王旦商量,王旦说:“一开始不相信天书的就是寇准,现在天书降临,应该让寇准进献朝廷。”

真宗下诏让寇准进献天书,这让寇准陷入了两难。他的学生进言说:“大人走到半路假称生病,上书坚决请求补外官,这是上策;面见皇帝揭发天书是假,保全一生清名,这是中策;再进中书省为宰相,这是下策。”但是寇准被逐出朝廷太久,太想重新回朝实现自己的抱负,最后他竟然选择了下策,乖乖把天书献给朝廷,真宗当然十分高兴。两年后,寇准接替王钦若再次为相,但是这也成为他一生中洗不掉的一个污点。

天书既然是圣物,当然不能平常处之。东封回来之后,真宗就下诏建造玉清昭应宫,专门供奉天书。建造工程由丁谓负责。当时估计需要15年才完工,但是丁谓采取工匠轮流作业、昼夜赶工的方法,仅用8年就建设完成了。史书记载“其宏大瑰丽,不可名似”。远远望去。只见碧瓦凌空,高耸入云。太阳初升之时,各种颜色与阳光交相辉映,人眼都无法直视。玉清昭应宫占地广阔,内部陈设奢侈豪华,当时的人认为玉清宫之盛,开天辟地以来就不曾有过,即便是秦朝的阿房宫和汉代的建章宫也无法匹敌。玉清宫耗资白银近亿两,是当时北宋国库年收入的两倍。

除了造玉清昭应宫,宋真宗还在京师及各地兴造宫观,耗费无法计算。大中祥符八年(1015年),张咏去世。(详见本书《能臣猛将·智勇张乖崖》)他在临终前给皇帝上遗表说:“不当造宫观,竭天下之财,伤生民之命,此皆贼臣丁谓诳惑陛下。”他甚至请求把丁谓杀掉,悬头国门以谢天下,再砍下自己的头放在丁谓门前向丁家道歉。

但是,玉清昭应宫这座耗费了无数民脂民膏修建起来的辉煌建筑,仅仅在 15 年之后就毁于大火。

宋仁宗天圣七年（1029 年）六月，暴雨雷电突发，咫尺之间人说话都听不到。不久火光照亮整个开封城，大火燃烧了一整夜，到黎明的时候人们发现，恢宏壮丽的玉清昭应宫已经成为一片废墟，几千间房屋几乎全被烧毁，连里面巨大的神像和高高的石碑也都被烧毁，存放的无数珍宝更是化为灰烬[1]。

玉清宫焚毁后，当时临朝听政的刘太后哭着对大臣说："先帝尊天奉道，竭力建成此宫，现在一夕全部烧毁，只剩两个小殿幸存，这叫我怎么尊奉先帝遗旨啊！"

大臣范雍抗言说："还不如全部烧光了事！先朝建玉清宫穷尽天下之力，突然化为灰烬，这不是出于人意（而是出于天意）。"

中丞王曙也说："建造玉清宫本身就不合经义，上天用灾变警示我们，希望能够清理故地，停止各种祷祠，顺应天变。"

宋真宗即位的时候，太祖和太宗为他留下的是一个富得流油的朝廷，太祖力行简约，建造封桩库，希望积攒足够的财富，作为赎回燕云十六州的代价，但是这最后都成了真宗装神弄鬼的资本。到他晚年的时候，两代君主留下的财产已经被他挥霍殆尽。《宋史》说，真宗大搞封禅、祷祠，弄得"一国君臣如病狂然，吁，可怪也"[2]。

不过，真宗封禅之后，中国后来所有的皇帝都不搞封禅这一套了。原因很可能是不想与这个爱慕虚荣、好大喜功的皇帝为伍，这算不算是真宗天书封禅的积极影响呢？

天禧元年（1017 年），当了 12 年宰相的王旦去世了。临终时，他对子孙们说："我这辈子没有其他过错，只有没有极力劝阻皇帝迎天书的过错，这件事的罪过我永远无法赎清。我死后，你们将我剃发，给我穿上和尚的缁衣入殓。"

平心而论，王旦在宋朝堪称贤相，但是因为这件事，后人评价他为

① 《儒林公议》。

② 《宋史本纪·卷八·真宗三》。

了得到皇帝恩宠，对真宗的荒唐行为言听计从，不能始终守正，甚至有人把他比为五代时候的冯道，王旦如果知道，可能会死不瞑目的。但是转念一想，在专制社会，上有好之下必从之，否则，要付出的代价可能是无法想象也无法承受的。就连历史上公认的直臣寇准在这场闹剧中也被拉下水，那么还有谁能够幸免呢？

赵恒像

垂帘听政

宋真宗天禧四年（1020 年），朝廷内都知宦官周怀政被处死。听到这个消息，寇准应该心里松了口气，虽然在此之前，他已经被罢相，担任太子太傅。但是他明白，这次事件另一个最可能的结果是自己和周怀政一起被处死，包括皇太子在内的更多人也会因此被牵连，大宋政坛将因此陷入腥风血雨。

周怀政的死，是因为他密谋让太子监国，奉已经老朽糊涂的真宗为太上皇。不仅如此，他们还计划让寇准重新担任宰相，除掉当时的宰相丁谓，而最重要的是，他们想阻止真宗的刘皇后听政。

跟刘皇后作对，这几乎就注定了他们必败的结局。

这位刘皇后，可以说是宋朝乃至于整个中国古代经历最为传奇，命运最为曲折的一位皇后，更是一位千古难见的奇女子。

从最底层逆袭的川妹子

刘皇后的名字史书没有记载，后人都称她为刘娥。刘娥的家世也不是很清晰，史书说她的父亲是虎捷都指挥使，在攻打太原的路上去世，于是刘娥还在襁褓中就成了孤女。但是这个家世很有可能是刘娥显贵后附会的，并不可信。刘娥成长于四川华阳，从小由外祖母养大。长大之后她成了一个唱曲卖艺的歌女，擅长播鼗（táo）（一种类似拨浪鼓的乐器），后来嫁给一个叫龚美的银匠。龚美带着她离开蜀地来到京师，大概是生活有些拮据了，龚美就把刘娥卖给别人，而买家就是当时襄王府的指挥使张耆。张耆觉得这个女孩子很不错，就把她推荐给襄王，没想到襄王对刘娥一见钟情，从此王府其他的女子都不再入他法眼，刘娥迅速成了襄王的专宠。这一年刘娥只有 15 岁，襄王此时的名字叫赵元休，多年后他继承皇位，改名赵恒，也就是宋真宗。

年轻的襄王对刘娥从感情到身体都毫无保留地投入，连他父亲太宗都发觉儿子最近容颜消瘦、萎靡不振，便召来襄王的乳母询问原因，乳母本来就不喜欢刘娥，于是向皇帝汇报了全部经过。得知儿子竟然与一个身份低贱的女人厮混，太宗大怒，命令襄王将刘娥赶出府去。之后太宗还立即为襄王安排了亲事，新娘是开国大将潘美的女儿。襄王不得已，只好又把刘娥安置在张耆家里，给他五百两银子作为安置费。张耆对主子忠心耿耿，主子的女人被安置在自己家，他当然不方便再在家里住下去，便自己在外面找房子住。

不过襄王还是无法忘记刘娥。

刘娥被赶出去之后，襄王一方面经常偷偷出去跟她私会，一方面想方设法讨好乳母，最后终于让乳母睁一只眼闭一只眼，于是他又偷偷把刘娥迎回了王府，顺便也把龚美封为开封府通引官，在王府侍奉。

至道三年（997 年），宋太宗去世，此时已改名赵恒的襄王在太宗灵柩前即位，是为宋真宗。

爹死了，自己当了皇帝，真宗这时候终于可以放飞自我了。他刚即位，就封刘娥为美人，之后又封为德妃。但是刘娥的身份实在低微，没有宗族的支持，于是真宗让刘娥的前夫龚美改姓刘，与刘娥姐弟相称（一说兄妹）。

真宗即位前，他的第一任正妻潘氏，就是前文说的潘美的女儿，便已经去世。之后他娶了宣徽南院使郭守文的二女儿，即位后立为皇后。郭皇后在景德四年（1007 年）去世，一时间皇后之位空缺，刘娥作为皇帝最宠爱的女人，当然是“夺标”呼声最高的，但是她也知道，要成为皇后，自己还缺少一个很重要的条件：为皇帝生下一个儿子。

大中祥符三年（1010 年），朝廷宣布，刘德妃诞下皇子，起名赵受益。但是后宫很多人都知道，其实皇子真正的母亲是刘德妃的侍女李氏。

李氏有一次被真宗临幸，之后就有了身孕。真宗带着她登砌台，这时李氏的玉钗突然掉到了台下，真宗暗自期待：如果玉钗完好无损，李氏就会生一个儿子。结果玉钗捡回来后果然没有摔坏。但是这个皇子一生出来，刘德妃就把孩子夺了过去，作为自己名下的孩子，并且让杨淑妃代为养育。

赵祯像

宋真宗一共有过 6 个儿子，赵受益是最小的一个。但是从长子到第 5 子全部都早夭，最大的也没活过 10 岁，只有最小的这个儿子得以长大成人，并在真宗去世之后继承了皇位，改名赵祯，是为宋仁宗。

这件事后来被民间演义成了“狸猫换太子”的故事，说的是真宗时期刘娥与太监合谋，用剥了皮的狸猫换下了李宸妃所生的婴儿，之后李宸妃被打入冷宫，刘娥还向真宗进谗言陷害李宸妃，于是真宗下旨将李宸妃处死，幸好有人相救，李宸妃逃出大内，流落到陈州。之后遇到青天包拯，包拯得知内情后将李宸妃带到京城。此时真宗已经去世，仁宗在位，包拯说出了事情真相，仁宗与李宸妃终于母子团聚，刘氏知道阴谋败露之后也自尽而死。

“狸猫换太子”的故事曾被改编成京剧以及其他地方戏，受到很多观众热捧，之后也多次被搬上荧屏和银幕，成为无人不知的宫斗故事，但是如果稍微了解下宋史就知道，这个故事完全是虚构的。

首先以当时刘娥的势力，根本不需要费事弄个狸猫尸体来换婴儿，因为李氏只是她的侍女，类似于《红楼梦》里平儿、袭人一类的通房丫头，所以刘娥将孩子据为己有几乎是光明正大的，而李氏对此根本没有任何拒绝的权利。史书记载，刘娥将孩子抢走后，“李不敢言，中外亦不知”[①]。

其次刘娥虽然被演义小说塑造成一个狭隘、嫉妒、残忍的“妖妃”形象，但其实她对李氏并没有那么不堪，这一点在后面将会讲到。

---

① 《宋史纪事本末·卷二十四》。

刘娥虽然出身低微，但是很喜欢读书。真宗退朝后经常批阅奏章到深夜，刘娥侍奉左右，也对朝廷大事十分了解，渐渐地她竟成了真宗的参谋，真宗对她也越来越器重，加之郭皇后去世，真宗就有了立刘娥为皇后的想法。

刘娥像

但是这个想法理所当然地遭到很多大臣的反对，其中反对最激烈的就是宰相寇准、王旦和向敏中，他们纷纷进谏，认为刘娥出身低贱，根本不能母仪天下，翰林学士李迪也以同样的理由进谏，但是真宗根本不听从——多年前他爹的命令他都敢阳奉阴违，何况现在自己是九五之尊。于是，在大中祥符五年（1012 年），刘娥被立为皇后。

在立皇后的时候，真宗曾经让杨亿草拟诏书，他派丁谓对杨亿说："好好办此事，办好了就不愁不会富贵了。"杨亿却回答："如此富贵，不是我的心愿。"真宗没有办法，只好让晏殊草拟，晏殊写好之后出来，正好碰见杨亿，羞愧得不敢与他直视。

成为皇后的刘娥心里很清楚大臣们对自己的反感，为了巩固自己的权力，她必须寻找同盟军。

刘皇后找到的同盟军是丁谓和曹利用。

丁谓以前与寇准交好，寇准很欣赏丁谓，多次向李沆推荐他。李沆很含蓄地说："丁谓这个人的确有才能，但是看这个人的为人，能够让他居于人之上吗？"

寇准说："像丁谓这样的人，相公您难道能始终抑制他，使其在人之下吗？"

李沆笑着说："他日你会想起我的话。"

真宗天禧三年（1019 年），寇准任同平章事，丁谓也任参知政事，几乎与寇准同列。因为寇准的称誉，丁谓在朝廷名声渐盛，但是他还是对寇准十分恭敬，但是他最后与寇准结仇恰恰也是因为这恭敬。

一次他们都在中书省吃饭，寇准的胡须上沾了点菜汤，丁谓马上起来替寇准拂去，寇准笑着说：“参政是国家大臣，竟然会为长官拂须？”

丁谓听到之后又羞又恼，竟然就与寇准结仇了。

真宗到晚年的时候身体已经很虚弱了，甚至连说话都会颠三倒四，也经常遗忘以前的事情，朝政的处理很多都交给了刘皇后，这样下去，真宗一旦驾崩，刘皇后大权独揽根本就没有悬念。于是寇准对真宗进言：“皇太子是天下人属望的，希望陛下以宗庙为重，将国家交付给太子，并且选择正直的大臣辅佐太子。丁谓、钱惟演这些人都是奸邪之辈，不能让他们辅佐少主。”

真宗当时答应了。寇准马上秘密叮嘱杨亿，让他草拟奏章，请太子监国，并许诺事成之后以杨亿为辅政大臣。可是寇准有一次喝高了，居然把这事泄漏了出去。

丁谓知道之后找到李迪说：“如果陛下身体恢复了，朝廷怎么处理这事？”

李迪说：“太子监国古已有之，有何不可？”

丁谓不愿罢休，便一起到真宗面前对质，谁知道真宗老糊涂了，记不起曾经对寇准说过这事，于是寇准被贬为太子太傅。

唐朝的时候，唐高宗曾不满武后专权，让上官仪起草废后诏书，谁知道诏书还没写好，武后就过来兴师问罪。面对气势汹汹的皇后，高宗竟然不敢承认是自己的主意，将责任全部推到上官仪身上，最后上官仪被冤杀。寇准被贬后，当时的人也觉得他就是当代的上官仪，以自身前程为代价替真宗背了黑锅。

但是，事情并没有就此了结。

寇准之所以敢对皇帝建议让太子监国，是因为他有可靠的消息来源，这个来源就是入内都知、宦官周怀政。

此前，真宗有一次头枕在周怀政大腿上，对他提起自己想传位给太子。周怀政听后就把这事告诉了寇准，才有了寇准向皇帝进言的事情。谁知道寇准被皇帝出卖贬了官。皇后又拉丁谓作为同盟军，丁谓趁机排斥周怀政，这让周怀政十分恐惧，于是他密谋发动兵变，逼迫真宗退位，传位给皇太子，并且阻止皇后听政，杀死丁谓，让寇准重新为相。

但是周怀政很快失败了。

关于周怀政失败的原因有两种说法。司马光在《涑水记闻》中说：周怀政在这一年的二月二日，跟从真宗到后花园。真宗让手下都去挑生菜。趁大家都离开的时候，周怀政偷偷揣着一把小刀跪在真宗面前说："臣此前对陛下说的社稷大计，陛下已经答应臣等，但是一个多月过去了还没有决断，这是为什么？请让臣剖心来表明臣的忠诚。"于是他拿出小刀就刺进自己的胸膛，顿时晕厥在地。真宗本来身体就不好，被周怀政这样一吓更是病情加重了。皇后命令把周怀政救活审讯，这下便查出了寇准等的密谋，于是便处死了周怀政[①]。

这个故事多少有些经不起推敲。此时真宗已经昏聩，大权掌握在刘皇后和丁谓手里，而周怀政想靠已经有些神志不清的皇帝力挽狂澜，从实力上说就有些值得怀疑；其次这是事关生死的大秘密，周怀政用自残的方法劝谏，无疑是将事情闹大，难道他生怕刘皇后和丁谓不知道？

对此《续资治通鉴长编》有不同的记载：寇准被贬后，周怀政阴谋发动政变，让他弟弟周怀信联络客省使杨崇勋、内殿承制杨怀吉等，约定25日动手。但是24日晚，杨崇勋和杨怀吉向丁谓告发了此事，丁谓知道后大惊，为掩人耳目，半夜乘一辆女人的车来到曹利用家商议。第二天一早，曹利用上朝的时候命令卫士逮捕周怀政，经过审讯，周怀政承认了一切事实。

《续资治通鉴长编》还指出：按照《涑水记闻》的说法，周怀政自残进谏导致计划败露是在二月，而寇准被贬是在六月，周怀政被处死是在七月。如果真的是因为自残进谏而败露，寇准不会等到夏天才被贬官，周怀政也不会等到秋天才被处决。

周怀政招认后，真宗十分震怒，并想彻底追查此事。但是这件事如果彻查，必然就会查到太子头上，更重要的是，曾经参与此事或者与之有关的大臣都会遭到灭顶之灾，这些人有寇准、李迪、杨亿、曹玮等。李迪知道后对真宗说："陛下有几个儿子，竟然想如此做？"

---

① 《涑水记闻》。

真宗听后突然想起，自己的6个儿子中的5个都夭折了，现在膝下只有太子一人。最后决定不将此事扩大化，只诛杀了周怀政，至于寇准，只是把他贬到了相州。

至此，阻止刘皇后登上权力顶峰的大臣们被一一击溃。1022年，宋真宗去世，13岁的太子赵祯即位。根据真宗遗诏，皇后权处分军国事，辅太子听政，每次上朝的时候，新皇帝坐在左边，刘太后垂帘坐在右边。这一年，刘娥54岁。就这样，这个出身低微，曾经有过一任丈夫的川妹子经过四十年的经营，爬到了大宋帝国权力的最高峰，成为宋朝第一位垂帘听政的皇太后。

吕武之才

中国古代对女人掌权是十分忌讳的，通常称之为“牝鸡司晨”。汉代吕后专权，刘家天下差点改姓；唐代武则天登基，差点让李治的血脉断了，这都成为后世统治者最深痛的教训，这也可以解释寇准等大臣为什么对刘太后听政如此敏感。

周怀政事件之后，真宗决定不将此事扩大化，放过了寇准，但是刘皇后和丁谓却并不想放过他。寇准被贬后，朝中与他交好的大臣都被贬谪，不久，寇准又被贬道州司马。

寇准被贬道州的事情与朱能有关，而寇准、周怀政和朱能都是1017年那场天书闹剧的主谋。（详见本书《举国病狂・敢怒不敢言》）周怀政被杀，寇准被贬后，朱能也惴惴不安。这时候朝廷派来使者调查天书的事情，朱能知道大祸临头，便杀了使者，拥兵造反，但是很快被扑灭，朱能跑到桑林里上吊自杀了。寇准也因此被牵连贬官。

事实上当时真宗还想把寇准安置在江淮比较好的地方，但是丁谓却坚持把他贬到道州（今湖南道县）。大臣王曾以此责问丁谓，丁谓却阴阳怪气地说：“老房东就不必多言了吧？”因为王曾曾经把自己的房子借给寇准住，所以丁谓称他“老房东”（原文为“居停主人”），王曾便不敢再说话了。

寇准被贬后，李迪也因为跟丁谓争执而被贬。这一切真宗当时竟然都不知道，后来他病重时，对左右说：“怎么很久都不见寇准了？”左右害怕被丁谓陷害，都不敢说一句话。

真宗驾崩后，刘太后听政，丁谓权倾一时，对老对头寇准他是毫不留情。同时李迪曾经坚决劝阻真宗立刘娥为皇后，因此刘娥对其也是恨之入骨，到这时候丁谓和刘娥一起算总账：寇准被贬为雷州司户参军，李迪被贬为衡州团练副使。学士呈上贬斥二人的圣旨草稿，丁谓对其进行修改，加了几句，大意是，因为寇准等人违法乱纪，才加剧了先帝的病情，导致先帝驾崩。

这可以说是给寇准、李迪等人安上了无法开脱的弥天大罪，如果不是因为宋朝有不因言事杀士大夫的祖训，把他们放在其他朝代，死十次都不奇怪。

李迪在当时士人中威望很高，有大臣就问丁谓：“如果把李迪逼死了，大人如何处理士人的议论？”

丁谓满不在乎地说：“以后书生们记载这件事，不过说一句‘天下惜之’而已。”

丁谓巴不得把两人逼死。他派使者去道州向寇准宣旨，让使者故意用锦囊装着宝剑，然后高高举在马头前招摇过市，做出受命诛杀寇准的样子，当地官民见状，惊慌失措不知道该怎么办。寇准当时正和人宴饮，听到消息后却镇定自若：“朝廷如果要赐我一死，希望能见到敕书。”使者没有办法，只好宣读敕书，原来只是贬寇准的官。寇准叩拜谢恩之后，继续回到席上宴饮，一直到晚上宴席才散。

寇准等大臣已经被彻底击败，朝廷大权几乎都掌握在丁谓手里了。刘太后垂帘听政后，丁谓希望巩固手中的权力，于是勾结内侍雷允恭，秘密请求太后降手书说：“以后皇帝陛下初一十五召见群臣，国家大事由太后召集大臣商议，如果不是大事，就让雷允恭传奏。”这事一宣布，朝廷哗然。王曾上书坚决反对：“两宫异处，权归宦者，这是大祸发生的先兆！”但是太后坚持如此办理，朝臣也无可奈何。刘太后之所以听从丁谓的安排，很可能是此时她觉得自己还立足未稳，在自己能够真正独揽大权之前，还必须仰仗丁谓和雷允恭的力量。

这也就意味着，太后真正掌权之日，也就是丁谓和雷允恭末日到来之时，而这一天来得比人们预想的快得多。

真宗去世后，丁谓被任命为山陵使，雷允恭为都监，负责修建真宗的陵墓。工程进行当中，判司天监邢中和对雷允恭说："从现在的墓穴往上一百步，按照风水应该有宜子孙，但是怕下面有石头和水。"雷允恭此时仗着自己权倾一时，对邢中和说："这是好事啊，那就改在上面挖墓穴，有何不可？"邢中和说："皇陵兹事体大，改建需要认真勘察地形，耗费时日，这样恐怕不能按期完工。"雷允恭说："你只管先这么做，我马上入宫禀告太后。"邢中和不敢违抗，立刻下令改为在上面挖新墓穴。

雷允恭禀报太后之后，太后很惊讶："这是大事，怎么能如此草率？"

雷允恭说："这样能够使先帝子孙繁盛，有什么不妥呢？"

太后不以为然，说："你跟山陵使丁谓商量过没有？"

雷允恭马上出来跟丁谓说，丁谓随口答应了一下，雷允恭随即回来禀告太后："山陵使也没有异议。"

但是工人在新墓穴开挖之后果然遇到了石头，之后又涌出地下水，被迫停工待命，丁谓袒护雷允恭，一直也不决断到底应该怎么做。太后让使者去调查，大家都觉得应该在之前的位置动工。太后派王曾去工地视察，王曾回来之后请求单独面见太后："丁谓包藏祸心，他让雷允恭把皇陵安置在绝地。"

太后大惊，十分愤怒，想将雷允恭和丁谓都处死，大臣冯拯进言说："丁谓固然犯下大罪，但是新皇即位马上诛杀大臣，会让天下人惊怪。"

于是太后降诏，只处死雷允恭，将丁谓贬为太子少保，分司西京，改命冯拯为山陵使。

丁谓被贬斥意味着太后终于树立了对自己地位的自信。陈邦瞻曾评论说：真宗病重的时候，国事都由太后处理，而太子又不是太后亲生的，加上丁谓和钱惟演等奸邪乱政，万一出现差池，很可能吕后、武则天的戏码就要重演。而当时驱逐丁谓并不难，难在安定太后的心。太后心安了，要驱逐丁谓就如驱逐孤猪腐鼠一样容易[1]。

丁谓被贬为太子少保后，很快又被发掘出了新的罪行。当时有个叫刘德妙的女道士，其实也是个神婆，经常出入丁谓家，丁谓被贬后，刘德妙供认丁谓对她说："你做的不过是神婆的事情，还不如假托太上老君为人预测祸福，这样才能打动人。"于是她就在丁谓家设神像，雷允恭也经常来祷告。真宗驾崩之后，丁谓又把刘德妙引入宫中。他还曾经把挖地抓到的龟蛇让刘德妙带入宫，声称这是从山洞里得到的，还教导她说："陛下如果问你，丁谓为什么知道你侍奉的是太上老君，你就说丁相公不是凡人，固然知道。"丁谓还为刘德妙做颂词，题目就叫"混元皇帝赐德妙"，词句大多荒诞不经。事发之后，丁谓被贬崖州（今海南岛）司户参军。

丁谓曾经把恩人寇准往死里整，现在终于也自食其果了。但是寇准此时却表现出了让人钦佩的豁达和大度。丁谓前往崖州要经过雷州，寇准知道之后派人带了一只蒸羊作为礼物，到边界送给丁谓。丁谓想见寇准一面，寇准坚决推辞了。寇准的家人听说仇人丁谓经过，都想去报仇，寇准却关上大门，把家人召集在一起赌钱，不许出门，直到丁谓走远了才散场。

丁谓极盛时，曾在汴京敦教坊大兴土木建造宅邸，但是这个地方地势太低，丁谓担心阴冷潮湿，于是在别处开挖池塘，将挖出来的土堆成地基，这样建起来的房子就高大干爽了。可是丁谓没在新宅子里住几年，就被撵到海南去了。谁也想不到，宅子的新主人既非高官，也非显贵，而是在修建宅子时担土卖苦力的一个民夫，这个人叫杨景宗。

杨景宗是杨太妃的弟弟，杨太妃就是前面说到的刘皇后的姐妹，也是将仁宗皇帝从小抚养长大的人。杨太妃入宫的时候弟弟还很小，之后就失去了联系。杨景宗年少失怙，犷悍无赖，因为犯罪而被刺配，成为民夫参加了丁谓宅邸的修建。不久，杨景宗与太妃相认，一下子成了炙手可热的外戚，此时丁谓正好被流放，于是皇帝降旨将丁谓的宅邸赏赐给了他。不知道杨景宗住着自己搬砖修建的房屋，是否会有种自豪感油然而生？

寇准、李迪、丁谓等人都被排斥出权力核心，刘太后此时总算是心

---

① 《宋史纪事本末·卷二十三》。

安了。作为皇帝名义上的母亲，她成了此时大宋王朝实际上的掌权者。

宋仁宗天圣元年（1023年），朝廷商议皇太后的仪仗规制，最后商量的结果是皇太后规制与皇帝相同，次年，太后就开始穿上皇帝的龙袍，一直到死。

天圣三年（1025年），长宁节（仁宗在1022年设皇太后每年的生日为长宁节）这天，近臣和契丹使节都在崇政殿为太后祝寿。

天圣五年（1027年）正月初一，宋仁宗率领群臣在会庆殿朝拜太后，之后皇帝才接受朝臣的祝贺。

权力的诱惑对每个人都是难以摆脱的，刘太后也不例外。有一天她试探问参知政事鲁宗道："唐朝武后是怎样的人？"

鲁宗道毫不客气："是唐朝的罪人，差点威胁到社稷。"

太后听了默然无语。有个叫方仲弓的小臣希望拍太后马屁，上书请求为刘家立七庙。按照礼法，只有天子才能立七庙，这个请求无疑是让太后以皇帝自居，太后询问大臣，大家都不敢说一句话，又是这个鲁宗道说："如果为刘氏立七庙，那么将皇帝置于何地？"

于是这事只好作罢。太后曾经与皇帝一起去慈孝寺，太后希望自己的车走在皇帝前面，仍然是鲁宗道拼死反对，理由是女人夫死从子。太后只好命令自己的车跟在皇帝之后。从那之后，太后和左右都很忌惮鲁宗道，还给他起了个外号叫"鱼头参政"，一个意思是"鲁"字上面本来就是个鱼字，另一个意思也是说鲁宗道为人刚直倔强，没人敢惹。

天圣七年（1029年）冬至，皇帝和以前一样率领百官在会庆殿为太后祝寿，之后与太后一起在天安殿接受群臣朝拜。秘阁校理范仲淹上书说："天子侍奉父母应该是在内殿，使用家人的礼节。现在天子与百官一起朝拜太后，有伤君主之体，有损君主威严，也不能垂范后世。"奏章上去之后，太后拒绝回复，但是范仲淹的举动却把宰相晏殊吓死了，因为正是他把范仲淹推荐到朝廷的，晏殊把范仲淹召来，责怪他狂率邀名，这种举动还会连累自己，范仲淹说："范仲淹被大人推荐，一直害怕不称职，让大人蒙羞，没想到今天却因为忠心正直而被您怪罪！"晏殊听了默然无语。接着范仲淹胆大包天，竟然上书请求太后归政于皇帝，也没有得到回复，结果是范仲淹被贬，担任河中府通判。第二年，范仲淹又上表请太后归政，结果仍然是没有答复。

但是大臣们的意见显然对刘太后也是一种警醒。曾经有一个叫程琳的献上武后临朝图，暗示太后也可以如法炮制，太后将其扔在地上说："我不做这种辜负祖宗的事情！"还有一个管漕运的刘绰，说仓库里多出了"羡余"[①]粮食一千多斛，请求献给三司，太后听说后斥责说："你认识王曾、张知白、吕夷简和鲁宗道吗？他们四个难道是靠贡献羡余才进入朝廷的？"

而就在两年后的明道元年（1032 年），李宸妃去世了。

当初刘皇后把李宸妃的儿子霸占为自己的儿子，让杨太妃负责养育，李宸妃对此只能逆来顺受，不敢告诉任何人，其他人也害怕太后，没人敢说起此事。仁宗当然也不知道，从小起，他就称刘太后为"大嬢"，杨太妃为"小嬢"，在他的眼里，大嬢是个严厉的母亲，小嬢对自己还慈爱一点。仁宗小时候有风痰之疾，刘太后下令宫中不许给他吃海鲜之类的食物，杨太妃却经常偷偷弄一点给仁宗吃，还说："太后何苦这样对待小孩子！"仁宗小时候有些怨恨刘太后，但是长大之后仍然对这位大嬢十分敬爱，他根本不知道自己的亲生母亲并不是太后，而是后宫默默无闻的李氏。

而刘太后也并不像民间传说的那样对李氏阴谋陷害，而是让她好好地活着，甚至还为她寻访到了失散在民间的弟弟。

李氏入宫的时候才十多岁，家里只有一个 7 岁的弟弟叫李用和。分别时，李氏将一个缂丝的锦囊交给弟弟，拍着他的背哭着说："你以后即使颠沛流离，也千万不要丢掉这个锦囊。以后如果我发达了，一定会寻访你，这个就是我们相认的信物。"李氏离开后，李用和沦落到一家凿纸钱的人家帮佣。后来他因为生了病，被遗弃在道旁。有人看见了他将其收留，见他衣衫褴褛，胸前却一直挂着锦囊，因此感到奇怪，询问之下，李氏的弟弟把原委告诉了他，此人大惊，因为他以前就受命于太后寻访一个戴着锦囊的人。之后他入宫禀报刘太后，终于将李用和迎入宫中与

① 封建时代，地方官吏向人民勒索来定期送给皇帝的各种附加税。

李氏相认[①]。而根据《宋史·外戚传》的记载，这个寻访到李用和的人正是刘美，也就是刘皇后的前夫龚美。仁宗即位后，李用和成为国舅，后来官至同平章事，位列将相。

李氏去世当天，太后下诏晋位其为宸妃，但是却打算用宫女的礼节安葬她，宰相吕夷简上奏说，李宸妃的葬礼应该从厚。当时太后和仁宗都在场，听到这话，太后急忙把仁宗拉起来离开，过了一会，太后独自回来，站立在帘下问吕夷简："一个后宫之人死了，怎么宰相大人也要过问？"

吕夷简回答："臣待罪[②]宰相，事无内外，都应该干预。"

太后勃然大怒："你是想离间我母子吗？"

吕夷简说："太后难道不愿意保全刘氏宗族？如果您还顾及刘氏，那么李宸妃的葬礼就应该从厚。"

太后听后大悟，同意以一品礼安葬宸妃。吕夷简召来负责葬礼的罗崇勋说："李宸妃是当今皇帝的生母，然而死后却不能享受应有的待遇，以后一定会有人因此得罪，不要说我吕夷简今天没有提醒！一定要用皇后的礼节安葬，用水银实棺。"

罗崇勋听了之后，马上照办。

卸下龙袍，还政仁宗

刘太后垂帘听政，威震天下，早在天圣二年（1024 年）的时候，她就身穿帝王龙袍，与仁宗一起接受百官朝贺；到明道二年（1033 年），她又要穿着帝王的龙袍去祭祀太庙，这个举动遭到了很多大臣的反对，大臣薛奎就质问："太后穿龙袍，到时候该用什么礼节下拜？"太后对这些置之不理，仍然戴着皇冠、穿着龙袍，第一个入太庙献祭，杨太妃第二个献祭，皇后第三个。

就在这次献祭的后一个月，太后身患重病，朝廷下令大赦天下，以

① 《东轩笔录》。

② 旧时官吏怕因失职而获罪，就用待罪作为自己供职的谦词。

前被贬的寇准、曹利用等恢复了官爵，丁谓也从崖州改到了雷州，但是刘太后还是在这个月去世了，仁宗哭着对近臣说：“太后病重，说不出话，只是多次牵自己的衣服，好像有什么叮嘱的，到底是什么意思？”

薛奎说：“太后的意思是她现在仍穿戴着帝王的衮冕，可是怎么能穿着这个到地下去见先帝呢？”

仁宗明白了，命人给太后换上皇后的服饰。并给太后加谥号为章献明肃，因此后人多称刘太后为章献太后。按照旧制，太后谥号一般只有两个字，但从刘太后开始，太后的谥号出现了四字。

章献太后去世一个月之后，燕王赵元俨对仁宗说：“陛下的生母其实是李宸妃，而且宸妃很可能是太后害死的。”仁宗十分震惊，接连几天都没上朝，下诏自责，还下令派兵包围刘氏宅邸，追封李宸妃为皇太后，谥号庄懿，并且到埋葬李宸妃的洪福院祭拜，准备将生母重新安葬。打开棺木之后，仁宗发现母亲穿着的是皇后的服饰，而且因为有水银保护，她的面色如生，一点没有腐败，仁宗叹息说：“别人的话怎么能信啊！”他跪拜在刘太后灵前哭泣：“从此大孃孃一生清白了。”于是对刘氏更加亲厚。

章献太后听制十一年，虽然是女主专权，但是后世对她的评价却是很高的。《宋史纪事本末》说：“虽政出宫闱而号令严明，恩威加于天下，左右近习少所假借，宫掖之间未尝妄改作，内外赐予有节。”虽然章献太后有时会流露出对权力的渴望，一直到死都不愿意还政于仁宗，但是并没有采取实际行动从仁宗手里夺权，也没有像武则天一样屠杀宗室以巩固权力。至多也不过就是穿穿龙袍戴戴王冠过瘾，但是这实属人之常情。而到弥留之际她还不忘恢复皇后的身份，这足以让皇帝和大宋臣子们对她感恩戴德了。更重要的是，章献太后在执政期间，停止了真宗时期封禅符瑞的闹剧，避免了朝廷党争，还开始正式发行交子①，这对北宋王朝都是不可磨灭的贡献。所以后人说她“有吕武之才，而无吕武之恶”，也算是很公允的评价了。

---

① 中国最早的纸币。

西北天狼

宋太宗太平兴国七年（982 年），定难军节度使、党项族人李继捧请求入朝，并将银、夏、绥、宥四州献给朝廷。太宗十分高兴，封李继捧为彰德军节度使，并将其亲属都封以高官。

李继捧的归顺让北宋君臣欢欣鼓舞，他们认为这意味着从唐代就存在的西北边疆隐患从此得到一劳永逸的解决，这是五代的后唐用武力也没有得到的伟大成就，足以彪炳千秋，光耀万世。

但是，谁也没料到，这只是真正的边患的开始，此后发生的一连串事情让一个强大的国家在北宋西北部崛起，这个国家将在以后无数次的交锋中让北宋吃尽苦头。

马背上的魅影

汉代的时候，中国西部就生活着一支少数民族——羌族，他们从远古以来就占据了青海湖周围的草原和青海湖以南，以及黄河、大通河、湟水源头附近的山地[1]。后来羌族的一支分裂为党项羌，从唐到五代一直占据着这块地方。

晚唐时，党项首领拓跋思恭因为出兵支持唐朝，被封为夏国公，并赐姓李。到五代末期的时候，党项人的领导权已经传到了李彝兴手中。建隆元年（960 年），宋太祖刚刚即位，李彝兴就派使者进贡，表示对新

① 《剑桥中国辽西夏金元史》。

建立的大宋王朝的臣服，太祖封李彝兴为太尉。李彝兴死后，他的儿子李克睿即位，李克睿死后，其子李继筠即位。太平兴国四年（979 年），太宗率军攻打北汉，李继筠还率军渡过黄河，从侧翼攻打太原，支援宋军。

李继筠在太平兴国五年（980 年）去世，他的弟弟李继捧即位。

李继捧之所以能够即位，是因为李继筠的儿子年幼，不过这也引起了党项人内部的分裂，李继捧即位的合法性受到质疑，为了巩固自己的地位，李继捧被迫向宋朝求援，于是就出现了文首他向宋朝献地的举动。这一举动让北宋君臣欣喜若狂，却让党项内部的矛盾更加激化，在其对立面看来，李继捧的行为无异于卖国求荣，于是一部分党项贵族密谋反叛北宋以谋求独立，其中最坚决的就是李继捧的族弟李继迁。

李继迁当时居住在银州，朝廷派使者催促他去汴京，他假称乳母去世要安葬，借此机会，带着几十个亲信逃到了地斤泽。李继迁的背叛行为让宋廷大为震怒，都巡检曹光实率军队突袭李继迁的营地，斩首五百人，焚毁四百余帐，还抓住了李继迁的母亲与妻子，李继迁在乱军中侥幸逃脱。

亡命天涯的李继迁东躲西藏，同时联络党项豪族，对他们说："李氏世世代代拥有西边的土地，你们不忘李氏的恩德，能够跟从我复兴李氏吗？"

李氏在西北叶茂根深，深得豪族拥戴，因此豪族纷纷赞成，李继迁的力量逐渐强大。随后，他率军在葭芦川诱杀了曹光实，很快攻下了银州，又攻破会州。为了与宋朝抗衡，李继迁转而向契丹称臣，契丹册封他为夏国王，并且将义成公主嫁给他。

李继迁逐渐强大，这让太宗深感不安，他决定让李继迁的哥哥李继捧去对付他，便命令李继捧镇守夏州，赐姓名赵保忠，给他很多财宝，让他去招降李继迁。

此后，李继迁时而声称投降，时而攻击宋军，西北边境就没有安宁过。淳化五年（994 年），李继迁偷袭李继捧大营，后者刚刚睡觉，听到鼓噪声大惊，单骑逃跑，后来被送往汴京。这意味着太宗以夷制夷的策略彻底失败了。

此后太宗派名将李继隆率军攻打党项，但是党项人如马背上的魅影，宋朝大军一来他们就没了踪影，宋军疲惫的时候他们就来骚扰，宋军退兵的时候他们又趁势追击，“敌进我退，敌驻我扰，敌疲我打，敌退我追”的游击战术被他们运用得炉火纯青，所以宋军多次出兵也没能占到便宜，反而劳师动众，疲惫不堪。

而就在宋朝多次师出无功，上下倦怠的时候，宋真宗咸平五年（1002 年），李继迁大军压境，一举攻陷了灵州（今宁夏回族自治区灵武一带），之后又围攻麟州（今陕西榆林）。曾经只有几十名亲信跟随的李继迁现在成了北宋西边最强大的敌人，宋朝君臣大震。

与此同时，李继迁还经常率军攻打西蕃，开边拓土。咸平六年，李继迁攻打西蕃的时候，西蕃首领潘罗支诈降，趁李继迁不备，集合各个部落攻打党项，李继迁大败，中流矢而死，他的儿子李德明即位。

相比于李继迁对宋朝的刻骨仇恨，李德明似乎要温和柔顺得多。景德三年（1006 年），李德明主动奉表归朝，表示对大宋的臣服，宋朝封李德明为定难军节度使、平西王，赏赐无数。但是如果认为李德明真的想归顺大宋，那未免太天真了，他只是不想再陷入战乱，被迫与宋朝讲和而已。因此当宋朝要求他送子弟入京为人质的时候，他以“非先世故事”[①]为由，轻蔑地拒绝了，但他还是会每年向宋朝进贡大量牲畜，以维持表面的友好。但是不时也会给大宋出点小难题，秀一下存在感。

大中祥符三年，夏州遭遇饥荒，李德明上表，请求朝廷支援一百万石粮食，这让真宗和君臣们犯难了：答应吧，显得大宋太好欺负，而且要是真的拿出一百万石粮食宋朝还是有些肉痛；不答应吧，好歹人家名义上是自己的臣子，这样拒绝了似乎显得很没有天朝上国的大度。还是宰相王旦想出了一个办法解决了难题：“我们只管回复李德明，朝廷已经吩咐有司准备了一百万石粮食放在京师，你自己派人来运就好了。”

李德明得报后惊讶地说：“朝中有高人在！”

于是援助粮食的事情也就不了了之了。

① 《宋史纪事本末 · 卷十四》。

在李德明的时代，党项人与宋朝在边境虽然有时候有些小冲突，但是总的来说还是和平的。但是在这和平的假象之下也有暗流涌动，比如李德明的儿子就很不满意父亲对宋朝的臣服，还多次对父亲的卑躬屈膝表示不满，李德明告诫儿子："我们部落长久用兵已经十分疲敝，再说30年来，我们能穿着华丽的丝织绸缎，都是大宋的恩典，我们可不能辜负了大宋。"

他儿子却不以为然："穿兽皮，骑马放牧才是我们的本性。英雄生于世间就应该成为帝王，要这些锦绣何用！"

话虽这样说，李德明在世的时候，他儿子还是不敢造次的。所以西夏与北宋脆弱的和平就这样小心翼翼地维持着，直到明道元年（1032年）李德明去世，他儿子即位。

李德明的儿子就是李元昊，他是党项人的英雄，也是北宋的叛徒，因为他，西夏成了对大宋虎视眈眈的天狼星，让大宋食不甘味，寝不安席。

君不见，三川口，古来白骨无人收

李元昊雕像

李元昊小字嵬理，长得圆脸高鼻，史书说他"性雄毅，多大略"。李元昊并非简单的一介武夫，他擅长绘画，还通晓佛经，熟悉吐蕃和汉族的文字，喜欢学习，手不释卷。仁宗天圣六年（1028年），李元昊受父命攻打甘州回鹘大胜，深得父亲赏识，被立为太子。李德明去世之后，李元昊即位，开始了他西夏立国的征程。

李元昊即位后，大力整顿西夏政治，仿效汉族政权设立文臣武将，也如宋廷一样设置中书令、宰相、枢密使等官职；又创立蕃、汉学校，发展教育。但是李元昊并不是一味模仿中原，他很注意保护党项人的民族传统和自尊。每次出兵，他都会率领各个部落酋长一起出猎，有猎获物就"下马环坐饮，割鲜而食"，同时他仔细询问手下的见解，选择所长。

对汉族的人才，李元昊也是极力延纳。华州有两个落第书生，一个姓张，一个姓吴，多年不得志，听说李元昊有意光复西夏，都投奔到他手下，李元昊对二人十分尊宠，西夏的立国方略和攻宋战略，很多都是这两人参与谋划的。

到景祐三年（1036年）的时候，李元昊已经攻下了瓜州回鹘、沙州回鹘、肃州回鹘，此时的党项凭河依山，地方万里，兵力数十万，成为一个令人恐惧的强大力量。

但是李元昊的目标显然不止是恢复党项人剽悍尚武的传统，他希望建立一个能够与文明富裕的宋朝平起平坐的西方大国。为此他不仅招揽贤士，发展教育，还创造了西夏文字，他追求的显然是党项民族全方位的复兴。

李元昊的野心让一些手下深感不安，他的叔父山遇多次劝阻李元昊不要与宋朝为敌，但是被拒绝。山遇于是带着妻子儿女投奔宋朝，可是却被宋朝官员抓住交还给李元昊，李元昊毫不犹豫地处死了叔父一家，并在宝元元年（1038年）冬，宣布即皇帝位，国号大夏，这就是历史上的西夏。

李元昊称帝后，派遣使者给宋朝皇帝送去一封文采斐然的信，信里追溯了从拓跋思恭以来的祖先创业的历史，并炫耀了自己被众人拥戴为帝的事实：

> 臣偶以狂斐，制小蕃文字，改大汉衣冠。衣冠既就，文字既行，礼乐既张，器用既备，吐蕃、塔塔、张掖、交河，莫不从服。称王则不喜，朝帝则是从。

古代汉民族对少数民族最大的优越感是认为自己是礼乐之邦，而少数民族不过是蛮夷鄙人，不知礼仪，更没有文化。而李元昊这封信骄傲地声称自己也创制了文字，如汉朝统治者一样也规定了衣冠礼仪，汉族长久以来文化垄断的优越感已不复存在，党项人建立的大夏国完全可以成为与宋朝平起平坐的国家，这对宋朝来说不仅是炫耀，更是示威。

对这样的示威，宋朝君臣当然不能视而不见。虽然有大臣提出此前宋朝对西夏其实并没有实质上的统治权，西夏也从未向北宋朝廷供纳赋税，此时他称帝，不妨仿效以前对南唐的做法——暂时容忍，同时积极备战，等待时机剪除西夏。宰相张士逊对这种观点付之一笑，坚持要对李元昊采取强硬措施。于是宋仁宗下诏削夺李元昊官爵，停止与西夏的互市，并悬赏捉拿李元昊。同时派遣夏竦任泾州知州，防备西夏，与范雍同兼经略使、马步军都总管，准备对西夏用兵。然而大臣们对于和西夏作战似乎表现得并不是很积极。

夏竦上书说：如果我军分兵深入，必然会粮运不济，进军时敌人避我锋芒，退兵时敌人会尾随追击，士卒疲惫，粮草耗费巨大，隐患无穷。如果我军深入巢穴，则必须要有大船巨舰，这些都不是仓促间能够准备的。如果用原始的办法强行渡河，敌人趁我半渡而攻击，到那时我军必惨败无疑。

夏竦还提出了对付西夏的十条建议，大略是固守边防，精练士卒，多备粮草，坚壁高垒。但是很多朝臣认为夏竦畏敌避战，纷纷主张派遣大军给李元昊一点颜色看看，夏竦的请求也就被淹没在一片喊杀声中。

而很快，北宋就遭遇了对西夏作战的第一次惨败——三川口之败。

李元昊对宋朝的首次攻击选择在了延州（今陕西延安）。延州由范雍统领，外围有极其严密的防御工事，其中金明寨由都巡检使李士彬镇守，守军有近十万人。李士彬向来防守严密，西夏人很畏惧，称之为铁壁相公。李元昊称帝的时候曾经想诱降李士彬，结果使者反被李士彬斩首。于是李元昊故意让一些党项人诈降李士彬，李士彬禀报范雍，请求把这些人转运到南方，可是范雍却让他把这些人安置在自己手下，这就为后来的惨败埋下了祸根。

李元昊安排好一切后，派遣使者来见范雍，说想归顺宋朝。范雍信以为真，重赏了使者，于是不再戒备。李元昊趁机大举入侵，担任外围防御的李士彬闻讯急忙应战，谁知道此前投降的党项人里应外合，李士彬刚上马，手下就牵着他的马直奔李元昊阵中去了，就这样，李士彬和他的儿子都被俘虏（一说李士彬之子力战身亡），延州城的外围防御瞬间崩溃，西夏军队围困延州。李元昊当着城上人的面割下了李士彬的耳朵，范雍大惊，城中守军也人心惶惶，方寸大乱的范雍急忙派人命令环庆大将刘平、石元孙率军来援，谁知道，正是这个命令，让数千宋军将士惨死沙场。

刘平字士衡，刚直任侠，弓马娴熟，而且是进士及第，可谓文武双全。他和石元孙接到命令之后，马上率军二万直奔延州，走到距离延州三十里的时候，刘平下令军士休息，晚餐后军队列队前行。走到一个叫大柳树的地方，距离延州还有二十里，突然有个使者，声称是范雍派来的，对刘平传话说："延州范太尉已经在东门等候，但是大军晚上进城，害怕奸细混入，请将军分批放入人马，让守军辨别真伪。"二将信以为真，于是下马，坐在胡床上，亲自分拨人马，前队走了五里以后再放后一队，大概放了五十队以后，二将想起那个使者，却突然找不到了，这时候他们才意识到自己可能上当了，急忙派人前去探查，回报说延州城上并无灯火，没有范雍在东门等候的迹象，而已经发出去的人马也不知所终。二将大惊，急忙整顿人马往前行进，走到距离延州只有五里的三川口时，大家都松了一口气，认为入城后就安全了。正在此时，四面山上鼓角齐鸣，西夏军队排成阵型，如墙一般向前推进，瞬息之间，宋军已陷入圈套。

起初西夏军与宋军隔河对峙，双方都摆开偃月阵型，夏军渡河摆出横阵，宋军进攻，击退夏军。随即西夏军派士兵举着巨大的盾牌向前攻击，宋军奋力进攻，再次击退了敌军，并将西夏的巨盾全部缴获，杀死了八九百西夏兵士。宋军小胜，将士们都喜不自禁，纷纷提着敌军的人头和缴获的马匹来邀功，刘平此时已经多处受伤，尽力告诉手下："战斗还没结束，先把各自功劳记下，战后会重赏大家！"话音未落，西夏轻骑兵再次猛攻，宋军猝不及防，往后退却了数十步。

此时都监黄德和率数千士兵守在阵后，见前军退却，黄德和便想临阵脱逃。刘平的儿子刘宜孙见状急忙追上黄德和，牵着他的马缰，在他马前叩拜数十次，请求黄德和回军。黄德和已经吓破了胆，坚决不从，挥军而逃，刘宜孙竟然也置父亲生死于不顾，跟着黄德和一起逃了。

黄德和军逃跑后，宋军阵势溃散，刘平率领残兵退到西南山下，修建营寨固守。西夏军将宋军营寨围住，晚上还让士兵来寨前问："寨中有主将吗？"刘平告诫军士不要回答。过一会李元昊又让人冒充宋军使者来送公文，这次刘平终于没上当了，下令斩杀了使者。西夏军看此计不成，就派人绕着营寨大骂："就这几个残兵，不投降更待何时？"刘平让人回骂："狗贼！你都不投降，我为什么投降！"

天明时分，刘平让军士整理装备，准备突围。西夏军队从四面八方冲杀过来，宋军死伤惨重。到巳时，夏军将宋军一分为二，各个击破，刘平和石元孙都被俘虏，士兵大多战死，刘平有个叫王信的仆人趁乱逃脱。

而那个临阵脱逃的黄德和一路往南逃跑，为了免罪，他与同伙谎称刘平已经投降西夏，自己不愿投降，死战才得以突围。这样不仅能脱罪，还将自己包装成了精忠守节的忠臣。而朝廷得知消息大为震怒，派兵围住了刘平的家，逮捕其家人。

这时候刘平的仆人王信也逃出来了，黄德和便让人审问他刘平的下落，王信想到自己主人本是大将，结果被敌人生擒，实在没有颜面，于是谎称李元昊想与刘平讲和，刘平单骑前往敌营结果被扣押了。黄德和对这个描述很不满意："逃出来的兵士都说刘平投降了敌军，你怎么说是与敌人讲和？"王信说："这就不是我所知道的了。"

几天后，黄德和把王信召来给了他一支银钗说："你家主人投降敌军，天下人都知道。我已经把这个上报朝廷了。现在你的说法跟我的不一样，朝廷如果审讯的话，你能够受得了大刑吗？我给你一个银钗，你把它卖了作路费，赶快逃吧。"王信接受了银钗，但是他被人拘押着，无法离开，天气又冷，没有寒衣，王信便给刘平的儿子，当时在庆州的刘宜孙写信："太尉与敌人约和被拘押，有人却说太尉投降敌人，我王信拼死要保住太尉的名节。只是我的衣服都被贼人抢掠，希望您给我点钱和衣服，尽快寄来。"正好有个厨师要去庆州，王信让他把信带给刘宜孙，结果这封信被鄜延一个叫薛文仲的官员得到，把它交给了朝廷。

朝廷得报后，派文彦博审理此案，此时河东转运使王沿也上书说："我从两个逃出来的士兵口中得知，刘平、石元孙、李士彬都被敌人俘虏。刘平在路上水米不进，仍大骂敌人：'狗贼，我颈长三尺，为什么不马上杀了我，把我绑着干什么！’”文彦博让人去寻找两个士兵，但是都找不到。而审问黄德和与王信，两个人都招供了。最后判处黄德和腰斩，王信杖杀，以告慰三川口之败中战死的数千将士。

三川口之败让宋廷认识到，他们面前的李元昊绝非此前的夷狄流寇，而是一个深谋远虑，智谋过人的战略家。三川口之战他巧妙运用了声东击西、围城打援的战法，将数万宋军分割包围，逐一击破，最终大获全胜。而这也成为继高梁河之败后，北宋第二次对外战争的重大失败，更成为宋朝的国耻。

好水川之战

三川口之败震惊了北宋朝野，30 岁的宋仁宗焦头烂额，他向大臣丁度询问安边之策，丁度的回答跟此前夏竦的大同小异，认为应该固守边防，控制住要道关隘，切勿主动出击，这才是万全之计。仁宗对此似乎颇为赞同，不久，下诏让知制诰韩琦任陕西安抚使。韩琦上任后，上表说范雍统率无方，导致三川口大败，请求委任越州知州范仲淹来接替他，仁宗便下诏范仲淹知永兴军。之后，又任命韩琦为陕西经略安抚使，范仲淹为陕西都转运使，之后又兼知延州。

范仲淹上任后，精选士兵，淘汰老弱，挑选出一万八千人，委派六名将领分别统领，日夜训练，根据敌人进犯兵力的多少和强弱相继抵御。西夏人发现这个姓范的似乎比前面那个姓范的（范雍）要难对付得多，纷纷说：“不要再打延州的主意了，现在的小范老子（范仲淹）胸中有数万甲兵，不像大范老子（范雍）那样好欺负。”

但是三川口的大败让仁宗一直耿耿于怀。此战刚过不到一年，庆历元年（1041 年）的正月，宋仁宗让夏竦等人制订对付西夏的策略，夏竦提出了攻守两种策略，一心想复仇的仁宗马上选择了攻击的策略，有大臣提出异议，但是皇帝全部拒绝，下诏正月攻击西夏。

范仲淹得知后上表，请求将攻击时间延后到春深，此时西夏马瘦人饥，实力有所下降。仁宗同意了范仲淹的请求，但是很快韩琦又和范仲淹在出兵问题上迟迟不能达成一致。韩琦主张大举进攻，范仲淹却坚持固守观其变，朝廷也左右为难，在无法说服范仲淹的情况下，韩琦决定单独行动，而这就将宋军带入了比三川口之战更加惨烈的深渊。

事实上，韩琦也并非轻率冒进的狂妄之辈，他十分清楚对手的可怕，庆历元年（1041 年）二月，他下令镇戎军全体出动，又招募了一万八千名勇士，命令环庆副总管任福作统帅，耿傅任参军事，泾原都监桑怿为先锋。出发前，韩琦命令任福率军从怀远赶往德胜寨，到达羊牧隆城，从西夏军背后出击。途中各寨相距只有四十里，道路很近，粮饷容易转运。韩琦还叮嘱说，如果遇到强敌，不要急于接战，应马上据险设伏，截断敌人归路，还严令说："如果违反节制，即使有功也要斩首！"

任福受命后率军前行，在张家堡南与西夏军遭遇，宋军杀敌数百，西夏军故意抛弃大量羊、马、骆驼，落荒而逃。先锋桑怿率骑兵紧追，任福率主力跟随其后。任福也没有忘记韩琦的告诫，派出侦察兵打探情况，侦察回报说敌人兵力薄弱，任福等信以为真，放心追击。到傍晚的时候，宋军主力与桑怿骑兵会合，驻扎在好水川，准备等到明天歼灭全部残敌，让敌人匹马无还，却不知道自己此时已经陷入了西夏军队的重重包围之中。由于诸将贪功追击，宋军人马缺粮已经三天了，粮运也无法跟上。他们更不知道，李元昊早已率领精兵十万驻扎在川口等候宋军。

第二天，宋军循好水川往西进军，在六盘山下，距离目的地羊牧隆城只有五里的地方与西夏军队遭遇。诸将这时候才知道中计，但也没有选择，只好硬着头皮上前交战。此时先锋官桑怿的部队发现路旁有很多密封的银泥盒子，里面还有什么东西噗噗直跳，不知道是什么，都不敢打开，任福到了之后，打开盒子，只见每个盒子里都有一只带着鸽哨的信鸽，无数信鸽腾空而起，鸽哨声响彻山谷，原来这竟然是西夏人发动总攻的信号！看到信鸽飞起，西夏伏兵从四面山上往下冲，桑怿率领先锋与敌人恶战，而任福率领的主力还没排好阵形就被西夏的铁骑冲得七零八落。任福见势不妙，慌乱中想据山抵抗，西夏军以旗帜为号令，指挥部队围追宋军。西夏军伏兵蜂起，很多宋军将士掉下悬崖摔死，尸体层层覆盖，惨不忍睹。激战中，桑怿等将领战死，任福身中十余箭。手下劝他逃跑保命，任福说："我为大将，兵败，只能以死报国！"说完挥舞四刃铁锏挺身搏战，最后被敌人的枪刺中左颊，绝喉而死。

主将任福战死，西夏军转而攻击朱观、武英、王珪率领的宋军，听到消息，渭川驻泊都监赵津也率两千骑兵赶来支援，但是敌军实在太多，宋军拼死鏖战，最后仍然全军覆没。武英、赵津、王珪都英勇战死，只有朱观带着千余残兵，以民居为掩护，拼命向四面射击，坚守到夜幕降临，西夏军撤退，才终于保住一命。

好水川一战，宋军阵亡一万多人，这是宋朝自建立以来最惨重的一次失败。消息传到朝廷，宰相们甚至不敢马上报告。"宰相们深思熟虑地拖延了十余日才将前线传到都城的战报告诉宋仁宗。宋仁宗最初是从打扫庭院的老兵口中得知失利的消息，而老兵则是在家信中得知此事。皇帝面对他的宰相不禁厉声问道：'卿真忍人也。'"①

韩琦回朝的路上，阵亡将士的几千亲人拦在马头前痛哭，他们拿着死去亲人的旧服，抛撒纸钱为逝者招魂，大哭说："你前日跟从招讨出征，现在招讨回来你却死了，你的魂魄是否跟着招讨回到故乡了呢？"痛哭之声震动天地，韩琦也掩面痛哭，马为之不前。

好水川之战前，秦州通判尹洙奉韩琦之命要范仲淹进兵，范仲淹说："我军新败，士气低落，此时应当固守，静观其变，怎么能轻兵深入？从现在情况看，我只看到败像，看不到胜利的可能。"

"这就是您不及韩琦大人的地方了。韩大人曾说：'大凡用兵，应该先置胜负于度外。'而大人您却过于小心谨慎。"

"大军一动，万命所悬。竟然说置胜负于度外，仲淹不认为这是正确的。"

好水川惨败消息传来后，范仲淹长叹说："这时候，很难置胜负于度外了。"

一败三川口，二败好水川，两次惨败不仅损兵折将，更是让大宋颜面扫地。如此惨痛的失败，到底谁应该为此负责？有人归罪于韩琦，但

---

① 《剑桥中国宋代史·上卷》，转引丁传靖《宋人轶事汇编》。

夏竦派人收拾散兵时，却在任福的衣带里发现了韩琦的书信，里面分明告诫任福不要贪功冒进；有人又说失败是因为参军耿傅督战太急，可后来又得到耿傅的书信，也是劝诫任福要稳扎稳打，切忌轻狂冒进。《宋史纪事本末》说：元昊倾国入寇，任福临敌受命，统率的都不是他熟悉的士兵，军队又四处分散贪利，因此导致大败。但是为什么会造成这样的情况？真正的原因到底在哪里？

然而，北宋君臣还没来得及认真检讨战败原因，他们就被迫要面对另一个棘手的问题了。

趁火打劫

北宋与契丹在1005年签订了澶渊之盟，北宋以每年送给契丹银十万两、绢二十万匹的代价换得契丹退兵，两国维持了三十多年的和平。但是当北宋与西夏连战皆败的消息传到契丹后，辽兴宗耶律宗真坐不住了。这时候的耶律宗真27岁，正是血气方刚的年纪，加上经过几十年的和平，契丹经济和人口都逐渐增加，国力强盛，看到北宋这么不经打，辽兴宗不禁有了南侵的想法，希望借此取得觊觎已久的关南之地。

契丹南院枢密使萧惠对皇帝的想法十分支持："两国的强弱对比陛下十分清楚。况且宋国多年西征，军队疲敝百姓劳苦，陛下亲率六军出战，必然取胜！"

北院枢密使萧孝穆表示反对："先朝与宋国和好，无罪出兵讨伐，师出无名，而且胜负也无法预料，希望陛下谨慎思考！"

虽然耶律宗真血气方刚，但是也不是莽撞冒失的毛头小子，经过深思熟虑，他决定采纳萧孝穆的意见，庆历二年（1042年），好水川之战刚过去一年，契丹派南院宣徽使萧特末与翰林学士刘六符出使宋朝，要求索回关南之地，并且质问宋朝为何在边境疏浚水渠①、增加驻军。

---

① 北宋时期，由于幽燕之地的山地被契丹占领，宋朝失去了阻挡契丹骑兵的天然屏障，因此他们被迫在边境地区多建水田、沟渠，以阻挡契丹骑兵的进攻。

契丹使者到达后，宋朝任命富弼为接伴使，接待契丹人，并派遣中使慰问，中使是代表皇帝的，按照礼仪，使者必须对其下拜，然而萧特末声称自己有病，不愿跪拜。富弼说："我曾经出使贵国，也是病卧车中，但听说贵国使者到来，我马上起来。现在我国使者到来而您却不拜，这是什么原因？"

萧特末听了之后只好起来跪拜。富弼与契丹使者开诚布公交谈，萧特末也不隐瞒，悄悄把辽兴宗想要关南之地的想法告诉了富弼，甚至还对富弼说："你们能答应就答应，不能答应就想办法用另外的方法搪塞过去就好。"

富弼把契丹使者的话汇报皇帝，宋仁宗的底线是增加岁币，必要的时候甚至可以将女儿嫁到契丹和亲，但是绝不出让土地。仁宗命令宰相吕夷简挑选出使契丹的人，吕夷简向来与富弼不和，便推荐富弼出使。集贤校理欧阳修坚决反对，他说："唐朝李希烈叛变，颜真卿被迫出使叛军，最后被扣留杀害，请求不派遣富弼。"富弼说："主忧臣辱，臣不惜一死。"仁宗听了之后大为感动，要封富弼为枢密直学士，富弼说："国家有急难，臣子义不容辞，怎么能用官爵来收买！"

这一年四月，富弼毅然出使契丹。

与此同时，契丹在幽州和蓟州集结重兵，声言南下，河北、京东都紧张地准备防御。有大臣建议迁都洛阳，宰相吕夷简表示反对，认为应该以攻为守，建都大名，表示皇帝随时会御驾亲征。仁宗听从他的建议，将大名府作为北京，而在三十多年前的澶渊之战中，这里就是真宗驻扎的地方。

富弼到契丹后，见到辽兴宗耶律宗真问："两朝和好已将近四十年，贵朝突然要求我们割地，这是为什么？"

耶律宗真说："你们南朝违背和约，封锁了雁门关，疏浚沟渠，修建城池，招募军队，你们想要干什么？群臣纷纷请求我出兵讨伐，我觉得不如派遣使者求割地，如果你们不答应，我们再发兵不迟。"

富弼慷慨陈词："北朝忘记了章圣皇帝的恩德了吗？澶渊之战，如果听从将领们的话，北兵没有一个能够回家的！而且北朝与中国通好，得利的是人主，臣下不能得到好处；如果用兵，得利的是臣下，而人主一无所获。所以那些劝您用兵的，都是为了自己私利打算。”

辽兴宗很惊讶：“为什么这么说？”

富弼说：“晋高祖（石敬瑭）欺天叛君，晋末帝昏庸无能，土地狭小，上下离心，所以契丹能够顺利攻下汴梁。但是得到的财宝大多收入大臣之家，而契丹的壮士、骏马损失大半。现在我大宋土地万里，精兵百万，法令清明，上下一心，契丹如果想用兵，能有必胜的把握吗？就算是你们取胜，战争的损失是大臣来承受呢，还是陛下来承受？如果两朝通好，每年的岁币都归陛下所有，群臣哪里会得到好处！”

耶律宗真一听恍然大悟，连连点头。富弼又继续解释：“封锁雁门关，是为了防备李元昊；疏浚沟渠在通好前就已经进行；城池都是修补旧的，军队也是补充缺少的，并非违约。”

但是辽兴宗仍然坚持要索回关南故地，富弼寸步不让：“石敬瑭以土地贿赂契丹，周世宗又把土地夺回来，如果各自坚持，难道这是符合北朝的利益吗？”

之后富弼又对刘六符说：“我朝皇帝曾经说‘为祖宗守国，怎能随便把土地给别人！北朝想要的不过财物，朕不忍心多杀伤两朝赤子，所以委曲求全以增加岁币来换取和平。如果北朝坚持要土地，那就是想毁坏盟约，过错不在我方，天地鬼神难道是可以欺骗的吗！’”

刘六符听了大为感动，对手下说：“南朝皇帝宅心仁厚，太好了！我们应该一起上奏皇上，让两朝皇帝顺畅沟通。”

第二天，辽兴宗邀请富弼一起出猎，路上辽兴宗又对富弼说：“我朝得到土地就可以保证两朝欢好。”

富弼坚持不退让：“北朝以得地为荣，南朝必以失地为耻。兄弟之国，为何要造成一荣一辱的状况？”

打猎回来后，刘六符对富弼说：“大人今天说的荣辱之事，让我十分感动。现在的状况只有两朝和亲可以解决。”

谁知道富弼仍然拒绝：“和亲很容易产生嫌隙，而且本朝即使是长公主出嫁，陪嫁也不过十万缗，怎么比得上岁币无穷的利益呢！”

富弼寸步不让，契丹终于动摇了，辽兴宗让富弼回朝，在和亲和增加岁币中选择一个接受，之后签订和约。

富弼回朝后，将商谈的结果汇报了朝廷。富弼的主张是只答应增加岁币，然而仁宗的底线还要再低一些。他曾经对大臣王拱辰说："朕所吝惜的只是土地和百姓，至于财物，不是朕看重的。"

王拱辰问："财物难道不是出自百姓吗？"

仁宗很清醒，说："国家的经费不是一天积攒起来的，每年拿出一些赐给蛮夷，也不至于让百姓陷入困境。如果战争爆发，每年的军费都不止此数，就不像现在这样慢慢支付来得轻松了。"

王拱辰又问："蛮夷贪得无厌，喜欢趁火打劫，陛下只有一个女儿，如果蛮夷要求和亲怎么办？"

没想到宋仁宗回答："如果对社稷有利，朕怎么会吝惜一个女儿？"

听到这话，王拱辰默然无声，只好再拜离去[①]。

然而让人费解的是，富弼回报朝廷的是契丹让在和亲与增加岁币两个中选择一个，可是朝廷之后拟定的国书却将两条全部应承下来，而且国书富弼并没有见到，只是让他到中书省接受口头命令后再次出使契丹。

为什么北宋朝廷会如此操作？原因可能有两个：

一、宋仁宗实在急于马上达成和议，因此心甘情愿增加砝码；

二、富弼的政敌吕夷简等想以此借刀杀人，富弼的要求与国书不一致，很可能触怒契丹，将富弼置于死地。

富弼也有些忐忑，走到路上的时候，他对副使说："我担任使者却不见国书，如果国书内容与我接受的口头命令不一致，大事就去了。"

于是富弼私自打开国书，果然跟自己接受的命令不一致。富弼大惊，飞驰回汴京面见皇帝说："有人故意如此陷害臣，臣死不足惜，国事失败怎么办？"

仁宗询问晏殊，晏殊说："吕夷简绝对不会做这样的事情，也许是工作失误罢了。"

---

① 《东轩笔录》。

富弼大怒："晏殊奸邪！与吕夷简结党欺骗陛下！"

仁宗一时也不好追究，只好让富弼改换了国书出使。

富弼再次来到契丹，这次再也不谈和亲的事情，只谈增加岁币。在这种情况下，契丹只能在文字上做文章。他们坚持要宋朝在和约中用"献岁币"的表述，富弼坚决反对："南朝是兄长，北朝是弟弟，哪里有兄长献给弟弟的说法？"

耶律宗真说要不用"纳"，富弼也坚决反对，并且汇报朝廷，说："臣以死拒之，朝廷也不要答应。"但是仁宗最后采纳了晏殊的建议，还是同意用"纳"字。两朝和议，宋朝每年再增加岁币银十万两，绢十万匹，史称"庆历增币"。

庆历和议完全是契丹趁火打劫的结果，虽然和约避免了两国的战争，挽救了无数百姓的生命，但是北宋国力逐渐孱弱，到处被欺负的现状也通过和议表现了出来。

那么人们不禁要问，为什么建国之初东征西讨，所向无敌的北宋仅仅经过八十余年就陷入四面受敌、被动挨打的境地？为什么与西夏的战事屡屡大败，以至于引得契丹也来落井下石，分一杯羹？大宋开国初年的雄风为何转瞬即逝，风光不再？

走到末路的强人政治

众所周知，宋太祖赵匡胤以武将起家，通过陈桥兵变夺取了后周政权，建立了大宋王朝。五代时期，他多次目睹了武将夺权，再考虑到自己即位的经历，这让他不得不对武将产生了刻骨铭心的忌惮。他曾对石守信等说自己当上皇帝之后每夜都无法入睡，这话恐怕并非虚言。因此他建政之初便采取了一系列措施削弱武将权力。

首先赵匡胤用杯酒释兵权解除了亲信大将的兵权，接着又罢免了一系列节度使的兵权。为了巩固中央政权，赵匡胤将天下精兵全部集中到京城，是为禁军；地方剩下的只是些战斗力极弱的杂牌部队，即所谓厢兵。就这样赵匡胤还不放心，为了削弱将领对军队的控制力，他下令实行更戍法，要求士兵在都城和地方每隔三年进行轮换。这样，“不论将官与部队之间的纽带，还是个人和地方之间的关系均不会变得太过紧密或过于持久。而且，每个高级将领所辖部队的确切人数不时被核查，以避免未经允许扩充兵力，并且长官不允许拥有亲兵”[①]。

不仅如此，“帝国控制的另一种方式是直到战事前夕，朝廷才颁给阵图。此外，每一次战事的行动都由皇帝提前划定，并由都城直接遥控指挥战事。战事结束后，士兵则回到驻地，如此，‘兵无常帅，帅无常师’。‘兵不知将，将不知兵’”[②]。

显然，这个体制重点预防的是国内的忧患而非国外。宋太宗曾说：

> **国若无内患，必有外忧；若无外忧，必有内患。外忧不过边事，皆可预为之防。惟奸邪无状，若为内患，深可惧焉。**[③]

皇帝借助于这种把大臣当贼来防范的体制以确保自己能把权力牢牢抓在手中，甚至不惜牺牲军队必需的机动性和灵活性。可是为什么在这种僵化的体制下，大宋初年却没有遭遇重大失败？原因就在于这套机制是赵匡胤为自己量身定做的。

赵匡胤生于军营，长于戎马，不仅精通军事，而且精通驭人之术。他不仅对手下了如指掌，而且善于恩威并重，统御将领。同时他也是一个了不起的战略家，即便自己不在战场，仍然能洞悉战场局势，通过遥控指挥取得胜利。

征讨南唐的时候，主将曹彬在金陵城外设置三处营寨，潘美率军镇守北边，并将布防图上报太祖。太祖指着北边营寨对使者说：“南唐军肯定会趁夜来劫营，你马上回去告诉曹彬，立刻在营寨前挖深沟防备，不要被敌人钻空子。”使者回报，宋军急忙挖掘壕沟。果然南唐军队晚上来

---

① 《剑桥中国宋代史·上卷》。

② 同上。

③ 《杨文公谈苑》。

攻打，宋军依托壕沟抵抗，大败敌军。太祖能够运筹于帷幄之中，决胜于千里之外，其用兵之神妙让人钦佩。所以这一套大权独揽的架构太祖是完全能驾驭的，而且用得游刃有余。“宋太祖统一战争期间，除了969年反击北汉的战争，他很少亲临前线，但在每次征服中，他的存在又是无处不在的。作为王朝的开国之君，他对自己草拟的作战计划，对将领的驾驭，以及对他的士兵的绝对权威，均充满自信。”①

但是到太宗时候，这套强人政治用得就有些捉襟见肘了。从军事素养和战略眼光讲，太宗逊色于太祖许多。但是他跟随太祖东征西讨，多少也有些耳濡目染，所以能够消灭北汉，实现中原的基本统一。但是当他想趁热打铁攻打契丹时，这就将他与太祖的差距暴露无遗，结果高梁河一战，宋军惨败，太宗自己也差点命丧疆场，此后北宋再不敢对契丹主动出击。

而太祖、太宗两位马上皇帝去世之后，即位的真宗、仁宗都是生长于深宫之中的皇帝，从未有过战场经验，更无太祖那样高超的驭人之术，但是专制制度的惯性让他们谨守祖宗教训，刻舟求剑，柔弱之君继承强人政治的构架，就像一个弱不禁风的病秧子却要穿戴一套沉重的盔甲一样，往往是敌人还没见着，自己先被累垮了。

御史中丞贾昌朝就沉痛指出：

> 太祖收方镇之权，以为万世利。及太宗时，将帅多旧人，犹能仗威灵，所向有功。近岁西羌之叛，骤择将领，而士不练习，以屡易之将，驭不练之士，故战必败，此削方镇太过之弊也。②

然而，自宋朝建立到此时已经八十多年，积重难返，更何况擅改祖宗之法无异于不忠不孝，这样的风险，任何君臣都是必须考虑的。

---

① 《剑桥中国宋代史・上卷》。

② 《宋史纪事本末・卷三十》。

但是李元昊却没给大宋更多考虑的时间。

好水川之战一年后，庆历二年（1042年），李元昊大举入侵，攻打镇戎军（今宁夏固原），副总管葛怀敏率领诸寨兵抵抗，将诸将分为四路，前往定川寨。西夏军围困了定川寨，切断宋军归路，又断绝了水源，宋军大恐，葛怀敏让军士攻击夏军，不仅没有冲乱敌军，反而被敌人反冲锋，宋军溃散，纷纷败逃回城，葛怀敏被乱军践踏，差点被踩死。此后宋军斗志全无，葛怀敏肝胆俱裂，不顾手下劝阻，扔下军队仓皇逃跑，身后九千四百多宋军士兵和六百多匹马全部落入敌手，葛怀敏狂奔二百里，来到长城壕，却又遭遇西夏伏兵，最后与诸将全部悲惨战死。

至此，宋朝与西夏三年三战，西夏一次打得比一次漂亮，从三川口之战的围城打援，到好水川诱敌深入的伏击战，再到定川寨运动战与攻坚战的结合，李元昊的军事天才与西夏军强大的战斗力越来越显现无遗。而宋军在三次战役中却是一战惨过一战，田况在《儒林公议》里说：刘平在三川口战败的时候，好歹还杀敌千余，任福在好水川战败，至少也杀敌数百，到了葛怀敏干脆就是束手就死，就像是自己往陷阱里跳。当时吕夷简再次为相，对人说："一战不及一战。"①

不过，长年的战争对国力微弱的西夏也是巨大的灾难。定川寨之战后，李元昊提出讲和，此时宋仁宗也急于停止战争，因为"宋仁宗及其朝臣都厌战，永远不会接受持续反击的机会，因为他们惧怕将充分的自主权交到地方政府或是武人手中"②。在这种情况下，宋朝不惜在面子上做出巨大让步，与西夏达成和议，册封李元昊为夏国主，李元昊向大宋称臣；宋每年"赐予"西夏绢十三万匹，银五万两，茶二万斤，加上其他岁时赏赐，合计绢十五万匹，银七万两，茶三万斤；重开边境榷场贸易。史称"庆历和议"。

与西夏作战的失利使宋朝彻底失去了对丝绸之路的控制权，这使其无法通过陆路建立与中亚以及欧洲的联系。不过这倒是给北宋带来了另

---

① 《儒林公议》。

② 《剑桥中国宋代史·上卷》。

一个发展机遇，即迫使其发展海运。“在南方，宋朝发明了复杂的航海技术以及海洋策略，并最终提高了帝国作为海洋强国的地位。”① “海外贸易有助于宋朝在高丽和日本扩大儒学影响，其印记直到今天仍然依稀可见。”②

与西夏的战争充分暴露了宋朝的孱弱，“因为这样的一个弱小的政权却将庞大的宋朝玩弄于股掌之间。党项的战术充分展现了在挑战经济实力更为雄厚的农业帝国时高效的骑兵作战”③。

与西夏作战一系列的惨败无异于给北宋君臣敲响了一记警钟，提醒他们这个看似繁荣富裕的帝国其实只是建立在沙滩上。这种警醒成为帝国君臣挥之不去的阴影，也成为此后庆历新政以及王安石变法的诱因。

西夏木板画（临摹）

① 《剑桥中国宋代史·上卷》，转引罗荣邦《宋末元初中国作为海上力量的出现》。

② 《剑桥中国宋代史·上卷》。

③ 同上。

革新与党争

大中祥符八年（1015年）科举考试又在汴京举行。宋真宗十分重视这次科举，亲自命题，以“置器赋”作为考题。最后山东考生蔡齐高中状元。真宗对蔡齐十分欣赏，下诏让状元跨马游行，令金吾卫士七人为蔡齐清道，状元及第游行也就从蔡齐开始。

相比于煊赫无比的蔡齐，另一位中乙科第九十七名的寒儒进士就没那么风光了。这位士子来自应天府（今河南商丘），家世清贫。中进士之后，最初担任的也就是个九品的小官。

这个进士名字叫朱说（yuè），几年后，他认祖归宗，恢复了自己本来姓名——范仲淹。

一代宗臣

科举制度始于隋朝，唐代开始正式采用，但是唐代的科举制度与后代有很大不同。

首先，唐代科举录取人数很少，很多时候只录取二三十人，所以科举落榜甚至多次落榜在当时读书人中太常见了。诗圣杜甫就曾经多次落榜，他参加的其中一次科举甚至没有录取一个人，当时主持这次考试的是宰相李林甫，他对录取率为零的解释是“野无遗贤”。因此，唐代科举，尤其是进士科之难是众所公认的，以致有“五十少进士”之说。

其次，唐代科举允许士子提前跑关系，把自己平生得意之作投递给达官贵人或文坛领袖，以此获得贵人的推荐，很多时候甚至还没确定考试名次，录取结果就已经定下来了，比如王维凭借玉真公主的门路取得状元，白居易因为顾况的欣赏高中进士，杜牧因为一篇《阿房宫赋》而金榜题名都属于此类。但是这也造成唐代进士大多是士族子弟，而寒门子弟想要高中则难如登天。中唐孟郊就是多年陪跑，屡试不第，最后还是靠着韩愈的推荐终于考中，狂喜之下“一日看尽长安花”，其欣喜绝不下于范进中举。

再次，在唐代，科举之后，士子们还要经过吏部的考试才能任官。韩愈就是中进士后却没能通过吏部考试，无法直接为官，只能先给节度使做幕僚以曲线救国。

而宋代科举则不同。

首先，录取人数大大增加。宋太祖在其即位第二个月便恢复了科举，在他执政的 17 年中，共举行了 15 次科举，总共录取士子约 450 人①。宋太宗即位后，更是大规模录取进士，在他统治期间，有 5816 人进士及第。太宗朝一年进士及第的人数比太祖朝总人数还要多。真宗即位后，录取规模更是大大超过其父。“他在任的第三年（1000 年），进京赶考取得功名的士子就达 1538 人——这个数目在整个中国科举取士的历史上是空前绝后的。”②

其次，宋代禁止了士子考前的请托行为，不仅如此，还制订了试卷糊名制度，甚至还请专人将试卷全部誊抄，以免考官根据士子笔迹作弊，以此尽量确保科举考试的公平。这样很大程度上杜绝了权势把持科举这一弊端，使寒门子弟有可能通过科举晋升到社会高层。因此宋代进士很多出身寒微，这在唐代是不可想象的。

再次，宋代士子考中进士后就直接被授以官职，不再经过吏部考试，很多中进士的人后来做到了宰相，这极大刺激了考生的积极性。

范仲淹就是在这样的情况下考中进士的。

范仲淹字希文，是唐朝宰相范履冰的后代。唐末动乱，范家举家南

---

① 不同资料数据有所不同，《哈佛中国史·儒家统治的时代：宋的转型》认为是 350 人左右。

② 《哈佛中国史·儒家统治的时代：宋的转型》。

范仲淹像

迁来到江南。他父亲叫范墉，先后担任成德军、武信军和武宁军节度掌书记，是一个管理文件信札的低级官员。

范仲淹2岁的时候，父亲突然去世，这让母亲和他陷入了困境。有学者考证，范仲淹的母亲很可能是范墉的小妾，因此她和生下的孩子地位都很低，范墉去世后，范仲淹和母亲被正室和子女排挤，被赶出了范家。

走投无路的范母嫁给了一个叫朱文翰的人，范仲淹也就改名朱说。朱文翰是端拱二年进士，一生也没做过什么大官，但是却对范仲淹十分慈爱，支持他勤学读书。范仲淹就在家乡附近的醴泉寺寄住苦读。

此时继父家境也十分清贫，范仲淹清苦自律，每天夜里煮一锅粥，早晨的时候这粥会凉透凝固，他便拿小刀将粥划成四份，早晨吃两块，晚上吃两块；没有蔬菜，范仲淹就在寺外山里采些野菜。这就是"划粥断齑"的典故。

为了提升学业，大中祥符四年（1011年），范仲淹离开家乡，来到应天府书院，继续苦读。大中祥符年间正是宋真宗大搞天书封禅的时候，范仲淹在此苦读的第四年，宋真宗到亳州太清宫去朝拜老子庙，又来到应天府拜谒赵家祖庙，并且下诏升应天府为南京，赐百姓在酒楼大吃大喝三天。整个应天府万人空巷，争着去看皇帝御容，享受皇帝赐予的酒食，只有范仲淹一个人静坐学舍不为所动。同学奇怪地询问他为什么不去看皇帝，范仲淹淡淡地说："以后再见也不晚。"

范仲淹的同学有一个是官员的儿子，看到他每天吃凉粥，回家告诉了父亲，父亲让厨师做好丰盛的饭菜让他送给范仲淹，可是几天过后，范仲淹动都没动，饭菜也放坏了。同学不快地询问原因，范仲淹说："我长久吃粥成了习惯，如果吃了您送的佳肴，以后就吃不下粥了。"

范仲淹曾经写下《睢阳学舍书怀》，描述自己在应天府苦读的生活，其中有一句"瓢思颜子心还乐"，意思是自己像颜回一样，"一箪食，一瓢饮，人也不堪其忧，回也不改其乐"，他相信终有一天自己能鱼跃龙门，金榜高中。为此他刻苦攻读，冬天夜读疲惫的时候就用冷水洗脸提神，终于在他 27 岁的时候以“朱说”的名字得中进士。

范仲淹中进士之后，被任命为广德军司理参军，这虽是一个九品小官，但是范仲淹仍然在第一时间把母亲接来住，后来，他认祖归宗，恢复范姓，使用生父给自己起的名字：范仲淹，又给自己起了字：希文。

范仲淹 38 岁的时候，母亲去世。按照规制，范仲淹辞官守孝。当时晏殊任应天府知府，他早就听说过范仲淹的名声，便将他招来，请他在府学任教。

范仲淹在应天府书院任教的时候，有一天来了一个贫苦书生，向范仲淹请求帮助，范仲淹当即给了他十千钱。一年之后，书生又来了，范仲淹又给了他十千，并且问他为什么这样。书生说：“我家里有老母需要奉养，自己又想读书，没办法才这样出来讨钱。如果我能够每天有一百钱的收入，就能安心求学了。”范仲淹听后十分感动，便上报书院给书生安排了个职务，每月有三千钱收入，书生便留在了书院，一边工作一边学习。范仲淹服丧期满离职，他也离开了。后来范仲淹听说泰山出了个专门研究《春秋》的大儒孙复，这就是当年接受范仲淹救济的书生。再后来范仲淹将孙复举荐给朝廷，授秘书省校书郎、国子监直讲。

这样的事范仲淹干过不少，他的俸禄大多拿来帮助这些名士书生，自己家里却穷得叮当响，儿子们甚至没有衣服穿，出门的时候还要轮换穿同一件衣服才能出门。但是范仲淹对此却不以为意。

他在任教期间就多次上书，建议朝廷精选郡守县令，排斥游惰冗官，精心选拔人才等，显然不满足于只当个教书先生。母亲丧期满后，范仲淹又在晏殊的推荐下任秘阁校理。经过晚唐五代对文人的滥杀之后，很多文人不愿涉足政治，以优游卒岁为时尚，但是范仲淹却常常纵论天下事，“奋不顾身”，《宋史》说：“一时士大夫矫厉尚风节，自仲淹倡之。”而范仲淹这种以天下为己任的性格，在讲究规则礼仪的朝廷注定是要摔跟头的，果然，他担任秘阁校理后不久就做了一件把晏殊吓得肝胆俱裂的事情。这便是章献太后冬至接受百官朝贺，范仲淹直言极谏的事。（详见本书《垂帘听政》）范仲淹也因为这件事遭遇了他一生中的第一次贬谪，被贬为河中府通判。

被贬官的范仲淹似乎根本没有吸取教训，当时皇帝修建太一宫和洪福院，要在陕西购买大量木材，范仲淹又上书，请求罢修宫观，少买木材，还说一些官员凭借皇帝恩宠升官，这不是太平之政。当时的仁宗还年轻，章献太后垂帘听政，范仲淹的建议虽然不被采纳，但是仁宗却记住了这个胆大敢言的大臣。

章献太后去世后，以前依附太后的官员纷纷被贬，而反对太后专权的大臣则被召回，范仲淹也入朝任右司谏。太后已故，加上仁宗身世被揭露，很多大臣墙倒众人推，开始讲太后的坏话。而曾被太后迫害的范仲淹此时应该是最有资格落井下石的人，可是他却对皇帝说："太后接受先帝遗命，调教养护陛下十多年，应该忽略她的小过错，保全太后大德。"

为此仁宗下诏，禁止再谈论太后的事情。

章献太后临终时，遗诏以杨妃为皇太后，继续听政。杨妃是将仁宗亲手养大的人，仁宗称她为"小嬢"。对这事，范仲淹却寸步不让："太后是皇帝母亲的名号，自古就没有因为养育了皇帝而被封为太后的。现在一个太后去世又立一个太后，天下人都会怀疑陛下是不是一天都不能离开母后的扶助。"

在范仲淹和其他大臣的坚持下，仁宗终于否决了让杨太后听政的安排。

后来遇到蝗灾和旱灾，京东和江淮一带赤地千里，范仲淹请求派使者赈灾，可是朝廷却不予理会。范仲淹对皇帝说："假如宫里半天吃不上饭会如何？"

仁宗一听猛然醒悟，马上让他去赈灾。

不过范仲淹直言敢谏的性格注定会给他的仕途带来无穷的波折，就在他被召还朝这一年的冬天，范仲淹又被贬了。这次是因为郭后被废事件。

宋仁宗的郭皇后是平卢军节度使郭崇的孙女。其实仁宗并不喜欢她，而喜欢美人张氏，想立她为后，但是遭到章献太后阻拦，无奈之下只好立郭氏为后。因此仁宗对郭氏一直很不满意。张氏去世之后，仁宗思念不已，还是将她追册为皇后。

章献太后去世后，仁宗对郭皇后更为疏远，而宠爱尚美人和杨美人，这让皇后非常不满。有一天，尚美人当着皇帝的面用言语讥讽皇后，皇后大怒，冲上去要打尚美人耳光，皇帝看见后以身相护，结果皇后一巴掌打在皇帝脸上，把皇帝的脖子都抓出了血道。仁宗大怒，把宰相吕夷简叫来，给他展示自己的伤痕，并且说要废掉皇后，吕夷简对废后十分支持："汉光武帝刘秀的郭皇后仅仅是因为有怨言就被废了，现在皇后居然打伤陛下，这还了得！"

吕夷简支持废后是有原因的。

章献太后刚刚去世，仁宗就决定罢免以前依附太后的大臣，他与吕夷简商议，最后确定要罢免张耆、夏竦、陈尧佐、晏殊、范雍等人。回宫之后仁宗把这事跟郭皇后说，郭皇后问为什么没有吕夷简，仁宗回答吕夷简没有依附太后。郭皇后不以为然："吕夷简真的不依附太后吗？只不过这个人多机巧，善于应变罢了。"

于是仁宗就把吕夷简也列入了名单。后来诏书下来的时候，吕夷简听到有自己的名字，大吃一惊，不知道出了什么事。后来让人打听，知道是皇后的意思，从此对皇后十分怨恨。不久，吕夷简又被召回任同平章事，再次大权在握的吕夷简当然不会放过报复的机会，因此便极力支持废后。

得知消息后，范仲淹等十多位大臣来到垂拱殿请求仁宗收回成命，但是宫门紧闭，不给通报。大臣们叩响宫门的门环大呼："皇后被废，奈何不听臣言！"

过了一会儿，皇帝让吕夷简给大臣们解释废后的事情。孔道辅和范仲淹等大臣说："大臣之于帝后，就像子女侍奉父母。父母不和，可以劝谏制止，怎么可以为了顺从父亲就要把母亲赶出去呢？"

吕夷简回答："汉唐就有废后的先例。"

"大臣应该引导皇帝成为尧舜那样的明君，怎么能把汉唐失德之君作为榜样？"

吕夷简语塞，转头回禀皇帝："大臣伏阁请对，很不成体统。"

仁宗下诏，将孔道辅贬为泰州知州，范仲淹贬为睦州知州，其他大臣处以罚金。

富弼此时任河阳判官，闻讯后上书："朝廷一举而两失，纵使不能恢复皇后地位，也应该让范仲淹等回朝。"

仁宗对富弼的意见置之不理。

郭皇后被废后居住在瑶华宫，期间仁宗又立曹氏为皇后。可是过了一段时间，犹豫反复的仁宗又对郭皇后有些思念了，派使者问候郭皇后，还写词给郭皇后，郭皇后寄回应和的词作，语言十分凄婉，仁宗更加后悔了，甚至秘密派人召郭皇后回来。郭皇后却十分认真："如果还要我回来，必须当着百官接受册封。"而没几天，郭皇后就突然去世了。

郭皇后暴死，很多人认为跟内侍宦官阎文应有关。郭皇后被废后，阎文应经常讲郭皇后的坏话。这时候看见仁宗似乎有让郭皇后复位的想法，阎文应十分害怕。正好郭皇后生了点小病，仁宗让阎文应带医生去诊治，吃了医生的药之后，郭皇后很快就死了。大家都怀疑是阎文应指使医生下毒，但是没有确凿证据。此时刚担任开封府知府的范仲淹正好上书弹劾阎文应，之后阎文应被流放岭南，死在了路上。

再说范仲淹，此前不是被贬睦州吗？为何又任开封知府了呢？原来范仲淹被贬睦州后一年多，就改任苏州知府，之后又改任明州（今宁波）知府，又升吏部员外郎，权知开封府，这意味着他度过了第二次被贬的艰难时刻，又重回朝廷了。

不过，范仲淹似乎仍然没有吸取教训。

当时吕夷简任宰相，很多官员都出自他门下。范仲淹绘制了一张百官图，一一指出一些官员被破格提升，其实只是因为宰相在假公济私，吕夷简十分恼怒。

北宋官制冗杂，军事颓败，经常受到少数民族政权的威胁。范仲淹上书说："洛阳地势险固，而汴京四方受敌，太平的时候应该定都汴京，而天下有事的时候应该建都洛阳，现在就应该在洛阳营建宫室。"皇帝问吕夷简的看法，吕夷简说："这不过是范仲淹的迂腐之论罢了。"范仲淹与吕夷简发生了激烈的争执，范仲淹把吕夷简比作汉代奸臣张禹，而吕夷简则指责范仲淹结党营私，于是范仲淹又被贬谪到了饶州。

范仲淹被贬的时候，朝中大臣怕被牵连，都不敢去送他。只有待制王质不顾身体有病，坚持去送。有人对他说："您是长者，为什么要把自己陷入朋党之列？"

"范公是天下的贤人，我王质怎么能巴结到？如果真把我当成范公的党人，这是范公厚赐我了。"①

范仲淹被贬后，殿中侍御史韩渎迎合吕夷简的意思，请求把范仲淹和同党的姓名张贴在朝堂上，以儆效尤，这引起了更多大臣的反感。秘书丞余靖上书极谏，请求收回成命；太子中允尹洙自曝与范仲淹是师友关系，也属于朋党，愿意一起被贬；馆阁校勘欧阳修甚至写信给谏官高若讷，说他身为谏官，坐视忠臣被贬，简直不知道世上有羞耻二字。于是三人都被贬。

范仲淹等大臣被贬事件震动朝野，蔡襄写了一首《四贤一不肖》诗，把范仲淹、欧阳修、尹洙、余靖列为四贤，大加赞扬，而把高若讷指斥为不肖，京城的人们纷纷传写此诗，一时间洛阳纸贵，卖书的人狠赚了一笔。甚至契丹使者也买了回去，将诗张贴在幽州接待宋朝使者的客馆，估计此举让宋使颇为尴尬。

范仲淹虽然三次被贬，但是声望却与日俱增。第一次被贬时，亲朋们为他送行，说："此行极光（非常光荣）。"第三次被贬还有人称赞他说："此行尤光。"范仲淹大笑说："仲淹前后已是三光了。"

对范仲淹的不识抬举，仁宗也很恼怒。范仲淹第三次被贬后，仍有很多大臣为他鸣不平，仁宗只好解释说："范仲淹之所以被贬，是因为他秘密请求立皇太弟。现在大臣之间互相吹捧到了这种程度，叫朕怎么办？"

范仲淹被贬饶州，连带着尹洙、余靖、欧阳修等大臣一起被贬，很多人认为范仲淹的仕途可能就到终点了。然而，景祐四年（1037年）的一场大地震却改变了范仲淹的命运。

这次地震发生在都城地区，持续了五天，余震持续了数年，一万两千多人死亡，五千六百人受伤，五万头牛伤亡。古人相信天人感应，认为天灾是上天给朝廷的示警，这次地震是因为忠臣被贬而引起的。因此，

---

①《涑水记闻》。

范仲淹在被贬饶州一年多后，改为润州知州，之后又转越州知州。李元昊反叛时，朝廷任命他为陕西都转运使、龙图阁学士，筹备西北边防事宜。鉴于北宋军队低下的战斗力，范仲淹力主固守城堡，精练士卒，因此被不少大臣认为是畏敌避战，后来在好水川一战中宋军全军覆没，朝廷才无奈地承认，以自己的实力，面对这样的劲敌，居然范仲淹的策略才是最佳选择。（详见本书《西北天狼·好水川之战》）后来宋军在定川寨大败，大将葛怀敏等战死，仁宗看着地图对左右说："如果范仲淹率军援救，我就无忧了。"

很快信使报告范仲淹出兵，仁宗大喜："我就知道范仲淹是可用之才！"

在韩琦、范仲淹等人苦心经营数年后，西北边境终于趋于平静。庆历三年（1043年），李元昊请求议和，西方边事稍宁。

终于盼来西北安宁的仁宗决定重新调整朝廷大臣。就在这一年，仁宗召范仲淹回京，授枢密副使，又提拔欧阳修、余靖、王素和蔡襄为谏官。六月，欧阳修等人推荐范仲淹为相被范仲淹拒绝。八月，仁宗罢免了副宰相王举正，任命范仲淹为参知政事（副宰相），这一年，范仲淹55岁，欧阳修37岁，富弼40岁，韩琦36岁，一场改革即将拉开帷幕。"这是宋王朝的第一次儒家政治运动，其重要意义不仅是儒家在政治过程中的复兴，而且是地方和区域精英政治成长期到来的时代。""大部分改革者，包括范仲淹与他年轻时的同道富弼、韩琦、欧阳修，他们都处于而立之年，风华正茂，成为这新的政治同道的杰出代表。"①

我们就是朋党

从960年赵匡胤发动陈桥兵变建立宋朝，到1043年范仲淹任参知政事，80多年过去了，这80多年中，北宋发生了很多变化。

首先北宋的军队扩充速度之快令人咋舌。宋朝建立之初，皇帝个人直接指挥的军队大约有22万人，到太祖去世的时候，这个数字已经变成

① 《剑桥中国宋代史·上卷》。

了37.8万；宋太宗在位的时候，军队人数达到66万；宋真宗时期，军队人数已经达到91.2万；而到宋仁宗时期，军队人数达到了惊人的120万。唐代实行的是府兵制，百姓平时务农战时从军，国家对军队的负担较轻，而宋代军队是职业常备军，即使是和平时期，军队的一切开销也都由国家供给，真宗时期，75%的国家赋税收入被用于军费，而到神宗在位末期，军费开支可能已经占到国家预算的80%[①]。

让国家承受如此重负的军队，却是一支干啥啥不行的乌合之众。从宋初开始，不管是与契丹还是与西夏作战，宋军总是败多胜少，偶尔还玩一下全军覆没，可以说是一支又贵又没用的军队。对此，曾经在陕西率军抵抗西夏入侵的范仲淹可以说是有切肤之痛。

其次，80多年来，官僚队伍逐渐膨胀。“从庆历新政末到宋英宗在位末的1067年的十五年间，文武官员人数稳定增长，从1049年到1053年期间的一万七千人到两万人，增长到1064年至1067年期间的两万四千人。”[②]同时由于仁宗时期提高了进士的录取比率，以前进士录取率仅为百分之六七，仁宗时代提升到百分之二十左右，导致及第人数远远超过了可获得的职位数，官员任命的不公正和徇私问题日益突出，官僚内部矛盾日益尖锐。

内忧外患，导致多地发生百姓造反、暴动和盗贼横行的事件，就在这一年，东部地区又发生蝗灾和旱灾，这一切都让宋仁宗焦头烂额。在这种情况下，他将范仲淹从陕西调回任命为副宰相，又任命欧阳修等人为谏官，就是想倚重他们，改革积弊，重振大宋雄风。

面对皇帝的重用，范仲淹又激动又惶恐，他说：“皇帝重用我已经到极致了，但是事情有先后，长久和平累积下的弊病，不是一朝一夕可以革除的。”

在仁宗的一再催促下，范仲淹上了《答手诏条陈十事》，这标志着庆历新政拉开了序幕。

---

① 《哈佛中国史·儒家统治的时代：宋的转型》。

② 《剑桥中国宋代史·上卷》。

范仲淹在《答手诏条陈十事》中提出了十点建议：一、明黜陟。二、抑侥幸。三、精贡举。四、择官长。五、均公田。六、厚农桑。七、修武备。八、减徭役。九、覃恩信。十、重命令。十条建议，主要内容其实就是整顿吏治，发展经济和加强军备，而重点是在整顿吏治上。

第一条是针对宋代官员的磨勘制度。宋代文官以三年为期，武官以五年为期，期满就进行磨勘（审查），没有什么大过错就按例升官。而范仲淹主张延长磨勘年限，破除论资排辈的旧例，有优异政绩者才能破格升迁。

第二条抑侥幸是针对恩荫任子制度，此前大臣子侄因为父辈职位被授官过滥，范仲淹主张取消过节授予任子官职的做法，符合荫子条件的官员也必须任职满二年才能享受此待遇，大臣不能推荐子侄在馆阁任职。

其他各条，主要也是通过净化科举、严格推举官员等措施确保朝廷能够拥有符合儒家道德理想的人才。

在范仲淹这十条建议中，第三条“精贡举”的部分建议有些意味深长：进士、诸科请罢糊名法，参考履行无缺者，以名闻①。

前面说过，唐代的科举试卷是不密封的，不仅如此，士子们在考前还纷纷到达官贵人府上拜访，送上自己的得意之作，在当时叫“行卷”。这样的弊端显而易见：科举很容易被豪门士族把控，事实上，唐代的进士70%以上都是来自豪族。宋代实行糊名法，甚至还专门请人将试卷重新誊抄，避免考官认出笔迹而徇私，在很大程度上避免了士族把持科举的可能。这也使宋代录取的进士很多是寒门出身。可以设想，如果宋代科举还跟唐代科举一样，像范仲淹、欧阳修甚至苏轼这样出身寒门的士子很可能一生都与进士无缘。而受惠于糊名法的范仲淹却力主废除糊名法，美其名曰要综合参考士子的品德操行来决定录取结果，从好了说是考核士子的综合素质，从坏了说这体现出范仲淹和革新党人对自己道德品质的迷之自信。

范仲淹的改革表面上看是从制度层面进行革新，实质上是想从整顿人才入手，提高官僚整体的道德水准。这些儒生们相信，国家的治理维

① 《宋史 · 范仲淹传 · 卷三百一十四》。

系于执政者的品质，如果提高这品质，国家自然会繁荣昌盛。因此不管是严格选官制度还是净化科举制度，目的都是甄选出道德更高尚、品质更纯净的人才进入官僚体系。同时，改革者们对自己的品德有着充分的自信，他们甚至相信即使把科举倒退到唐代的水平，凭借自己的品德也可以完美无缺地秉公而行，绝不会出现中唐之后科举为士族把持的局面，造成上品无寒门，下品无士族的后果。

更重要的是，由于这种对自身道德的绝对自信，很容易让改革者们将自己置于道德高地，对所有的反对者进行道德审判和谴责，即坚持认为自己是君子，而反对者当然是小人。根本不想与对方进行事实与逻辑的辩论，这实际上是一种披着崇高外衣的蛮不讲理。

一次仁宗跟范仲淹谈起朋党的事情，范仲淹的回答简单粗暴：

> 方以类聚，物以群分。自古以来，邪正在朝，各为一党，在主上鉴辨之耳。诚使君子相朋为善，其于国家何害？不可禁也。[①]

这等于清楚明白地告诉皇帝：我们就是朋党，但是我们是君子，陛下您看着办吧！在范仲淹等儒生看来，自己是君子就具有了先天的合法性和正义地位，与我为敌的当然都是小人，我不必与他们争辩，也不屑于与他们争辩。但是他们可能不明白，矛盾的产生大多不是由于品德的区别，而是由于立场角度的不同，观点的不同。这些不能全部上升到道德的层面。把自己归入君子而把对立面简单划为小人的做法，等于从一开始就没打算讲理，而是相信自己永远正确。这是儒生的通病，也是庆历新政失败的重要原因。

范仲淹的奏章递上去之后，皇帝一一照准，并且颁发诏书，通令全国。后来除恢复唐朝府兵制一项被大臣们认为不现实，暂时被搁置之外，其他的都遵照执行，庆历新政就这样如火如荼地开始了。

---

① 《宋史纪事本末·卷二十九》。

为了整顿吏治，范仲淹上表朝廷，派出得力官员作为按察使，到各地审核地方官员。范仲淹根据调查结果，只要看到不合格的就一笔划去。富弼说：“一笔钩去固然容易，但是这样他一家就要大哭了。”

范仲淹说：“一家哭总好过一路（路是宋代行政单位）哭。”

于是将那些官员全部免职。

范仲淹的举措很显然动了一些大臣的奶酪，对此他们是十分不满的。但是庆历新政的后台是当今皇帝，他们当然不敢明着说什么，只能从另一个角度对革新派进行攻击，这就是指责革新派为朋党。

在中国古代语境当中，“朋党”往往意味着结党营私和拉帮结派，是古代政治中十分忌讳的做法，甚至被认为是王朝灭亡的原因之一，比如唐代的牛李党争；所以朋党也经常被作为攻击政敌的工具，比如东汉时期的党锢之祸。庆历新政中范仲淹、欧阳修、韩琦等人同声相应，同气相求，很容易被认为是“朋党”，而皇帝对此也是心怀忌讳的，一时间朋党之说弥漫朝廷。面对气势汹汹的指责，欧阳修写了一篇著名的《朋党论》，这篇文章后来收入了《古文观止》，文首部分的大意是：

臣听说关于朋党的言论，是自古就有的，只是希望君主能分清他们是君子还是小人就好了。大多君子与君子是因志趣一致而结为朋党的，而小人与小人则是因利益相同而结为朋党的，这是很自然的规律。

但是臣以为：小人并无朋党，只有君子才有。这是什么原因呢？小人所爱所贪的是薪俸钱财。当他们利益相同的时候，就会暂时地互相勾结成为朋党，那是虚假的；等到他们见到利益而争先恐后地去追逐，或者利益已尽而交情淡漠之时，就会反过来互相残害，即使是兄弟亲戚，也不会互相保护。所以说小人并无朋党，他们暂时结为朋党，也是虚假的。君子就不是这样：他们坚持的是道义，履行的是忠信，珍惜的是名节。用这些来提高自身修养，那么志趣一致就能相互补益。用这些来为国家做事，那么观点相同就能共同前进。始终如一，这就是君子的

欧阳修像

朋党啊。所以做君主的，只要能斥退小人的假朋党，进用君子的真朋党，那么天下就可以安定了。

欧阳修的文章当然是写得非常好的，但是这种对概念重新定义、以攻为守的辩解方法是否有用就另当别论了。“文学上的好文章在政治斗争中有时会是一着坏棋。这篇《朋党论》一是触犯了人主的忌讳，任何皇帝都不会鼓励臣下公开结党威胁皇权；二是触犯了被划在范仲淹为代表的改革派以外的那些官员……这样，改革派就在无意之中为自己树立了一个庞大的反对派。”（崔旭《范仲淹传》）而从仁宗后来对改革派的态度看，欧阳修这篇文章起到的作用很可能不是雪中送炭，而是火上浇油。

而更让改革派尴尬的是国子监直讲石介的大作。

前面讲过，范仲淹在应天府学任教的时候，曾经资助过一个叫孙复的书生，后来孙复成为名动远近的大儒，当时在徂徕讲学的石介听说孙复大名，率领门人投到孙复名下，后来石介也入朝为国子监直讲。用现在的眼光来看，石介应该是那种迂腐得有些认死理的人，这种人单纯、忠诚而执着，嫉恶如仇，愿意为心中的理想而付出一切，但是由于脑子缺根筋，有时候就会成为猪队友。

范仲淹对石介这个人是十分了解的。当时他担任参知政事，余靖、欧阳修、蔡襄、王素为谏官，四个人都很欣赏石介，一致推荐他也任谏官，执政大臣对此也支持，只有范仲淹说：“石介这个人刚正不阿，天下闻名，但是这个人喜欢稀奇古怪的东西，若让他当谏官，一定会要求皇帝做一些根本做不到的艰难之事。你要是稍微不合他的意思，他一定会扯着你衣服，像汉代朱云一样抓着栏杆，叩头流血死谏，什么事情他都做得出来。主上虽然年轻，但是没有失德之处，朝廷政事也是稳定有序，怎么用得上这样的谏官。”[①]

不得不说范仲淹对石介的评价是十分精准的。石介钻牛角尖的思维模式使他成为那种儒家原教旨主义的人，这样的人如果在朝政败坏的时候以死强谏可以警醒人心，但是在安定和平时期则只可能坏事。而石介

---

① 《东轩笔录》。

果然还是坏事了。

石介在范仲淹拜相，欧阳修等人任谏官的消息传出之后欢欣鼓舞，于是写了一首很长的四言古诗《庆历盛德诗》，在诗中，他借仁宗皇帝之口盛赞范仲淹、富弼等人：

> 惟汝仲淹，汝诚予察，太后乘势，汤沸火热，汝时小臣，危言業業；为予司谏，正予门闑。……予晚得弼（富弼），予心弼悦。弼每见予，无有私谒，以道辅予，弼言深切。

在诗中，石介还把反对新政的夏竦指为“大奸”，这无疑让夏竦对他切齿痛恨。这首诗传出来之后，石介的师傅孙复长叹说：“石介的祸患从此开始了。”这首诗也让范仲淹感到十分尴尬，他对韩琦说：“我们就要被这鬼怪辈坏事了。”

被石介骂做“大奸”的夏竦，在真宗时期因为支持天书封禅，被指为“五鬼”之一，后来任陕西四路经略安抚招讨使，在与西夏作战期间连接大败被指为尸位素餐。后来仁宗想任命他为枢密使，遭到王拱辰和欧阳修等人的坚决反对，仁宗被迫收回成命，改任他为亳州通判，这对夏竦来说简直是奇耻大辱，加上石介又讽刺他是大奸，夏竦决定反击，而反击的突破口就是改革派的猪队友石介。

石介曾经给富弼写信，希望他行伊、周之事。伊指的是商汤的大臣伊尹，周指的是辅佐周成王的周公，两个都是朝廷的忠臣，这也是古代鼓励重臣的套话。而夏竦知道后，偷偷让女奴模仿石介的笔迹，学成后将伊、周改为伊、霍。霍指的曾经废掉昌邑王刘贺迎立汉宣帝的霍光，是著名的权臣。一字之差，意思完全大变，甚至有谋反的意味了。夏竦立刻命人把篡改的书信上奏皇帝，仁宗虽然不信，但是也对范仲淹和富弼产生了怀疑。两人知道之后都心生恐惧，上书请求离开朝廷，到西北巡视边防，皇帝开始不允许，后来降旨同意范仲淹离京巡视边防。

范仲淹去陕西途中，特地去拜访了卸任宰相吕夷简，吕夷简此时已经年老，见范仲淹来访便询问原因，范仲淹回答：“奉旨巡边，事毕即还朝。”官场老油子吕夷简意味深长地说：“你此行正是自蹈危机，你真的以为你还能回去吗？如果朝廷果真要你负责西边边防，其实留在朝廷是最妥当的。”

范仲淹听后愕然，不祥的预感涌上心头。

果然，范仲淹离开朝廷后不久就出事了，这次事情出在同是改革派的宰相杜衍身上，确切地说是出在杜衍的女婿苏舜钦身上。

苏舜钦可算是个名人，他为人豪放，不拘小节。当年住在杜衍家里，每天都要一斗酒喝。岳父觉得奇怪，派人偷偷窥探，只见他正在读《汉书·张良传》，当读到张良雇佣刺客刺杀秦始皇，却误中副车时，苏舜钦长叹一声：“惜乎不中！”便满饮一大杯；读到张良与高祖在陈留相遇时，又长叹说：“君臣相遇，如此艰难！”再满饮一大杯。杜衍听说后笑道：“有这样的下酒物，一斗酒不算多啊！”这就是“汉书下酒”的典故。

苏舜钦当时在进奏院为官，进奏院每年春秋都要举行赛神会，同时置办酒宴。这一年也是如此，苏舜钦让人把废旧的包奏章用的纸卖掉，自己和同事每人再凑了点钱，又请了几个歌伎，大家一起欢饮。当时太子舍人李定也想参加聚会，但是不知道什么原因被苏舜钦拒绝了。李定很不高兴，便向官府告发苏舜钦，一时间事情被闹得很大。御史中丞王拱辰看到机会来了，便让人追查此事。调查结果说席上集贤校理王益柔醉酒作了一首《傲歌》，里面有“醉卧北极遣帝扶，周公孔子驱为奴”的话，居然要皇帝扶自己，还要让圣人周公和孔子为奴，简直大逆不道，于是给苏舜钦安了个可怕的罪名：监守自盗，就地免官，永不录用。其他的人也受到降官处分。这些人都是当时的知名人士，王拱辰喜滋滋地说：“吾一网打尽矣！”“一网打尽”这个成语也就由此而来。此事发端于心胸狭隘的李定，梅尧臣后来写了一首《客至》诗：客有十人至，共食一鼎珍。一客不得食，覆鼎伤众宾。讲的就是李定告发苏舜钦的事情。

当然王拱辰的目标并不是苏舜钦，而是他的老丈人、宰相杜衍以及范仲淹。庆历五年，刚当了一百天宰相的杜衍被罢免，同时被免职的还有范仲淹和富弼，这其实也意味着庆历新政彻底失败，历时仅一年有余。

先忧后乐

苏舜钦被免官后回乡，从此与高僧隐士游山玩水，不问世事；写《庆历盛德诗》的石介也在这一年六月去世。而夏竦对石介恨入骨髓，即便听说他死了都不罢休，甚至坚称石介是诈死，他其实是借此逃往契丹了，要求开棺验尸，后来遭到一些官员反对，此事才作罢。

苏舜钦事件发生后，杜衍就多次请求罢职，范仲淹也请求辞去参知政事之职，仁宗想答应他的请求，可章得象却说："范仲淹素有虚名，现在他一请求陛下就允准，天下会认为陛下罢黜贤臣，不如先不允许，如果他马上上表谢恩，说明是以免职为条件要挟皇帝，这样罢黜他才合情合理。"

仁宗听从了章得象的要求，没有允许范仲淹的请求，范仲淹果然上表谢恩，于是反对革新的大臣趁机说范仲淹、富弼等扰乱国体，多为朋党。因此在庆历五年（1045 年）春，杜衍、范仲淹、富弼均被免职，三月，韩琦也被免职，之后欧阳修、余靖、尹洙等革新派也纷纷被贬，对庆历新政的清算没有放过任何一个人。

十一月，范仲淹以肺病为由上表请求担任陕西四路沿边安抚使的职务，仁宗准奏，下诏让他知邓州（今河南南阳）。

邓州是宋代官员养老的地方，赵普、寇准都曾闲居此处。范仲淹也将此地作为自己颐养天年之所了。就在他闲居邓州一年前，庆历四年（1044 年）春天，他的朋友滕宗谅被贬到了岳州。对于中国人来说，滕宗谅的字大家更为熟悉，子京。

滕子京是范仲淹同年进士，也是他多年的好友。宋朝与西夏作战时，滕宗谅任泾州知州。葛怀敏在定川寨大败，西夏军大举入侵，滕子京知道泾州兵力薄弱，便召集数千农民穿上铠甲上城守卫，又招募勇士做间谍，刺探敌军动向，并移书附近郡县，提醒他们加强戒备。

当时宋军刚刚惨败，士气低落，滕子京便用公款设牛酒犒劳士卒。此前好水川惨败之后，滕子京也曾在佛寺为战死者做法事，以安抚众心。

范仲淹免去天章阁待制之职后，曾推荐滕子京接替自己，没想到这却给滕子京招来了麻烦：很多人正在拼尽全力排挤范仲淹，怎么能让他举荐的人再进入朝廷？御史对滕子京进行了挖坟式调查，弹劾他在泾州知州任上耗费公款十六万贯。事实上除前面说的安抚士兵之外，这些公款有些还花在按照惯例犒劳属地少数民族部落和馈赠士人上面。滕子京很仗义，为了不牵连其他人，他竟然一把火把账本全部烧了！这下“贪污”之罪坐实，虽然经范仲淹极力营救，仍然被降官，任虢州知州。王拱辰很不满意，接连上书要求严惩，于是又把滕子京贬到岳州。据《宋史·滕宗谅传》记载：滕子京去世的时候，“无余财”，这似乎也间接反驳了那些关于他贪污的指控。

滕子京到岳州之后，励精图治，一年时间就把岳阳治理得井井有条，百废俱兴。岳阳洞庭湖边有座著名的岳阳楼，此时已年久失修，滕子京便找来欠官府钱的人，动员他们还钱，以此取得资金，重修了岳阳楼。为了纪念这一盛事，他请人画了一幅《洞庭晚秋图》寄给好友范仲淹，并写信说：

山水非有楼观登览者不为显，楼观非有文字称记者不为久，文字非出于雄才巨卿者不为著。

以此请求范仲淹为此事写一篇文章。此时闲居邓州的范仲淹一定想起了大半生官场的沉浮波折，想起了自己从小苦读，立志报国的初心，也想起了庆历新政轰轰烈烈开始，却惨惨淡淡结束的命运。接到友人的邀请后，他的脑海里不但浮现出小时候见过的洞庭美景，更浮现出了人生的沉浮与坚持。范仲淹明白，真正的男人，应该“不以物喜，不以己悲”，而面对朝廷的纷争与人世的沉浮，真正的士人无论何时都不能忘记身上的使命感，如孔子所说：士不可不弘毅，仁以为己任，任重而道远。

于是，范仲淹的《岳阳楼记》不仅成为他自己信念与理想的宣言，更成为从那以后中国无数读书人铭刻于心的座右铭。

居庙堂之高则忧其民，处江湖之远则忧其君。是进亦忧，退亦忧，然则何时而乐耶？其必曰：先天下之忧而忧，后天下之乐而乐也。

767年，诗圣杜甫来到岳阳楼，写下了千古名篇《登岳阳楼》，两百多年后，范仲淹又写下《岳阳楼记》，从此，一诗一文，成为岳阳楼最独有的文化名片，也使岳阳楼成为中国最著名的文化地标之一。而范仲淹的《岳阳楼记》因其完美反映了士大夫崇高的使命情怀和忧国热忱尤其受人推崇。直到今天，岳阳楼正厅的对联还表达了对范仲淹的赞美与景仰：

四面湖山归眼底，万家忧乐到心头。

庆历新政虽然失败了，但这并不影响后人对范仲淹的高度评价，宋代学者吕中说：“先儒论宋朝人物，以范仲淹为第一。”

金朝元好问也说：“文正范公，在布衣为名士，在州县为能吏，在边境为名将，其才其量其忠，一身而备数器。在朝廷，则孔子所谓大臣者，求之千百年间，概不一二见，非但为一代宗臣而已。”

毛泽东也评价说：“中国历史上有些知识分子是文武双全的，不但能下笔千言，而且知兵善战。范仲淹就是这样的一个典型。”

范仲淹在祭拜东汉著名隐士严光时，曾写过一篇《严先生祠堂记》，这篇文章的结句，也许正好为范仲淹自己做了一个精彩的注脚：

云山苍苍，江水泱泱。先生之风，山高水长。

濮议：爸爸在哪里

宋真宗、仁宗两朝，宗室大臣赵允让的王府可以说就是预备役皇帝的养成营。

儿子在哪里

赵允让是宋太宗的孙子，商王赵元份的儿子。史书记载他“天资浑厚，外庄内宽，喜愠不见于色”，在北宋宗室中很有名望。宋真宗一共有六个儿子，但是绝大多数夭折了，其中第二子赵祐都长到9岁了，结果也夭折。赵祐的死对真宗打击很大，很可能他对再有继嗣都失去了信心，因此就让人拿着皇帝节信将赵允让接进宫养育，意思是如果以后再没有皇子，就把这个侄儿养为己子，等自己百年之后继位。

但是峰回路转，真宗后来又有了一个儿子，赵允让显然失去了利用价值，于是真宗让人吹吹打打又把他送回王府。真宗的这个儿子后来长大继位，就是仁宗。

仁宗先前有过一个儿子，可是夭折了。为了以防万一，仁宗也效法先皇，收养一个宗室的子弟作为己子。这次当然不是收养赵允让了，而是将赵允让4岁的儿子收入宫中养育，给他起名叫赵宗实。几年后，仁宗第二个儿子出生，赵宗实便和父亲一样也被送回了家。然而，没多久，第二个皇子也夭折了。之后，仁宗又有了一个儿子，但是最终还是没有逃过夭折的厄运。

嘉祐元年（1056年），47岁的宋仁宗得了一场大病，知谏院范镇担心皇帝撒手而去，力请设立储君。仁宗当时答应了，但是不久病愈后仁宗又不情愿了。范镇却不依不饶，再次上书请求立储君，宋仁宗显然认为 47 岁的自己在传宗接代上还大有可为，对范镇好言相劝：“朕知道卿忠心，卿说得很对，但是希望再等两三年。”可是范镇对皇帝绝后似乎很有把握，接连上书十九次，仁宗对范镇的执拗颇为恼怒，一气之下将他罢了官。

当时任并州通判的司马光也上书劝仁宗立嗣，翰林学士欧阳修，宰相文彦博、富弼、王尧臣等也纷纷上书，仁宗始终认为后宫众多妃嫔不会辜负他，一直没有同意。后来韩琦任宰相，再次跟仁宗提及此事，仁宗说：“后宫马上有人要生产了，稍微等待一下。”不久后宫果然有嫔妃生子，然而生下的是女孩，仁宗的希望又一次破灭了。

此时著名的青天包拯担任御史中丞，也对仁宗进言：“太子者，天下之根本也，根本不立，祸孰大焉！”

仁宗反问：“你觉得立谁合适？”

包拯被吓出一身冷汗：“臣无才，备位大臣，请求立储君是为宗庙万世考虑。陛下问臣想立谁，这是在怀疑臣了。臣年已七十，又没有儿子，不是想借此为后代牟利的人。”

仁宗仍然没有放弃希望：“慢慢再议吧！”

嘉祐四年（1059 年），赵允让去世了，朝廷追封他为濮王，谥号安懿，主要原因是他的儿子赵宗实曾经被收养入宫，所以对赵允让待遇从优。

第二年，仁宗已经 51 岁了，司马光知谏院，一见到皇帝他就又谈起立嗣的事情，这次仁宗情绪缓和了许多：“你是不是想谈选择宗室子弟为继嗣的事情？这是忠臣之言，其他人不敢说起这事。”

“臣说这事，自知必死，没想到陛下宽厚采纳。”

“这有什么？自古就有这种情况。”

这一年十月，赵宗实还在为父亲服丧，皇帝下诏，命赵宗实起复，接替他父亲的职位，知宗正寺。明眼人一看便知，仁宗已经有意立赵宗实为皇子，这是与司马光、欧阳修、韩琦等大臣多年的坚持力争分不开的。

司马光在跟皇帝谈了立嗣的事情后，仁宗一直没有动作。司马光着急了，再次上书："此前臣提到立储之事，以为陛下马上就要执行，现在却没有任何动静。肯定有小人在陛下前进言：'陛下还年轻，为什么着急做这样不祥的事情！'小人没有远虑，只想着到仓促的时候援立自己交好的人。'定策国老''门生天子'一类的祸患难道可以历数吗？"

仁宗看到奏章之后大为触动，下诏中书省商议。司马光对韩琦等人说："诸公现在如果不马上定夺，到哪天宫里递出一张小纸条，说要某人即位，那时候天下可没人敢违抗！"

韩琦等急忙答应："不敢不尽力！"

韩琦等宰相进宫面见皇帝，仁宗说："朕有这个意思已经很久了，你们看谁合适？"

韩琦等人惶恐回答："这不是我们臣子敢说的，只能出自圣裁。"

"宫中曾经收养过两个宗室子弟，小的那个很纯良，但是现在好像不令人满意了，大的那个还可以。"

"敢问姓名？"

"濮王之子，赵宗实。"

嘉祐七年八月，朝廷下诏，立赵宗实为皇子，改名赵曙。

赵曙接到诏书后，接连推辞，大臣们一再劝说，他才接受诏命，准备离开王府进宫，走之前他对留守的手下说："好好看管我的房舍，一旦皇帝有子嗣，我马上还要回来。"

赵曙像

赵曙后来再也没能回来。第二年，仁宗病重，三月去世，赵曙即位，是为宋英宗。

当赵曙知道这消息的时候大惊，连连说："曙不敢为！曙不敢为！"说着转身就要走，韩琦等大臣上前把他挟持住，七手八脚给他换上衣服，准备登基。赵曙即位后，又想为仁宗皇帝服丧三年，让韩琦摄政，大臣们都反对，这事只好作罢。

爸爸在哪里

英宗刚刚即位没几天，司马光就上了一道奏章："汉宣帝继承汉昭帝的皇位，最终也没有追封卫太子、史皇孙。汉光武帝刘秀继承汉元帝的皇位，也没有追尊巨鹿南顿君，这是万世不变的法则。"

卫太子是汉武帝的太子，因为在巫蛊之祸中遭人陷害被迫起兵，后来兵败自杀。他的儿子就是史皇孙，也在兵变中死去，卫太子的孙子刘病已被大臣丙吉收养。汉武帝去世后，其少子即位，是为汉昭帝，昭帝无子，大臣等迎立昌邑王刘贺。刘贺无道，在位仅27天就被废，因此刘贺也不被朝廷正式承认。霍光又迎立刘病已，作为昭帝皇位的继承人，改名刘洵，是为汉宣帝。

汉宣帝虽然是卫太子的孙子，但是太子起兵对抗父皇，最后兵败身死，谥号为"戾太子"，某种程度上与反贼无异，刘洵即位之后当然不好大肆尊崇；巨鹿南顿君是刘秀的父亲，虽然说也算西汉宗室，但是地位跟皇室早就渐行渐远，刘秀号称继承汉元帝的皇位，当然也不会大肆尊崇自己的生父。

但是司马光这时候拿这两个人说事是什么意思呢？

原来，老谋深算的司马光早就料到，英宗即位之后遇到的第一个大难题，就是如何摆正生父濮王赵允让与养父仁宗之间的地位关系。一个是生父王爷，一个是养父皇帝，孰轻孰重是个大问题。在司马光看来，国家秩序大于个人亲情，既然你已经被皇帝收为养子并最后继承了皇位，那么皇帝就是你的亲爹，而你生物学上的爹则不应该有任何超乎寻常的地位，否则就是对皇权的蔑视，对先皇的背叛。

然而有的大臣却不这么看。韩琦就上书说："礼不能忘本，濮王和他的三个夫人（其中一位是英宗的生母）应该享有额外的尊崇，这样才符合人情。"

刚刚即位的英宗板凳还没坐热就遇上了这么一个大难题，一时间他也拿不定主意，只好说："现在还在为先皇服丧，等服丧期结束再说吧。"

治平二年（1065 年）四月，英宗下诏让朝臣商讨濮王应享有何种礼仪，本质上就是探讨英宗有没有资格管自己的亲爹叫爹，这就是历史上著名的“濮议”。

在今天的我们看来，这个讨论似乎是极其无聊的，但是在当时的人看来却非同小可，因为它不仅牵涉到古人很重视的礼仪问题，更牵涉到国家赖以生存的尊卑秩序问题，事关重大。因此讨论刚刚开始的时候，没人敢先发表意见，还是大儒司马光一马当先：“作为别人的继承人就相当于别人的亲儿子，不能够顾及私情……陛下已经成为先帝的儿子，并继承了天下，濮安懿王虽然是陛下的亲生父亲，但是也不能凌驾于朝廷之上。”

司马光建议给濮王加封爵位，他的三位夫人都封太夫人就足够了。

中书省上奏说，濮王是仁宗的堂兄，所以英宗应该称他为皇伯，这等于否决了英宗称自己亲爹为爹的权利。对此欧阳修坚决反对，他引经据典，认为称皇伯完全是没有任何根据的。一时间朝堂上争论不休，大臣们分成了两派，一派是以欧阳修、韩琦为首的宰相集团，认为皇帝应该对生父有更大的尊崇；一派是以司马光、范仲淹的儿子范纯仁、王珪、吕大防、范镇等为首的谏官和翰林学士集团，认为礼仪上的父亲在身份上应该重于生物学上的父亲。这场争论从治平二年持续到治平三年，大臣们也没吵出个结果，而且争吵的火药味越来越浓。

治平三年（1066 年）春，侍御史吕诲、范纯仁、吕大防上了一道杀气腾腾的奏章，弹劾韩琦专权导谀，还指责欧阳修以异端邪说迷惑皇帝，辜负先帝，陷皇帝于不义，要求将韩琦、欧阳修等人罢黜。一个关于礼仪的争论几乎演变成朝臣的生死之争。而皇帝显然更支持以韩琦、欧阳修为首的宰相集团，但他也不能忽视谏官学士们的坚执。而且宋朝的传统是皇帝与士大夫共同执政，刚刚即位的宋英宗从性格上来说还是不够独断专行，他无法抓住时机调节矛盾，一时间讨论又陷入僵局。

这时候，宰相集团想到了一个绝佳的盟友，就是仁宗的遗孀曹太后。

曹太后是人将曹彬的孙女，也是仁宗废郭皇后之后立的第二任皇后。曹皇后为人勤俭，擅长书法，处变不惊，颇有决断。

庆历八年（1048 年）正月，皇宫里发生了卫士兵变，叛兵夜里爬过房顶叩响皇帝的寝殿大门。当时曹皇后正跟仁宗一起休息，听到变乱急忙起来，仁宗想出去看看情况，曹皇后把他紧紧抱住不让出去，并急忙传呼都知王守忠，让他带兵入宫平叛。叛军杀伤了几个嫔妃，惨叫声传入宫殿，宦官假称是乳母在责罚小丫鬟，曹后怒斥："这分明是贼人在杀人，你敢胡说？"曹后估计贼人一定会纵火，暗暗派人提着水桶尾随贼人，贼人果然纵火焚烧帘子，宫人随即用水把火浇灭。当晚曹后派出的人她都亲自为他们剪掉一点头发："明天凭借剪发标记行赏。"因此人人拼死护卫。兵变很快被扑灭。后来在调查的时候，发现宫内一个妃嫔与乱兵勾结，应该处死。那个嫔妃向皇帝宠幸的妃子求情，妃子对皇帝说了，仁宗赦免了这个妃嫔。曹后知道之后，穿上朝服见皇帝，要求按律处死那个妃嫔，说："不如此，不能肃清皇宫。"仁宗让皇后坐，曹后坚持站在原地请求，直到皇帝同意处死那人。

仁宗后来宠幸妃子张氏，张氏仗着皇帝的恩宠经常对曹后不敬，曹后也不加理会。有一次张妃出游，想借皇后的伞盖，这在古代属于僭越之罪，然而皇后想都没想就给她了，一点没有不高兴的神色。倒是仁宗知道后对张妃说："国家有典章制度，上下应尊卑有序，你这样打着皇后的伞盖出去，外面的官员不会饶你。"张妃听后很不高兴，但是也只有作罢。张妃去世后，皇帝追立她为温成皇后，对此曹后心中当然不满，但是也没说什么。

仁宗去世后，曹皇后成了太后。而英宗刚刚即位四天就患病了。有学者认为，赵氏皇族很可能有精神方面的遗传疾病，楚王赵元佐、宋真宗、仁宗都曾莫名其妙地疯癫。此时英宗也突然癫狂，言语失序。于是群臣请求曹太后垂帘听政。曹太后的能力并不亚于章献刘太后，但她没有章献刘太后对权力那种的渴望，第二年英宗病势有所缓和，在大臣的建议下，曹太后马上撤帘，停止听政。

然而，曹太后与英宗却矛盾不断。

英宗发病的时候，性情大变，不仅对左右十分粗暴，对皇太后也经常出言不逊。一天，韩琦和欧阳修在帘前向太后奏事，太后说起皇帝对待自己的行为，越说越难过，竟然呜咽哭泣起来，韩琦劝解说："陛下这是生病使然，病好了绝对不会这样。况且，儿子生病，母亲难道不能容忍吗？"

太后还是怨气不解，欧阳修进言道："太后侍奉先帝数十年，仁德天下皆知。当年温成皇后受到先帝的过分宠爱，太后处理此事游刃有余，现在母子之间的小问题反倒不能处理了吗？"

听到欧阳修提起自己得意的旧事，太后情绪稍微缓和了一些。欧阳修又继续说："先帝在位久，恩德遍布四海，所以先帝驾崩，天下拥戴新主，没有敢有异议的。现在太后是一个妇人，臣等只是五六个书生，如果不是尊奉先帝遗旨，天下谁会听从？"

韩琦也说："臣等在外廷，陛下身体如果有个差错，太后也脱不了责任。"

太后大惊："这是什么话！我希望皇帝健康的心更切！"

当时在旁听到这番对话的官员无不心惊肉跳，紧张得汗流浃背，但是韩琦和欧阳修也就这样化解了太后的心病。

之后韩琦又去见英宗，英宗一见到韩琦就抱怨："太后待我不好！"

韩琦好言劝解："自古圣明帝王也算不少了，只有舜帝被称为大孝，这是为什么？父母慈爱子女孝顺，这其实不算什么。只有父母不慈爱而子女照样孝顺，这才是大孝啊！因此舜帝被后代称为大孝。何况太后不见得对陛下不好，只是陛下侍奉太后还不够周到罢了，父母对子女哪里有不慈爱的呢？"

就这样，韩琦和欧阳修两边奔走，弥合了太后与皇帝之间的裂痕，帮助母子两人渡过了危机。太后对宰相集团应该是心存感激的，而且英宗皇帝显然也很支持宰相集团，希望能给生父争取到更尊崇一点的地位。因此，濮议的天平慢慢向韩琦和欧阳修这边倾斜。

濮议最后的一锤定音正是因为曹太后的一纸手诏：从今以后，濮王称"皇"，濮王的三位夫人称"后"，仁宗称"亲"。英宗最后终于达到了称自己亲爹为爹的目的。历时 18 个月的濮议以皇帝和宰相集团的胜利而告终。

尘埃渐落，但是尾声并没有马上消失。曾经上书弹劾韩琦和欧阳修的吕诲等人闻讯后马上上交敕诰，辞职居家待罪。英宗派人把敕诰还给他们让其复职，但是他们说与辅臣“势难两立”，坚决请辞。英宗很为难，询问韩琦和欧阳修，二人说：“御史认为与我们势难两立，如果我们有罪，就应该留下他们。”这无疑是反将了皇帝一军。英宗无奈，只好将吕诲贬为蕲州知州，范纯仁贬为安州通判，吕大防贬为休宁知县。

宋英宗于治平四年（1067 年）去世，当皇帝不到四年，其中一年半的时间耗费在了濮议上面。最后的结果是他终于为自己的生父争取到了一个满意的待遇，然而还没来得及给父母上谥号自己就驾崩了，所以赵允让的谥号一直都是濮安懿王，而不是皇。濮议的结果造成了宰相集团与谏官集团的巨大撕裂，导致谏官集体被贬，也成为北宋党争的一个重要事件。

四百五十多年后，明朝宫廷也发生了与濮议非常相似的事情。

明武宗暴亡之后，内阁首辅杨廷和策划，让武宗的堂弟朱厚熜即位，是为明世宗。明世宗即位后，杨廷和认为按照礼法，小宗入继大宗，就应该尊奉正统，他援引的例子就包括宋英宗时期的濮议，认为明世宗应该以明孝宗为皇考，自己的亲爹兴献王应改称“皇叔”，祭祀时对自己父母应该自称“侄皇帝”。这让 15 岁的明世宗很不满意，君臣发生严重分歧。这就是明代有名的“大礼议”。

大礼议闹了几年，直到嘉靖三年（1524 年）的左顺门案，皇帝和大臣间的矛盾才达到了顶峰。当时为了反对世宗为父母上册文，祭告天地、宗庙、社稷，大臣们决定强谏，两百多位大臣在左顺门跪请明世宗收回成命，哭声震天。明世宗知道后命人劝解，大臣们坚持不去。皇帝大怒，命锦衣卫逮捕为首者 8 人，下诏狱，又将其他官员或下狱，或停职。最后下令将五品以下官员当廷杖责，被打死的官员共 16 人。最后大礼议以明世宗大获全胜而告终。

不难看出，几乎相同的一件事，两位皇帝的处理目的、处理方法和结果是完全不同的。宋英宗只是想给生父一个相当于皇帝的名分，“至于立庙京师，干纪乱统之事，皆非朝廷本意”[1]，但是仍要君臣反复辩难，最后在宰相和太后的支持下才能勉强合意；而明世宗则是直接让亲生父母以皇帝皇后的身份进入宗庙接受祭祀，对待反对的大臣，明朝皇帝的方法更是简单粗暴：打板子，贬官。由此可见，到明朝时期，君臣对坐论道的传统已经荡然无存，专制集权却是到达了顶峰，明朝皇帝的独断蛮横恐怕是宋朝皇帝们无比羡慕的，而那些被脱了裤子打屁股，血肉横飞甚至一命呜呼的大臣，却是再也寻不回宋朝大臣的那种从容与高雅了。

朱厚熜坐像

① 《宋史纪事本末·卷三十六》。

千秋功罪

赵顼像

治平四年，即位才三年多的英宗驾崩，太子赵顼即位，是为神宗。

神宗即位的时候才 20 岁，有一天他对大臣滕元发说：“太宗皇帝在燕京城下大败，契丹人追击，太宗仅以身免。随军的服御、宝器、妃嫔等全部被敌人抢去。太宗腿上中两箭，每年箭伤都发作，太宗驾崩也是因为此。可见契丹与我们有不共戴天之仇，然而我们却要每年向他们供奉数十万财物，像侍奉叔父一样侍奉他们，为人子孙，怎么能如此！”说着说着，神宗泣下沾襟。

滕元发知道，年轻的皇帝心里涌动着一雪前耻、恢复故地的复仇欲望。之后，神宗向宰相富弼询问边关军情，富弼一下子明白了皇帝的想法，然而他不紧不慢地给皇帝泼了盆冷水：“陛下刚刚即位，应当布德修政，希望陛下二十年内不谈兵事。”

神宗听了之后一句话也说不出来，“默然久之”。

有一天，神宗穿着一身金甲兴冲冲地来到慈寿宫，问太皇太后：“娘娘看儿臣穿这金甲威武吗？”太皇太后笑着说：“你披甲的模样很是威武，然而，要是事情到了连皇帝也要披甲的地步，那国家已经到了什么地步了？”神宗听了后默然无语，回去把金甲脱了。

一个案件背后的玄机

登州有个女子叫阿云，母亲刚刚去世，叔叔就把她许配给了一个贫穷丑陋的单身汉韦阿大，只是还没过门。阿云对这门亲事很是愤恨，有一天趁韦阿大睡觉，怀揣着刀去杀他。阿云一介女流，显然杀人技术很不娴熟，心里又十分慌张，一顿乱砍之后，那男人受了十多处伤，而最重的一处只是断了一根指头。阿云砍了人之后仓皇逃走，韦阿大也不知道是谁干的。

案发之后，官吏搜捕凶手，到处都找不到，有人怀疑此案跟阿云有关，便把她捉拿到官府，刚说要动大刑逼供，阿云就承认了。按照当时的法律，女子谋杀亲夫属于十恶不赦的大罪，不管是否杀死，都应判死罪。但是当时的登州知州许遵却提出了不同意见。

他认为：阿云的母亲刚刚去世，服丧期还没满就被叔叔许嫁给别人，按照礼法，这样的婚姻是不被承认的。因此阿云跟被伤者就不是夫妻关系。如果不是夫妻关系，谋杀亲夫的罪名就不能成立，只能按照一般伤害罪论处，也就是说，阿云不应该被判死刑。

但是许遵的观点被很多人嗤之以鼻。在他们看来，不管阿云是不是服丧期未满，她叔叔已经将她许嫁给别人了，那么婚姻就已经存在了，而且对这门婚事不满是阿云行凶的原因，这从反面证明了他们事实婚姻的存在。许遵的观点在他们看来只是“立奇以自鬻”，意思是故意与众不同以显出自己的才华。于是许遵的观点立刻被驳回。

许遵没有放弃，他紧接着从另一个角度替阿云辩护：阿云主动承认了罪行，这应该算作自首，大理寺判处阿云绞刑是错误的。

许遵固执己见，刑部调查之后认为他一派胡言，将其驳回。但是皇帝下诏特许阿云交钱赎罪，这个可怜的女孩子终于免除一死。按理说，这件案子应该就画上了句号，谁知道，这只是刚刚开始。

不久，许遵被任命为大理寺卿，有人翻出阿云的案子，说他枉法。许遵不服：“刑部的判决是错误的，阿云应该免除死罪。有人却想违反皇帝诏令，只是引用以前判决的旧例，全部以死罪处理，这样就断绝了罪人自首之路，也不符合疑罪惟轻的立法初衷。”

这事闹得越来越大，皇帝下诏让翰林学士会商此案，于是王安石和司马光两个老对头就这样开始了第一次针锋相对的争斗。

对于这个案子，王安石是支持许遵的。史书对他详细的意见没有描述，但是从他以前对另一个案子的判决可以看出他对法律的观点。

王安石在负责京师刑狱时发生了一个案子。当时京师少年喜欢斗鹌鹑，有一个少年得到了一只很好的鹌鹑，视若珍宝。他一个朋友向他要，他不给，朋友仗着两人关系好，便强行把鹌鹑拿走了。少年知道后大怒，竟然追上去把这朋友杀了。开封府判决少年死罪，但是王安石却提出了不同看法：“按照律令规定，公然抢夺和偷偷抢夺都是盗。别人不给，自己却擅自拿走别人的财物，这也是盗。少年追上杀掉他，这是捕盗，虽然杀死了人，但是少年无罪。”

于是王安石弹劾开封府滥捕之罪。开封府无法判决此案，案子便交到了审刑院和大理寺，两府都认为开封府的判决是正确的，将王安石的意见驳回。皇帝下诏不追究王安石的罪责，但是要他到合门谢罪，王安石倔强地说：“我无罪。”坚决不谢罪。御史弹劾王安石，皇帝下令搁置此事，不再过问。

从这个案子可以看出，王安石对法律的认识是：法律必须考量当时的情况，不能只是照搬律令法条，否则就是枉法。而大多数人对他的看法是不以为然的，认为他不过是在标新立异，甚至是哗众取宠。因为放弃思考，墨守成规当然是最简单，也是最安全的。而王安石却喜欢去推究万事的究竟，并且提出与众不同的观点，这在因循为常的官场是绝对的异类。

阿云案中，司马光则反对许遵的意见，他说：“因为其他罪导致杀伤的，如果自首可以从宽处理，但谋杀罪怎么能因自首而从宽处理呢？”

按照现代法律，谋杀自首是可以被从宽处理的，但是按照宋代的法律，如果打斗和抢劫是杀人的原因，那么自首可以从宽；而谋杀与此不同，谋并不是杀的原因，而是杀的手段之一，因此即使自首也不在从宽之列。换而言之，宋代法律认为，斗杀和劫杀有点类似于现在的过失杀人或者国外法律界主张的激情杀人，在适当情况下是可以宽容的；而谋杀则是故意杀人，出发点就很邪恶，对此绝对不能宽容。

文彦博、富弼等大臣都支持司马光的意见，而吕公著、韩维、钱公辅等则支持王安石。双方争执不休，一直吵了一年多。最后是神宗皇帝下诏：支持王安石的意见，并且修改法律：从今以后，即便是谋杀伤人，如果能够按问自首的，都减罪二等。

然而北宋皇帝的地位并不像后人想象的那样至高无上，皇帝定调之后，侍御史刘述封还诏书，继续上奏。王安石汇报皇帝，让开封府推官王克臣弹劾刘述，而刘述根本不屈服，联合侍御史刘琦、钱颉一起上书指责王安石：

王安石执政以来，不过几个月，中外嚣然。……去年因为许遵妄议自首的法令，王安石以其偏见提出新观点，陛下没有仔细审察就听从了。这样损害了天下之大公义。先朝所立法度，应该谨守勿失，现在却事事进行改动，将先王之法废除不用。如此奸诈专权的人，怎么能在庙堂之上混乱国法！希望驱逐王安石以安天下！

这封奏疏将一个本来比较单纯的法律问题的辩论变成了朋党之间的互相攻讦，更将王安石一党与其反对者的矛盾公开化了。对此王安石进行了反击，上书神宗，将刘琦贬到处州去监酒务，钱颉贬到衢州去监盐税。殿中侍御史孙昌龄本来是王安石举荐的，但钱颉离开朝廷之前把孙昌龄臭骂了一顿，这让孙昌龄受了很大刺激，居然临阵反水，弹劾王克臣趋奉王安石，欺骗皇帝，于是孙昌龄也被贬为蕲州通判。王安石最初想将刘述逮捕入狱，可司马光和范纯仁拼死力争，后来把刘述贬为江州知州。其他一些官员，如刑部的丁讽、审刑院的王师元也因为违逆王安石意见而被贬。轰动一时的阿云案就这样落下了帷幕。

阿云案的直接结果是促成了宋代法令关于谋杀自首允许从宽处理的修改。对这个修改很多官员是不以为然的。苏辙就说王安石“本不晓法，而好议法”。他说这个法令颁布后，很多盗贼一被抓住就自首，以求免死。但是如果一次抓住几个盗贼，按照法律，只有最先招认的那个才算自首：如果两个人一起做盗贼被抓，先问左边的，则左边的可能因自首被宽恕；先问右边的，则右边的可能因自首被宽恕，于是两人的死生就掌握在询问的秩序上。更有甚者，有些官吏就是盗贼的邻里，于是利用这种办法使自己的熟人逃生。对这种情况，苏辙长叹说："最开始决定谋杀自首可得减罪的大臣没有想到会出现这样的弊病啊！"但是他又承认，这种方式让很多以前必死的囚犯得到了生存的可能。

后来苏辙被贬到筠州监酒税，筠州的知州叫许长卿，正是许遵的儿子。他说他家兄弟和子侄中，有十多个当官的，担任郎官、刺史高官的也有几个。按照古人的观点，这是前辈救活人命，上天给予的报答。苏辙长叹说："许遵的观点荒诞不经，但是他子孙当官的却这么多，能够救活人命，上天肯定是不会遗忘他的功德的！"①

对苏辙的观点，南宋的邵博不以为然，他说："如果枉法放过杀人者也算是阴功，那么被杀者的冤魂难道不会成为阴谴吗？"②

可见关于阿云案的争论一直纷扰不休。

阿云案是司马光和王安石的第一次对垒，从这个看似很小的案子中可以看出两人的立场观点绝对是泾渭分明的：在司马光心中，法令就是用来遵守的，即便要解释，也不能有太多的个人意见。作为大臣，首要职责就是谨守先王之法辅佐皇帝，化育天下，顺服万民。而儒家认为最伟大的先王并不是汉武帝、唐太宗，而是虚无缥缈的三皇五帝，这就是杜甫所说的"致君尧舜上，再使风俗淳"，辅佐皇帝成为尧舜那样的帝王才是臣子的最高目标。

王安石则与此不同，他认为，法令是人制订的，既然如此，任何法令都有不可避免的缺憾，需要在实际运作中加以修正；同时，古代的法令制度不一定适合当今的形势，必须进行修改。与司马光不同，法令在王安石眼里并不是高高在上、凛然不可侵犯的存在，而是可以被质疑、被

---

① 《龙川略志 · 龙川别志》。

② 《邵氏闻见后录 · 卷二十一》。

删改的条文。他认为：“法先王之政者，法其义而已。”[①]他甚至相信恶法非法，认为对国家和百姓有害的法令就已经失去了合法性。从他对开封少年鹌鹑杀人案的判决还可以看出，私有财产在王安石心里占据的地位是很重的，在一般人看来，不管你因为什么，杀人了那就得偿命，何况杀的是平时交好的朋友。而王安石则认为，为了保护自己的私有财产而杀人，本质上跟捕杀盗贼是没有区别的，不仅无罪，而且有功。这种观点在士大夫们眼里可以说是惊世骇俗的。

在王安石看来，那些因循守旧的官僚最大的问题就是不愿学习、不愿思考，抱着老祖宗留下的法令制度不放，倒是把自己的思考丢到了九霄云外。有一次王安石与大臣们争论新法，双方激辩不休，王安石大怒说：“你们这些人最大的毛病就是不读书！”

宰相赵抃反唇相讥：“大人此话差矣，皋陶、夔、稷、契那个年代又有什么书读呢？”[②]

皋陶和夔是传说中尧舜的臣子，稷是周朝始祖，契是商朝始祖。赵抃的回答其实就是“致君尧舜上”的另一个版本，儒生们认为大臣最高的使命是辅佐皇帝成为尧舜那样的明君。但是尧舜事迹基本是传说，根本无据可考，于是儒生们的政治理想往往是虚无缥缈的幻影，而他们从这幻影中获得了满满的崇高感和安全感，这便是最大的成就感。

这恰恰是王安石跟中国传统士大夫最本质的不同，也是他奠定了这场北宋最浩大的改革运动的思想基础。他深知：“人习于苟且非一日，士大夫多以不恤国事、同俗自媚为善。”[③]当他看到皇帝心里有变法的想法的时候，他决定冒风险、犯众怒，帮助皇帝进行改革。

而年轻的神宗，自即位起，就明显感到了朝中老臣们弥漫朝堂的沉沉暮气和因循度日的懒散。此时历任三朝宰相的韩琦已经60岁，富弼64岁，欧阳修61岁，在神宗看来，这帮老人已经日薄西山，往日的锐

---

① 《宋史纪事本末·卷三十七》。

② 同上。

③ 《答司马谏议书》。

气和进取早已消磨殆尽。年轻的皇帝心里涌动着迫切改变颓废现状的欲望，为此，他需要一个得力的助手辅助自己，完成一个古往今来帝王们都没有实现的目标：振兴宋朝，使之成为能与汉唐相媲美的伟大王朝。

熙宁二年（1069 年）的二月，宋神宗将目光聚焦到了当时 49 岁的王安石身上，下诏设立三司条例司，作为变法的主导机关，轰轰烈烈的王安石变法就这样拉开了帷幕。

祖宗不可法

北宋的危机，在宋仁宗时代其实已经开始激化了。

危机首先体现在军制上。

> 真宗时期，75% 的国家税赋收入被用于军费开支，而且每年开支的增长速度令人担忧。1020 年，据记载，军队总人数达到了 91.2 万。毫无疑问，军队的人数大幅增长，而这也导致了 1045 年的危机。仁宗在位时，军队人数已经达到 125.9 万。大约 40 年后，神宗在位末期，军费开支可能已占到国家预算的 80%。①

而耗费如此高代价维持的这支庞大军队，在对外战争中却屡战屡败，北方无法抗衡契丹，收复不了燕云十六州；西边无法对垒西夏，仁宗时代三川口、好水川、定川寨三战，一战比一战败得惨。究其原因，北宋军事力量孱弱的根源在于宋朝的重文抑武政策。

唐代前期实行的是府兵制，农民平时务农，闲时训练，战时为兵。这样供养一支军队，国家负担较轻，有点类似于现在的义务兵制；安史之乱后，均田制被破坏，府兵制也逐渐崩溃，各地节度使纷纷招募士兵，其中精锐部队被编为将领的亲兵，称为“牙兵”。这些士兵不再是府兵制

① 《哈佛中国史·儒家统治的时代：宋的转型》。

时期的“兼职”士兵，而成了职业军人，跟现代有些国家的职业兵制类似。而职业军制与义务兵制最大的不同之一就是前者需要的费用远高于后者，从理论上说，职业军人因其以军队为职业，长期从事训练，战斗力比义务兵也要高一些。

宋代是在五代的基础上建立的。五代时期军阀混战，各个军阀为了提高军队战斗力，实行的基本上是由牙兵制转变成的募兵制，也就是拿钱养职业军人。宋朝建立之后承袭了这一制度，实行的也是募兵制。但是问题就来了：按理说职业军人的战斗力应该更强，但为什么宋代军队却如此不堪一击？

这就是因为，宋代的军队主要由流寇、无赖等社会渣滓组成，毫无荣誉感，社会上下对士兵更是持鄙视态度，要让这样的军队保家卫国，的确也太勉为其难了。

宋代的军人地位之低，从《水浒传》的描述中我们可以窥知一二：里面不管是武松还是林冲，都是因为犯了罪而被刺配为兵的。在士兵脸上刺字是为了防止其逃跑，这种做法晚唐就有，而古代将在脸上刺字称为“黥”，是一种对罪犯的惩罚。也就是说，宋代的士兵在成为士兵的那一刻起，就是被当成犯人对待的。前面说过杨太妃的弟弟杨景宗就因为犯罪被刺配为士兵的，后来他与姐姐相认后地位提升，便用了很珍贵的药材把黥印洗掉。

由于士兵地位太低，宋朝就流行着“好铁不打钉，好男不当兵”的说法，将士兵贱称为“丘八”也是从那时候开始的。

宋朝不仅士兵地位低，即便是军官，甚至将军也经常被人轻贱。

欧阳修在《卖油翁》里提到的神箭手陈尧咨就是个例子。

陈尧咨曾考中状元，同时又擅长射箭，被当时人称为“小由基”。他做官后，有一次回家，母亲问他最近在忙什么，他说：“荆南地处要冲，我每次宴会的时候以射箭为乐，大家纷纷叹服。”谁知他母亲听了之后大怒：“你父亲要你忠孝报国，你现在却玩这些射箭的游戏，对得起你爹吗？”说完拿起棒子就把陈尧咨打了一顿，把他身上佩的金鱼符都打碎了。据说皇帝很欣赏陈尧咨的武艺，曾经建议他弃文从武，还说可以考虑让他担任将军，可是他回家跟母亲一商量就被骂了一顿，母亲说："你父亲和哥哥们都是文官出身，你也曾考中状元，为什么要自甘堕落去当兵？"状元出身的陈尧咨想去当将军居然被母亲认为是自甘堕落，宋朝对武将的轻贱可见一斑。宋敏求评价陈尧咨文官转武官之事时也说："翰林学士、工部侍郎陈公尧咨换宿州观察使……以用兵权之也……非美迁也。"①

北宋名将狄青战功显赫，他士兵出身，当了大将后脸上还留着黥印，仁宗看到了，让他把印记洗去，狄青说："陛下以战功提升臣，不问门第，臣才有今日。臣愿意留着印记以激励军心。"但是即便他已经位极人臣，也挡不住别人对他的轻贱。一次在宴会上，一个叫白牡丹的妓女向狄青劝酒说："劝斑儿一杯。"当面讽刺狄青脸上的黥印，气得狄青第二天把她打了一顿板子。

北宋军队对西夏的连战皆败让很多人痛心疾首，开始注意到这支既花钱又没用的军队。英宗即位的时候很可能也有着手改革的想法，但是在他执政不到四年的短短时间里有将近一半的时间都耗费在无聊的濮议上，而英宗去世，20 岁的神宗即位，这个担子就落到了他的肩上。

除军队弊病丛生之外，神宗时期遇到的另一个问题是官僚机构的膨胀。"仁宗和英宗在位期间，拥有品阶（包括文官和武官）的人员几乎是原来的三倍之多，从九千七百八十五人增加到两万四千人。"②这让国家的财政负担越来越重。与此同时，豪强兼并越来越严重，贫苦百姓流离失所，这对国家赋税又造成了沉重打击。屋漏偏逢连夜雨，再加上每年要付给契丹和西夏的岁币，立国才 80 多年的大宋已经步履蹒跚。

而这些问题总结起来就两个字：缺钱。

宋朝立国之初积累了巨额财富，赵匡胤本来想以此来赎回燕云十六州，但是这些财富经过太宗的浪费，特别是经过真宗的折腾后已基本罄尽，仁宗的时候只能勉强维持，但是几次战争失败，又加上对西夏的赔

① 《春明退朝录》。

② 《剑桥中国宋代史·上卷》。

款，曾经富庶无比的大宋王朝开始过起了寅吃卯粮的日子，到神宗的时候，财政已经捉襟见肘。而20岁即位的神宗又有收回燕云十六州，重整雄风的宏大理想，他很清楚“养兵备边，府库不可不丰”。要实现他的梦想，他认为“当今理财，最为急务”。神宗迫切想找到丰盈府库、增加财富的办法，而这办法他从韩琦、富弼、欧阳修、司马光等一帮大臣那里是找不到的。

韩琦等大臣来自北方，这里是儒家文化的发源地，他们秉承着农耕时代儒家的传统理念，他们认为，天下的财富是有定额限制的，不可能无中生有，所以想方设法去寻求额外的财富等于缘木求鱼。增加财富唯一的办法是节俭，具体方法就是去除冗员、冗官和冗费。用民间的话来说就是“钱是省出来的”。

而来自南方的王安石与他们的观点截然相反。

> 到11世纪中期，中国经济不再具有保守者所设想的那种相对封闭的自然经济特征。尤其在中国南部，商业发展使经济关系发生了巨大变化，打破了自给自足经济，促进了区域经济专业化和家庭生产方式的变化，既为市场服务，也依赖市场实现其自身发展。随着商业的发展，货币作为商品和服务交换媒介的功能不断扩大。①

基于这样的认识，王安石认为社会的财富不是静态而是动态的，在商品经济的作用下财富可以增加，用现在的话来说，就是“钱能生钱”。因此，王安石力主国家应该介入经济运作，认为只有这样，经济才能保持活力，也才可能“因天下之力以生天下之财，取天下之财以供天下之费”②。因此，王安石与保守派的矛盾其实也是北方传统儒家思想与南方新兴的商品经济思想之间的矛盾。

---

① 《剑桥中国宋代史·上卷》。

② 《宋史纪事本末·卷三十七》。

这种南北矛盾在陈升之任副宰相的时候表现得尤为突出。陈升之是福建人，原来任越州知州、集贤殿大学士，起初支持变法，被任命为参知政事，外人认为他是王安石一党。他上任后，神宗问司马光等官员对这个任命的看法，司马光说："福建人狡诈，楚人轻率，现在两个宰相都是福建人，两个参政都是楚人，一定会援引同党，充斥朝廷，这样怎么能使风俗淳厚？"[①]南北人物之争在南北朝和唐代就已经出现，司马光不过是在炒冷饭，但是这个矛盾也为新旧党本来已经产生的矛盾增添了一个砝码。

而双方还存在另一个重大分歧。

传统观念认为，国家不应该介入经济与民争利，这样不仅是不体面的，同时也是对民间经济的损害，从这个角度说，他们认为王安石所有的行为都是在与民争利，这是大逆不道的，更是违反祖制的。但是一切障碍都无法阻挡王安石的脚步，他石破天惊地提出了自己的观点：祖宗不足法。

在神宗皇帝的支持下，王安石的变法轰轰烈烈地开始了。

首先王安石设置了一个特殊的机构：制置三司条例司，这是实行新法的最高权力机关，这其实也就把反对变法的大臣，如韩琦、富弼、司马光等排除在外了。王安石任用了一大批新人作为改革的中坚力量，如吕惠卿、李定等，这成为他后来的一大罪状：任用小人。接着，熙宁二年（1069 年），相继颁布青苗法、农田水利法、募役法，之后又颁布市易法、保马法、方田均税法、保甲法等，王安石变法迅速在全国铺开。

王安石的改革主要分为三类：经济改革、军事改革和教育改革。体系庞杂，内容繁多。在这里只能简单介绍其中重要的几个：青苗法、保甲法和方田均税法。

青苗法是王安石变法的核心部分，这个方法其实是他在当地方官的时候试用过的，效果很好，于是王安石将其放在全国推广。具体做法是：

每年春夏青黄不接的时候，以国家闲置在常平仓和广惠仓的粮食为

---

① 《宋史纪事本末·卷三十七》。

资本，向农民提供低息贷款，利息为 10% 到 20%，帮助农民度过饥荒时期，秋收的时候农民再以粮食或者货币的形式偿还。这实际上就是一个国营乡村贷款制度，盘活了国家闲置的粮食，同时又帮助了处于困境中的农民，可以说是一举两得。而王安石推出这个法令还有第三个目的：打击豪强经营的高利贷。当时农民遇到困境只能向放高利贷者借钱，其利息高达 70% 甚至更高，青苗法的推出无疑是对放高利贷者的沉重打击，对保护农民权益和维护社会稳定有巨大作用，然而这显然就动了一部分人的奶酪，也成为青苗法重要的罪状：与民争利。只不过这里的民，不是生活在社会最底层的穷苦农民，而是拥有巨额资产，光靠放贷食利就可以悠游度日的富民。

保甲法是王安石变法中军事改革的重要内容。其基本方法是：以民兵体制代替募兵制，每十家组成一甲，推举有领导能力的人担任甲长；每五甲组成一保，由富有能力的人担任保长；再由五保组成一个都保，设置正副都保正。每家从两个或者两个以上的成年男性中抽一丁，平时务农，闲时训练并且参与地方治安的维持工作，战时则集结成军参加战斗。王安石的初衷是希望以此尽量代替昂贵而不中用的募兵，他认为民兵制的花销只需要募兵制的 10% 到 20%，前面说过，神宗时期的军费已经占了国家预算的 80%，可以想象，如果保甲法成功实施，对节省政府开支会有多大的作用。

而方田均税法则是针对豪强兼并土地而制订的法令。传统中国的政权触角都是止于县一级，再往下的治理则交给了宗族和乡绅。由于权力的落差，民间负担最沉重的往往就是那些土地少又没有政治优势的农民。同时由于测量技术的落后以及谎报、瞒报田亩现象的泛滥，政府对民间应该缴纳赋税的土地常常由于缺乏精准的资料导致赋税不均，穷者承担赋税多而富者以各种方式逃税免税。政府主导丈量土地是打击谎报瞒报、厘清赋税来源的重要手段。王安石实行方田均税法，从名字上就可以看出目的所在。为了缓和矛盾，王安石承诺丈量土地之后不再增加新的赋税，以此取得豪强地主的支持。事实证明，方田均税法取得了巨大的成功。

……到1085年政策被废除的时候，有报告显示，2484349顷（约3470万英亩）的土地被清丈出来，相当于1082年整个大宋共480万顷土地的54%。[①]

此外，变法中的募役法、保马法、均输法、免役法、市易法等法令也轰轰烈烈地开始推行，一时间，王安石变法似乎达到了前所未有的高潮。

王安石的变法其根本目的是想实现社会财富的再分配，将财富从豪强手中拿过来，分一部分给最底层老百姓，大头交还朝廷。所以他的法令从条款上看似乎都在劫富济贫，这是王安石的一部分初衷，其实也是王安石变法失败最根本的原因。因此，从王安石踏上政坛开始，他受到的攻击、讥讽、污蔑就一直没有停过，直到变法失败，王安石闲居金陵，他受到的指责也一刻未停。甚至在宋朝灭亡之后，很多人还将王安石指为乱臣贼子，几乎认为他是北宋灭亡的祸根。

为什么王安石如此遭人忌恨，王安石变法又为何失败？请接着往下看。

寂寞的独行者

王安石像

王安石字介甫，抚州临川人，因此后人称他为“王临川”。他出身于一个官宦世家，书香门第，祖上三代都有人考取进士。王安石少好读书，一过目便终身不忘，写文章动笔如飞，开始看上去似乎写得漫不经心，但写完后看的人都佩服其精妙。王安石的文章最早被曾巩欣赏，拿着推荐给欧阳修，欧阳修也赞叹不已，到处推荐，给王安石打广告。

1042年，王安石以第四名的成绩考中进士。他本来可以做几年地方官之后就到朝廷做官，但是他却选择了继续留在基层，于是又在江浙地

① 《剑桥中国宋代史·上卷》。

区担任了二十多年地方官。也就在这时候，他在治所内实践了青苗法并取得成功。

当时的官员大多奔波于仕途，汲汲于仕进，这时候的王安石对这些似乎都漠不关心，只是勤勤恳恳地做好自己的事情，这让他在朝廷中声望很高。宰相文彦博向朝廷推荐，说王安石这样的人应该被破格任用，为那些贪图功名的官员做一个榜样。当时朝廷上下都期盼王安石能入朝执政，就像刘备渴盼诸葛亮一样渴盼他“出山”，唯一担心的是，他这样淡泊名利的人可能不愿意入朝为官。终于，在宋仁宗嘉祐三年（1058年），王安石担任度支判官，这让朝野上下都松了一口气。

在仁宗时期，王安石上了著名的万言书，提出了自己对时局的看法以及初步解决方案：“因天下之力以生天下之财，取天下之财以供天下之费。”这是他的理论出发点，也是他后来实行变法的基本纲领。但是在仁宗时代，王安石没能有什么作为。仁宗去世后，英宗即位，王安石正好因为母亲去世回家守孝，也就没有卷入沸反盈天的濮议之争中。

神宗即位后，锐意进取，希望改革弊端，王安石的政治春天终于来临了。年轻的神宗还在当皇子的时候就经常听自己的记室参军韩维提起王安石，韩维每次引用王安石的话，都会说明：“这不是我说的，是我的朋友王安石说的。”神宗被立为太子，韩维担任太子右庶子，又推荐王安石接替自己的职务，这让神宗对王安石更加期待。神宗一即位，就任命王安石为江宁知府，几个月之后又召他入朝任命为翰林学士兼侍讲，王安石终于有了与皇帝对坐论政的机会。

在神宗的支持下，王安石变法轰轰烈烈地开始了，而多方对王安石的攻击也吵吵嚷嚷地展开了。

在北宋乃至中国古代大臣中，很少有人像王安石这样遭受过各方人士的痛恨与攻击，嘲笑和调侃。究其原因固然是他推动的这次变法，但是如果再追究得更深一些，王安石被攻击原因大概有以下几点。

第一，变法触动了豪强的既得利益。

以青苗法为例，这是王安石变法的核心，也是最早颁布的新法之一。王安石曾经在地方上实践过这个法令，并且取得了成功，但是推行到全国的时候，却遭到了很大阻力。其根本原因不外乎是国家提供给农民的贷款利息只有 20%，而当时如果借豪强的高利贷，利息可能高达 70% 甚至更多。国家介入农村贷款，无疑让这些高利贷者从此失去了一个巨大而利润丰厚的市场，这对他们来说简直是剜心之痛。

但是反对者当然不会直接这样说，否则太上不了台面了。他们对新法的攻击是“与民争利”，当然他们不谈这里的“民”到底是朝不保夕随时可能流离失所转死沟壑的穷人还是腰缠万贯坐吃利息的富民。不过还是有一些不小心的文人在言论中泄露了天机。

范镇上书皇帝批评青苗法说：“假设有两个人在市场上做生意，其中一个压低价格进行恶性竞争，大家知道后都会讨厌他。那么朝廷怎么能做这种让世人厌恶的事情呢？”①

范镇认为，国家向农民提供低息贷款这是用压低价格的方式抢了放高利贷者的生意，跟市场上的恶性竞争实质是一样的。显然他的出发点是保护放高利贷者的权益，但是更多穷苦的老百姓似乎就不在他的考虑范围之中了。

范镇将国家介入经济保护底层劳动人民与市场压低价格恶性竞争混为一谈，这个观点漏洞很大，一些官员心里明白，要是拿到台面上辩论，几个回合下来就会泄露天机，所以很少有人这样说。但是毫无疑问，改革触动豪强利益是王安石变法遭到无数诟病最重要的原因。鲁迅先生曾说：

> 可惜中国太难改变了，即使搬动一张桌子，改装一个火炉，几乎也要血；而且即使有了血，也未必一定能搬动，能改装。②

更何况王安石不只是要搬桌子、改火炉，简直是要挖祖坟了。

第二，改革触动了传统儒生坚守不移的信条。

---

① 《范景仁墓志铭》，选自《东斋记事·附录二》。

② 《坟·娜拉走后怎样》。

农耕社会的古代中国对政府参与民间经济行为是十分忌讳的。他们认为政府的收入只能来自赋税，如果朝廷放下身段去谋取利益，不仅有失体统，而且犯了与民争利的大忌讳。在儒家看来，这无疑是小人所为。

神宗刚即位的时候，向大臣们打听王安石，曾公亮对其赞不绝口，吴奎则不以为然："臣曾经与王安石一起为官，亲眼见到他刚愎自用的行事风格，而且他做的事情都迂阔不经，如果朝廷要用他，一定会紊乱纲纪。"韩琦也说："王安石当翰林学士有余，处在辅弼之位则不可。"

之后神宗想任命王安石为参知政事（副宰相），唐介说王安石难当大任。神宗问："是他的文学才华不能当大任，还是儒家经术不能当大任，还是吏事不能当大任？"

"王安石拘泥古人，议论迂阔，如果让他当政，一定会多所变更。"

而当王安石开始执掌大权，推行变法后，更多人的利益被触动，对他的指责也就更加强烈，逐渐演变成了人身攻击。御史中丞吕诲上书朝廷大骂王安石：

> 大奸似忠，大诈似信。安石外示朴野，中藏巧诈，骄蹇慢上，阴贼害物。诚恐陛下悦其才辩，久而倚毗，大奸得路，群阴汇进，则贤者尽去，乱由是生。臣究安石之迹，固无远略，唯务改作，立异于人，徒文言而饰非，将罔上而欺下。臣窃忧之，误天下苍生，必斯人也。

吕诲的话已近于破口大骂，风度全失。

是什么让这些大臣如此动怒？原因还是王安石的举措动摇了儒生们一直信奉的信念。对此范仲淹的儿子范纯仁说：

> 王安石以富国强兵之术启迪上心，欲求近功，忘其旧学，尚法令则称商鞅，言财利则背孟轲，鄙老成为因循，弃公论为流俗，异己者为不肖，合意者为贤人。

换而言之，范纯仁认为王安石的观点背弃了儒家思想“君子不言利”的根本原则，而走到了对立的法家思想“唯利是图”的轨道上，这对儒生们坚守的信条和原则是巨大的挑战。

王安石得罪儒生们还有一件事，就是他对天变的不屑一顾。

古人认为，国家政事有缺，上天就会降下灾异以示警。因此每当遇到地震、山崩、洪水、彗星的灾异时，皇帝或者宰臣至少会在表面上做出悔罪思过的举动，以求得上天的宽恕。

熙宁六年（1073年），华山发生山崩，宰相文彦博认为这是对王安石变法的警示：“衣冠之家罔利于市，缙绅清议尚所不容。岂堂堂大国，皇皇求利，而天意有不警示者乎！”对此王安石全盘否认：“华山山崩是因为朝廷中有小人！”这无疑是在暗指文彦博等，神宗对王安石又一直支持，文彦博无奈之下只好罢相。

熙宁七年（1074年）大旱，从去年七月到这年四月没有下一滴雨，朝廷上下忧心忡忡，神宗更是长吁短叹。光州司法参军郑侠曾经受到王安石赏识，也希望为王安石尽忠。王安石将他召入京师，问他在地方上的见闻，郑侠却说青苗法、免役法、保甲法给老百姓造成很多灾难，这让王安石心里很不高兴，将他贬为安上门的看门人。郑侠在看门的时候，目睹无数百姓衣衫褴褛，愁苦流离，甚至身戴枷锁，还要拆掉房子，卖瓦木来赔偿官府的惨状，便将所见画成一幅《流民图》，并上书直言时政之弊，指斥变法祸害百姓，甚至说：

> 陛下观臣之图，行臣之言，十日不雨，即乞斩臣宣德门外，以正欺君之罪。

《流民图》在朝廷引起了巨大轰动。神宗反复看图，连连长叹，夜不能寐。第二天便下令暂停方田均税法、保甲法的推行，并且免除百姓因青苗法欠下的债，据说当天就大雨天降。王安石大怒，后来找了个由头把郑侠贬到了岭南。

第三，新法在执行过程中存在很多问题，矛盾被转嫁到穷苦百姓身上。

山阴人陆佃就是大诗人陆游的祖父，也是王安石的学生，他到京师参加科举考试的时候，王安石问他，地方上对新政反响如何，陆佃很客观地说："新法不是不好，但是推行的时候并不能如最初的设想一样，所以反而扰民。"

以新法的核心青苗法为例，制订这条法令的初衷是为了帮助穷苦农民度过青黄不接的饥荒时段，所以这条法令最初制订的时候甚至是无息的，后来才规定了 20% 的低息。考虑到有些百姓并没有贷款的需求，所以命令禁止强行摊派。然而，在新法执行的过程中，强行摊派成了常态，不想贷款的百姓或者根本没有偿还能力的百姓也被摊派了债务，而到了秋天还款的时候无法偿还，便出现了《流民图》里披枷戴锁卖瓦卖木头的惨景。

这是王安石完全没有预料到的，因为这背后的决定力量并不是新法的适当与否，而是专制制度下的官场运作机制。

专制制度下奉行的是对上负责制，官员只对上级负责，对下面的疾苦则从来不会放在优先考虑级别。官员们明白，自己想要加官晋爵，唯一的方法是取得上级的欢心，至于下级和百姓的死活，只有一些道德感极强的官员才会考虑，而且这往往会以自己的仕途前程为代价，这种傻事是很少有人会去干的。因此在新法推行过程中，政策、法令在基层执行的方向往往与上层制订的初衷背道而驰。官员们知道，如果要取得上级的欢心，最好的方式便是尽可能大规模地推行新法，而且其前提是要能够为官府收回足够的本金和利息。因此他们必然会强行摊派，并且采取暴力手段回收欠款，于是造成民怨沸腾也是十分正常的事情。

青苗法实行之前，王安石向苏辙征求意见，后者就不无忧虑地说："把钱借给百姓，收二分利息，本意是救民之困，不是为了牟利。但是钱一出一进，官吏借此做手脚，即便是严刑峻法也无法禁止。"苏辙的忧虑很不幸地成为现实。除青苗法外，其他新法如保甲法、免役法等大多如此，制订法令时的理想很丰满，但是没想到现实很骨感，到最后新法的实施非驴非马，没能造福百姓，反而成了民众的噩梦。

除了基层官员的阳奉阴违，普通百姓的金融意识薄弱也是一个原因，毕竟这是 11 世纪，世界上最早的银行要在差不多三百年后才出现。对此苏辙也说：“钱入民手，虽良民不免非理之费，及其纳钱，虽富家不免违限。如此，则鞭棰必用，自此恐州县事不胜繁矣。”关于这一点，司马光跟王安石的副手吕惠卿也曾经有过激烈的争论，吕惠卿说：“青苗法规定，愿意借的就借，不愿意借的不强迫。”

司马光说：“愚民只知道借债拿钱的好处，不知道还债的艰难。”

熙宁三年（1070 年），韩琦上书说各地都存在青苗法强行摊派的情况。神宗把诏书拿给王安石看：“朕最初认为青苗法可以利民，没想到却害民到这地步！而且城市居民不种地，哪里有必要借青苗钱，使者竟也要强迫他们借债。”

没想到王安石勃然大怒：“如果他们愿意借，即便是城里人又如何？”

于是，让变法者感到尴尬的是，新法执行一段时间之后，“那些遭遇没收、变卖财产的民众，正是贷款政策旨在救助的那部分人”①。王安石等人费尽心机推行新法，结果可以说适得其反。

事实上，别说是 900 多年前的宋朝人，即便是 21 世纪的现代人，很多也会因各种理由，以各种方式借债，造成债台高筑无力偿还的恶果，甚至出现大学生裸贷、被逼自杀等事件。一直借一直爽，一直花更是爽，然而要还债的时候则泰山压顶，万念俱灰。如果说官吏执行的偏差是由于体制的必然，那么这则是由于人性的必然，体制无法改变，人性不能试探，这一切都是王安石起初没有预料到，也不可能预料到的。

第四，王安石个人性格的缺陷。

王安石无疑是知识分子精英中的佼佼者，他自己也颇以此为傲。他年轻的时候就刻苦攻读，入仕之后又勤于政事，他的博学和吏干让他无法掩饰对同僚们的轻蔑与不屑。

王安石考中科举的时候，宰相晏殊请他吃饭，晏殊为人含蓄克制，只对这个血气方刚的年轻人说了一句话：“要能容人，才能为人所容。”年轻的王安石显然是不懂这话的。很多年后，王安石两度被罢相，闲居金陵的时候又想起老宰相的告诫，奇怪地说：“晏殊怎么知道我的性格的？

---

① 《剑桥中国宋代史·上卷》。

还是只是说的客套话？”王安石这时候都还没明白，他的一意孤行和年轻气盛，晏殊一眼就看出来了，这本来就是他最重要的性格标签，一直附着在他身上，直到他死。而这种一意孤行在遇到阻碍的时候则会集中爆发，甚至不惜以损害和毁灭周围的人为代价。所以他可以盛气凌人地对一群反对自己的大臣说："你们的问题就是不读书。"

欧阳修可以说是王安石的伯乐，是他最早向朝中大臣宣传王安石的。但是在王安石执政后，欧阳修与他政见不合，请求退休，皇帝还想挽留欧阳修，王安石说："欧阳修依附韩琦，这样的人，在郡就会败坏一个郡，在朝廷就会败坏朝廷，留之何用？"

想必欧阳修听到王安石这话的时候心都冷了。最早向欧阳修推荐王安石的曾巩后来也对他改变了看法。神宗曾问曾巩："你跟王安石相交最密，王安石是怎样的人？"

曾巩说："王安石的文学行义不下于扬雄，但是因为他吝啬所以还是赶不上扬雄。"

神宗觉得很奇怪："王安石轻视富贵，不吝啬啊。"

"臣说的吝啬意思是，王安石勇于有为，吝于改过。"

神宗对此颇为赞成。

除了欧阳修、曾巩，王安石还有一个相交甚好的朋友便是司马光了。司马光对王安石一直评价很高，称赞他"不汲汲于仕进"[①]，王安石对司马光也很钦佩。他要入朝为官的时候，先派儿子王雱到京城租房子。有人问："王大人来京城，谁不愿意把宅子租给他，何必要预先寻访？"王雱说："家父想法与此不同，他要求选距离司马光家近的房子。他经常在家里说：'选择邻居一定要选司马光，这个人居家处事都值得学习，也可以让家里晚辈效仿。'"后来即使是大臣们群起攻击，甚至诋毁谩骂王安石的时候，司马光还是保持了令人钦佩的君子风度，他对皇帝说："有人说王安石奸邪，这是极为过分的诽谤。这个人只是不大懂事，又太执拗。"

但是司马光与王安石的政见冲突是再也无法弥合的，王安石二次罢

---

① 《涑水记闻》。

相后，司马光入相，将所有新法全部废除，王安石的辛劳毁于一旦。

从欧阳修到曾巩再到司马光，这几个人都曾是王安石的好友，但是到最后都分道扬镳，甚至反目成仇；苏辙曾经是王安石的副手，但是也因为见解不合而离去。用林语堂先生的话来说，是不得不佩服王安石化友为敌的勇气。而王安石的一意孤行在政事上体现得更加明显。

熙宁初年，富弼、曾公亮为宰相，唐介、赵抃、王安石任参知政事。当时王安石得到神宗信任，锐意改革，而宰相、副宰相中没有一个人赞成。当时富弼脚有病，曾公亮年老体衰，唐介多次与王安石在皇帝面前争论落败，气得生病去世，赵抃也顶不住王安石，只能每天叹气。所以当时有人编了个段子，说中书省就是生、老、病、死、苦，意思是王安石生，曾公亮老，富弼病，唐介死，赵抃苦。而这些宰执大臣，后来全部被王安石排挤出权力核心。

除了宰相，王安石还操控了谏官集团，为变法铺平道路。在他执政的两年间，“十七位御史、四名谏官、三名知制诰被扫地出门。反对者们要么告老还乡，要么被安置一个闲职。……王安石这种公然安插自己人的行为让他有了‘专用小人’的坏名声，也自然引发了对其党同伐异的指责”[1]。

而对其他官员，只要是与自己意见不合的，王安石也是极力排斥。

苏轼当时担任直史馆，皇帝召见他询问时政得失，苏轼上表反对新法：

> 使六七少年日夜讲求于内，使者四十余辈分行营干于外，以万乘之主而言利，以天子之宰而治财，君臣宵旰，几一年矣，而富国之功茫如捕风。[2]

当时神宗几乎只信任王安石，在主持进士考试的时候，苏轼就出了一道题：

晋武帝平吴，靠独断结果成功，苻坚攻打东晋，靠独断却失败；齐桓

① 《剑桥中国宋代史·上卷》。

② 《宋史纪事本末·卷三十七》。

公任用管仲而称霸，燕国任用子之而失败，为何事同而功异？

王安石知道之后十分不高兴，便让侍御史谢景温上奏，说苏轼在守丧归蜀时买卖货物牟利。皇帝下诏六路将苏轼所乘之船的舟子水工全部抓起来调查，结果查无实据。但是苏轼已经知道自己在朝廷待不下去了，于是上表请求外放，被授予杭州通判之职。不过他还是没能躲过灾祸，八年后，他因为乌台诗案被捕下狱，出狱后被贬为黄州团练副使。苏轼遭遇乌台诗案的时候，他父亲苏洵早已去世。苏洵在世的时候就写过一篇《辨奸论》，基本上是破口大骂王安石。王安石为人节俭，不拘小节，很久不洗脸、不洗澡、不换衣服。这本来是很符合儒家思想的，孔子就曾说："士耻恶衣恶食者，未足与议也。"这种做派放别人身上绝对会收到一箩筐表扬，但是放在王安石身上，苏洵则认为是"事出反常必有妖"。

> 夫面垢不忘洗，衣垢不忘浣。此人之至情也。今也不然，衣臣虏之衣，食犬彘之食，囚首丧面，而谈诗书，此岂其情也哉？凡事之不近人情者，鲜不为大奸慝，竖刁、易牙、开方是也。以盖世之名，而济其未形之患。

好在苏洵死得早，不知道自己两个儿子后来被整得那么惨，不然他肯定会写出更刻薄辛辣的文章来大骂王安石了。

甚至连王安石的亲弟弟王安国对哥哥都颇有微词。王安国就是王安石《游褒禅山记》最后提到的同游者之一"余弟安国平父"。王安国在洛阳任国子监教授，官满后到京师接受新职。神宗因王安石而召见他，问外面对他哥哥执政的看法如何，王安国回答："大家都很不满家兄聚敛太急迫，又没有知人之明的做法。"神宗听后默然无语。

王安国经常劝哥哥，认为天下人大多不喜欢新法，归咎于王安石，恐怕会给家族带来祸患，王安石听不进去。王安国大哭说："我家要灭门了！"他还责备曾布不能劝谏王安石，曾布说："足下是王家子弟，朝廷变法关你什么事？"王安国大怒说："丞相是我的哥哥，丞相之父也是我的父亲。丞相由于你的原因被杀身破家，连累先人被掘墓焚尸，怎么跟我无关？”

类似的例子还有很多，可以说，王安石成功地将自己放在了士大夫们的对立面，不仅成为知识分子中的异类，更成为群臣的公敌。因此对其攻讦之多也就不奇怪了。

但是这些都还不是王安石挨骂多的根本原因。

宋哲宗元祐元年（1086 年）66 岁的王安石去世，被追赠太傅；绍圣年间，又被追谥文，配享神宗庙；宋徽宗崇宁三年（1104 年）规格达到顶峰，竟然被配享孔庙，列在颜回和孟子之下，还追封王安石为舒王。然而，宋钦宗时，金人入侵，大臣杨时认为造成今日局面都是因为王安石乱政，于是王安石配享孔庙的待遇被取消；宋高宗时，又取消了他宗庙配享的资格，还削去了王安石的王爵。

王安石的待遇由盛转衰，以至于后来在史书中被骂得狗血淋头，其根本原因只有一个：北宋靖康之耻必须有人背锅。

这个背锅侠当然不能是皇帝，更何况两个皇帝都被抓走，死在北方，想起来怪惨的。而且贬斥先皇更是对今上的不恭，这是动摇国本的事情，万万不能做。那么最恰当的方法莫过于让王安石来做替罪羊了。在《宋史》里，王安石的副手吕惠卿被列入《奸臣传》，与蔡京、秦桧、黄潜善、贾似道等并列，可以想象，王安石距离进入奸臣名单也就一步之遥了。在这种思想指导下编写的史料，肯定是着重突出王安石缺点的，并且会极力渲染别人对他的攻击，这样才符合中国史家对皇权的一贯维护——皇帝永远是圣明的，事情都是让奸臣搞坏了。

忠臣也好，奸臣也罢，在历史的尘埃里，被万箭穿心的王安石留下孤独的背影，依旧在寂寞地前行。

门外楼头，悲恨相续

在变法的过程中，王安石和他的团队承受了巨大的压力，而作为变法背后靠山的宋神宗，受到的压力更大。对王安石和新党的大部分指责都以奏章的形式呈送到神宗手中，宋神宗除了要安抚朝臣的汹汹议论，还要在这议论中尽全力维护这次改革，而且阻力不仅来自朝廷百官，也来自后宫王族。

神宗的母亲，高太后是一直不赞成变法的，她曾经对神宗说："祖宗之法不可轻变，我听说青苗法和助役法让百姓苦不堪言，陛下应该废除。"

神宗辩解："这是帮助人民的，不是让他们苦不堪言的。"

高太后又说："王安石的确有才学，但是怨恨他的人太多，皇帝如果想保全他，不如让他离开京城。"

"王安石是群臣推选出来主持国事的。"

当时神宗的弟弟岐王赵颢也在场，趁机说："太后的话，陛下不可不思。"

这下把神宗惹恼了："难道是我在败坏天下吗？你行你来！"

赵颢被骂得满肚子委屈："陛下何至于此！"

高太后对王安石一直没有好感，后来又对神宗说："王安石祸乱天下，该怎么办啊！"

神宗对母亲一直十分尊敬，经不住这多次的抱怨，心里也有了一些犹豫。

郑侠呈上的《流民图》对神宗震动很大，他反复看图，长吁短叹，将图收在袖子里，夜不能寐。第二天就下诏罢黜民间百姓的欠款，很快天降大雨，君臣都欣喜若狂。大臣们进宫祝贺，神宗把《流民图》拿出来给他们看，问王安石："你认识郑侠吗？"

"他曾经跟着我学习。"

王安石听皇帝问这话，知道自己已经开始失去神宗的信任了，于是上表请求辞职。熙宁七年（1074 年）四月，王安石被罢免相位，改任观文殿大学士、知江宁府。

桂枝香·金陵怀古

登临送目，正故国晚秋，天气初肃。千里澄江似练，翠峰如簇。征帆去棹残阳里，背西风，酒旗斜矗。彩舟云淡，星河鹭起，画图难足。　念往昔，繁华竞逐。叹门外楼头，

悲恨相续。千古凭高对此，漫嗟荣辱。六朝旧事随流水，但寒烟衰草凝绿。至今商女，时时犹唱，后庭遗曲。

金陵（江宁府）就是现在的南京，从三国时吴国开始，接连有六个朝代（东吴、东晋、南朝宋、南朝齐、南朝梁、南朝陈）在这里建都。江南自古是鱼米之乡，繁华甲天下。在这里建都的朝代，无一例外都曾经经历了一段繁荣阜盛的时期，直到宋代，这里依然是满目美景，遍地闾阎，其繁华“画图难足”。

“可是，词人并不是盛世的吹鼓手，也不是和谐的唱诗班，而是一个充满忧患意识的政治家，一个孤独的沉思者，是那个在别人家庆祝孩子出生的宴会上，据实说出‘这孩子今后会死’之言的宾客，这样的宾客，在送出一片廉价祝福的宾客们看来，是愚蠢、不识时务的，在满怀欣喜接受祝贺的主人看来，是可恼而煞风景的，但是，很少有人知道，正因为他的‘煞风景’，这风景才有了不同于以往的价值，才被赋予了不同于流俗的厚重。”①

王安石想起，曾经在这里立国的那些王朝，哪个不是“其兴也勃焉，其亡也忽焉”呢？又有多少君主是沉醉在富庶和繁华中，醉生梦死，最后与王朝一起灭亡的呢？南朝陈的末代皇帝陈后主宠爱妃子张丽华，两人每天都是宴饮歌舞，不恤国事，陈后主还为张丽华做了著名的《玉树后庭花》，两人沉醉在温柔乡里，根本没有顾及北方虎视眈眈的强大隋朝。据说，当时隋朝大将韩擒虎已经率军到金陵城外了，陈后主和张丽华还在楼头纵情歌舞，于是当时人们说：“门外韩擒虎，楼头张丽华。”如此的戏码在这个六朝古都重复上演过一次又一次，又焉知在北宋的汴京不会重演？大唐走向衰亡时，杜牧曾经满怀忧虑地写下“商女不知亡国恨，隔江犹唱后庭花”的诗句，而在几百年后的此时，王安石也同样看到了盛世下的危机，繁华后的苍凉。

但是人类能从历史中获得教训，却从来不会吸取教训。

---

① 引自拙著《温和地走进宋词的凉夜》。

王安石罢相前，向神宗推荐了韩绛和吕惠卿，韩绛被任命为同平章事，吕惠卿为参知政事。两个人在王安石离京后谨守新法，坚定不移。当时的人们戏称韩绛为“传法沙门”，吕惠卿为“护法善神”。但是，终于进入权力最高处的吕惠卿却对自己的恩人王安石产生了顾忌，害怕他回到朝廷会让自己失去来之不易的权力。于是“凡可以害安石者，无所不用其智”，甚至想将王安石牵扯入一桩谋反案中。宰相韩绛是个老实人，看不惯吕惠卿所作所为，便秘密请求皇帝复用王安石，因此在熙宁八年（1075年），皇帝下诏再次任命王安石为同平章事。接到诏书的王安石再没有以前的推辞和徘徊，而是闻命动身，只用了7天就从金陵赶到了汴京。

吕惠卿的担忧并不是没有根据的。王安石一拜相，马上就有人以各种理由弹劾吕惠卿。王安石的儿子王雱尤其痛恨他，让人揭发吕惠卿兄弟强借华亭富民五百万钱，与华亭县令串通购置田产的事情，于是吕惠卿也被罢相。

王雱这个人在史书中的形象颇为怪异。史书说他“剽悍阴刻，无所顾忌”。这个人很有才学，还没到弱冠之年就写了数十万字的文章，他非常推崇法家学说，曾扬言：“商鞅是个豪杰之士。”但是他的行为颇为怪异，甚至有些妖气。有一次王安石和程颢在家里商量政事，王雱从后面进来，蓬头赤足，手上还拿着一个女人戴的帽子，问王安石在谈什么。王安石回答：“我推行的新法遇到障碍，正在与程先生商谈。”谁知道王雱一下子就发作了：“砍下韩琦、富弼的脑袋悬挂在市场示众，新法自然可以推行。”王安石大惊失色：“儿子这样说是错的！”程颢也急忙说：“我正在与你父亲谈论国事，子弟不要参与。”王雱对此很不乐意。

而且王雱很可能有严重的心理疾病。他总是怀疑妻子对自己不忠，甚至怀疑儿子不是自己的，经常折磨孩子，竟然把儿子折磨死了，妻子无可奈何，每天以泪洗面。倒是王安石通情达理，觉得儿媳妇这样下去没有未来，便自作主张在儿子还在世的时候让他们离婚，然后把媳妇嫁出去了①。

① 《东轩笔录》。

吕惠卿被罢相后，王雱没有罢手，一心想置之于死地，便让手下继续告发吕惠卿，这下把吕惠卿逼到了绝路，他上表揭发并痛骂王安石："尽弃所学，隆尚纵横之末术。方命矫令，罔上要君，力行于年岁之间。虽失志倒行逆施者，殆不如此。"[①]这可以说是吕惠卿与王安石的决裂书。神宗把吕惠卿的奏章拿给王安石看，王安石一头雾水，莫名其妙。回家后问王雱，王雱告知了实情，王安石大为震怒，把儿子痛骂一顿。王雱挨骂后气愤不过，背上竟然长了个脓疮，很快就病死了。

曾经的伙伴反目成仇，爱子又被自己骂死，接踵而至的打击让王安石万念俱灰，对政事也失去了兴趣，多次向皇帝提出辞职。此时神宗对王安石的依赖也逐渐减少，觉得没有他朝廷还是可以继续运转的，于是就允准了他的请求。熙宁九年（1076 年）十月，王安石第二次罢相，以使相判江宁府。

王安石离开朝廷后，吴充和王珪被任命为同平章事。冯京知枢密院事。虽然吴充有废除新法的想法，甚至想请求皇帝召还司马光、吕公著等旧党，但是司马光知道时机未到，拒绝了吴充。因此，虽然王安石不在相位，但是此后北宋的政治仍然是依照新法来运行的，跟以前没有太大变化。

就这样，九年过去了，元丰八年（1085 年），宋神宗去世，哲宗即位，新法被废的日子很快到来了。

① 《宋史纪事本末·卷三十七》。

旧党的崛起

1085 年，神宗驾崩，年仅 10 岁的哲宗即位，太皇太后高氏垂帘听政。这一次权力的变动看上去波澜不惊，但是只有局内人才知道，背后隐藏了多少凶险无比的惊涛骇浪。

女中尧舜

专制社会下，几乎每次权力的移交过程都是惊心动魄的，即使表面看似升平祥和，下面也常常暗流涌动，杀机不断。而 1085 年的这次权力移交也不例外。这次移交不仅仅意味着权力的转手，更关系着王安石新法的未来，或者说是否还有未来。

宋神宗元丰八年（1085 年）正月，只有 38 岁的宋神宗突然病重，病情在短时间内恶化，到二月，皇帝已经不能说话了。宋神宗曾经有过 14 个儿子，但是大半夭折，此时最大的孩子只有 10 岁，而神宗此前也没有立太子，大臣们心急如焚，请求马上册立皇太子。大臣们到宫里之后见到神宗的母亲皇太后高氏，高氏抚摸着神宗 10 岁的孩子赵佣哭泣着说："这个孩子十分孝顺，自从官家生病，他就一直伺候，不离左右，还抄写佛经为官家祈福。这个孩子还喜欢读书，已经学习了七卷《论语》，根本不喜欢游乐。"然后把皇子抄写的佛经拿给大臣们看，这分明是在暗示太子人选了。大臣们随即上奏请皇帝立太子，同时请皇太后高氏垂帘听政。因为皇帝已经不能说话，大臣们就把赵佣的名字写下来给神宗看，神宗勉强点了下头算是同意，这事就这样定了。

新册立的太子延安郡王赵佣，之后改名赵煦，即位后就是宋哲宗。

事实上当时朝臣中还有另外一派，主张册立神宗的弟弟岐王赵颢或者嘉王赵頵，从执政能力来说，他们两个成年人显然比10岁的孩子要成熟得多，按照开国皇帝赵匡胤母亲杜太后的观点，立长君是有利于国家的，兄死弟及也是有先例的，宋太宗就是最好的例子，因此他们的主张似乎更符合宋朝的祖训。支持二王的主要是宰相蔡确和职方员外郎邢恕。

为了达到目的，蔡确想从皇太后高氏的两个侄儿高公绘和高公纪入手。蔡确邀请两人，对他们说邢恕想邀请他们。邢恕说："我家桃树开了白花，《道藏》说这种花可以治愈皇帝陛下的病。"两人到邢恕家之后，看见只有红桃花，就问："哪里有白桃花呢？"邢恕抓住两人的手说："右丞相（蔡确）让我对二位开诚布公，现在陛下病重，延安王年纪太小，应该早定大计，岐王和嘉王都是很好的人选。"两人一听吓得两腿打战："这是什么大逆不道的话？你这是想我家灭族啊！"于是仓皇逃去。

事实上岐王和嘉王也对皇位有觊觎之心，神宗病重的时候，经常进宫来探望，同时打听消息。高太后知道之后，下令禁止二人入宫，并且秘密嘱咐宦官梁惟简："你去准备一件黄袍，10岁孩子可以穿的，悄悄带进宫。"

这年三月，延安郡王赵佣被立为皇太子，太后高氏垂帘听政。不久，神宗去世，太子即位，皇太后高氏升格为太皇太后。

蔡确和邢恕等为什么要冒着灭族的风险阻止10岁的赵煦成为皇帝？当然不见得是真的要遵从祖训，他们最重要的原因是想保住王安石变法的果实。

蔡确和邢恕在思想上都属于新党，神宗元丰年间，虽然王安石已经罢相，但是蔡确掌握大权，朝政仍然按照新法的路子在执行。如果已经成年的岐王或者嘉王继位，新法很有可能会继续延续下去。但是如果10岁的赵煦继位，因其年幼，皇太后垂帘听政基本是没有悬念的，而皇太后对新法向来持反对态度，她一上台，新法必定会被废除，而作为新党的蔡确等人很可能死无葬身之地。因此，蔡确等人表面上是反对小皇帝登基，但背后真正的目的是阻止高太后掌权。

高滔滔像

然而，蔡确与邢恕的谋划被高太后不费吹灰之力就击破了，这也不怪他们太笨，因为他们的对手高太后绝非等闲之辈。

高氏小名滔滔，是真宗时期太尉高琼的曾孙女，英宗的皇后，神宗的母亲，也是宋朝历史上一个富于传奇色彩的女性。

前面说过，仁宗无子，这让朝廷内外忧心如焚。为了延续国祚，仁宗收养了濮安懿王的第十三子赵宗实为养子，养在宫内。当时为了让仁宗有子嗣，皇室还想了另一个办法，就是把一些贵族大臣家的幼女也养在宫内，长大之后给仁宗当嫔妃，希望能够诞下皇子。高滔滔的母亲是仁宗曹皇后的姐姐，她就因此入了宫。

高滔滔入宫后与同样被养在宫中的赵宗实相识，两人一起长大，青梅竹马，感情甚好。这一切被仁宗看在眼里，于是决定等高滔滔长大之后就许配给赵宗实，成全这一双儿女的好姻缘。因此，高滔滔后来就成了赵宗实的妻子。赵宗实是皇帝的养子，高滔滔又是皇后的侄女，当时的人们称他们的婚事为“天子娶妇，皇后嫁女”，一时传为美谈。仁宗驾崩之后，已经改名赵曙的赵宗实即位，是为英宗。

英宗有四个儿子，包括神宗在内，还有四个女儿，这八个孩子都是高滔滔生的。

高滔滔第一次在史册中展示自己的性格就是在英宗纳妃事件上。

英宗除高滔滔之外，起初没有任何妃嫔，这不见得是因为两人感情太好，很可能是因为高滔滔性格强悍，她借口皇帝身体不好，不能近女色，于是不允许英宗拥有其他女人。曹皇后既是高滔滔的婆婆，又是她的姨妈，看到这种情况也觉得有些不妥，于是婉言相劝：“官家即位已久，现在身体也好多了，怎么能左右没有一个侍奉的人呢？”谁知道高滔滔丝毫不给这个婆母兼姨妈面子：“禀明娘娘，新妇嫁的是十三团练（赵宗实排行十三），没有嫁给他官家。”于是皇帝就有了个“十三团练”的外号，一时传为笑谈。后来因为英宗病重，高滔滔不得已才答应册封了几个妃嫔，算是冲喜，但是显然效果不佳，英宗还是36岁就去世了。

高滔滔的儿子神宗即位后，重用王安石实行变法，对此高滔滔颇为反对，多次劝谏皇帝不要擅改祖宗家法，虽然没有成功，但是朝廷内外都知道她对新法一直是持反对态度的。现在神宗去世，10岁的赵煦即位，升格为太皇太后的高滔滔必然垂帘听政，这基本上就意味着新法的末日来了。这就是蔡确、邢恕等人极力反对赵煦即位的原因。

但是他们的反对被高滔滔三下五除二就粉碎了，邢恕见情况不妙，转而声称是太后心里支持岐王，原因是岐王也是高太后所生，还声称宰相王珪暗中支持太后。

为了证实自己的言论，邢恕让蔡确请王珪入宫探望皇帝，自己借此与王珪会面，想套王珪的话，同时命令知开封府蔡京在门外埋伏了剑士，只要王珪露出一点支持岐王的说法，就马上把他逮捕处死。而王珪只说了一句："皇帝自有皇子。"邢恕拿不到把柄，只好作罢。然而太子册立之后，蔡确和邢恕又到处宣扬自己有拥戴之功，这让包括高滔滔在内的很多人对他们十分厌恶。

哲宗即位后，颁布了第一条诏书，诏书大致的意思是，先帝的想法是好的，功绩是伟大的，事情都是下面臣子搞坏的。这分明是在表示：风向变了，以后大家要按照今上的意思来办。

蔡确知道自己大难临头，于是想以讨好高滔滔的方式免祸。高滔滔的叔父高遵裕因在率兵征讨西夏战争中大败而被免官，蔡确便上章请求为高遵裕官复原职，谁知遭到高太后一顿痛骂："高遵裕灵武一战，涂炭百万，先帝半夜得到消息，绕着床榻徘徊，整夜不能入睡，因为受此惊吓而生病，最后驾崩。造成大祸的罪魁祸首就是高遵裕，他能够免于刑罚已经十分幸运了！现在先帝尸骨未寒，你怎么敢为了私恩而违背天下公议！"

蔡确听后胆战心惊，仓皇而退。很快大臣上奏蔡确企图拥立岐王等罪状，蔡确被贬到随州，之后又被贬到安州。

安州有个车盖亭，风景秀丽，蔡确经常来此游玩，想以山水之秀丽来疗愈官场的创伤。他在这里写下了十首绝句，而正是这些诗，让他跌入了更深的深渊。

蔡确的第十首车盖亭诗是这样的：

矫矫名臣郝甑山，忠言直节上元间。钓台芜没知何处，叹息思公俯碧湾。

郝甑山就是郝处俊，是唐高宗、武则天时期的名臣。他曾经上书极力反对高宗将皇位让给武则天，因此闻名后世。这首诗的意思是：上元年间的郝处俊可谓铮铮直臣，其气节让人钦佩。然而先贤垂钓的钓台已经荒芜不可寻，我只能叹息着凝视潭水，怀想先生的高尚节操。

知汉阳军吴处厚以前和蔡确是同学，蔡确后来当了宰相，吴处厚想请他提拔，但是蔡确没有理会。后来两人又多有矛盾。吴处厚看见蔡确的车盖亭诗，马上上奏朝廷，说蔡诗将高太后比为武则天，大逆不道，诽谤朝廷。这事一下子闹得沸反盈天，朝廷让蔡确解释，蔡确也做了认真详细的解释，但是大臣们都听不进去："蔡确罪状明白，何必解释？这不过是有人想要为他开脱罢了！"一时间曾经的宰相成了过街老鼠，人人喊打。文彦博建议将蔡确贬谪到岭南，范纯仁听到之后极力劝谏宰相吕大防："到岭南这条路从乾兴以来已经荒废了近七十年，现在我们又把它打开了，以后我们自己恐怕也不能幸免。"范纯仁反对的是这种把人往死里整的做法，因为这样会为不留余地地迫害开一个很坏的头。但是当时的朝臣们群情激奋，没有任何人听他的意见。范纯仁上书高太后说：

圣朝宜务宽厚，不可以语言文字之间，暧昧不明之过，窜逐大臣。今举动宜为将来法，此事甚不可开端也。

苏轼也上书说：

臣与确元非知旧，实自恶其为人。今来非敢为确开说，但以此事所系国体至重，天下观望二圣所为，若行遣失当，所损不小。

苏轼建议，先以皇帝的名义对此事严加追查，然后再由太皇太后予以从宽处理，这样能做到“天下有识，自然心服”[①]。

但是盛怒之下的太后显然不会听从。蔡确最后被贬英州别驾，新州安置。被贬往岭南是宋代“律法中最严厉的惩罚”[②]，几乎等于被判了死刑，一些大臣上书说蔡确母亲年老，恐怕不能随同他翻山越岭。高太后的回话却是：“山可移，此州不可移。”[③]就这样，蔡确的命运已注定，他最后死在了贬所。

说起宋代的文字狱，大多数人想到的一定是苏轼的乌台诗案，这是新党针对旧党的一次迫害。然而，从案件的严重性以及牵连的广度上看，乌台诗案比起车盖亭案其实是小巫见大巫。乌台诗案被迫害的只有苏轼一个人，而车盖亭案除了整垮蔡确，还牵连了一大批新党成员。更重要的是，将蔡确贬到岭南“代表着一个分水岭，宣告了一个前所未有的残酷无情时代来临”[④]。在朝臣们气势汹汹的喊杀声中，除范纯仁之外，只有曾经遭受过文字狱之苦的苏轼为他求情，恳求朝廷对蔡确法外开恩，但是仍然遭到拒绝。

政治斗争中，得势的一方经常认为自己是正义的代名词，口含天宪，替天行道。政坛的成王败寇更让他们相信自己就是真理的化身，而与自己对立的，不是奸贼便是恶棍，必须除之而后快。但是却不知道，在政坛的台风中，谁都预料不到下一刻的风会朝向哪里。今天的正义之师，明天很可能会变成奸朋贼党。而自己对对手所做的一切，迟早都会回报在自己身上。范纯仁和苏轼的担忧并不是没有依据的，仅仅8年之后，高太后去世，哲宗亲政，风向又变到了新党一边。苏轼被贬到惠州，最后被贬到了儋州（今海南），成为北宋被贬得最荒远的大臣之一。而元祐

---

① 《论行遣蔡确札子》《苏东坡全集 · 卷七十六》。

② 《剑桥中国宋代史 · 上卷》。

③ 《续资治通鉴长编 · 卷四百二十七》。

④ 同②。

党人案更是对车盖亭诗案的一次大规模的复制，旧党被整也不再像乌台诗案那样只针对苏轼一人，而成了大范围残酷的一网打尽了。

蔡确被贬后，新党其他成员，如章惇、韩缜等人也相继被贬，甚至如御史李常、盛陶、翟恩、赵挺之（李清照的公公）、王彭年等因为没有上书弹劾蔡确也被贬。旧党对新党的清算可以说是到了斩草除根的地步。

而蔡确的心腹邢恕当然也没有逃脱清算。

邢恕的倒霉很大程度上也因为他的胡乱折腾。

哲宗的生母是朱太妃，新皇即位后，邢恕为了表忠心，替太皇太后的侄子高公绘写了个奏章，请求尊崇朱太妃，号称是为了高氏的将来着想。这些其实都是高滔滔以后自然会做的事情，但是由下面的人提出来她心里就很不高兴，何况是她痛恨的邢恕。高滔滔责问高公绘："你根本就是个不识字的文盲，这奏章是谁给你写的？"高公绘不敢隐瞒，如实交代，邢恕立刻被赶出了朝廷。

高滔滔去世后，邢恕被任命为宝文阁待制，后来又升为御史中丞。他一直没有忘记高太后对自己的迫害，于是诬陷高太后有废掉哲宗的阴谋。一时间连皇帝都信以为真，让大臣草拟诏书，要废高滔滔为庶人。当时的皇太后刚刚睡下，听到消息之后急忙起来，对哲宗说："我天天侍奉高太后，天日在上，这些话是从哪里传出来的？皇帝一定要如此，那我怎么办？"

听到这话，哲宗有些醒悟，将奏折放在蜡烛上烧掉了。次日对大臣说："你们是不想我进入英宗庙了吗？"

高滔滔去世之后，谥号为宣仁太后。史书对宣仁太后的评价是很高的。作为英宗的皇后，神宗的母亲，哲宗的祖母，她在垂帘听政期间勤俭廉政，励精图治，而且从不偏袒外家，处事公正。哲宗时期也是宋朝最后一个经济繁荣、国力较强的时期，虽然邢恕对她有各种诬陷，但是真相大白之后，反而让人对她更加尊崇，因此宣仁太后也被称为是"女中尧舜"。

而蔡确，则毫不意外地进入了《宋史·奸臣传》，"荣幸"地成为第一个奸臣，紧跟在他后面的就是穿凿附会制造车盖亭诗案的吴处厚，之后就是邢恕。

事实上蔡确死后的评价也是经过了一个过程的。绍圣元年（1094年），他曾被恢复其正议大夫官职，后来还被追赠太师，谥号忠怀，甚至在崇宁初年还配享哲宗庙；徽宗时期还被赐予“元丰受遗定策殊勋宰相”的名号，追封清苑郡王，后代也被加官晋爵，贵震当世。可惜好景不长，南宋建立后，朝廷迫切需要找到靖康之耻的替罪羊，于是王安石变法被认为是北宋灭亡的元凶，新党全被认为是奸臣。但是王安石名气太大，背后的靠山又是神宗，将其列为奸臣就是不给神宗面子，于是只好委屈下蔡确，让他成为奸臣之首了。

清　算

1085年，神宗驾崩，10岁的哲宗刚刚上台，朝廷就出台了一系列举措，包括遣散修建京城的役夫，将不听话的侍从撵出宫廷，戒中外无苛敛等。这些举措当然不是10岁的皇帝做出的，甚至也不是王珪等宰相的行动，而是出自太皇太后高滔滔的意旨，这些可以算是她初掌政权的牛刀小试，而她真正的目的，还是想要全面废除王安石新法。但是仅凭高滔滔一个女子，想要对抗已经把持朝政十多年的新党，显然力所不及，她需要一个得力的帮手，而这个帮手等待这一刻也有十多年了，他就是旧党领袖司马光。

司马光被新党排挤出朝廷之后一直闲居在洛阳，在这期间他编写了著名的《资治通鉴》。据史书记载，司马光在民间威望很高，田夫野老都称他司马相公，女人和孩子都知道有个司马君实。神宗去世，司马光到汴京奔丧，卫士们看见司马光，都以手加额，百姓拦住司马光的车马高呼：“大人不要回洛阳了，请留下来救活我们！”司马光所到之处，无数人聚集围观。对这种粉丝式的狂热，司马光心里是有些恐

司马光像

惧的，因此完成对神宗的哀悼之后，他立刻回到了洛阳。

司马光刚回家，高滔滔就派来了特使，这个人就是此前高滔滔嘱咐准备一件10岁孩子穿的黄袍的宦官梁惟简，他是太皇太后的心腹。梁惟简此来代高滔滔询问司马光：为政当以何为先？事实上也就是向司马光传达重新起用他的信息。

这一年五月，朝廷下诏，让百官直言朝政缺失，这实际上就是让大臣们指出新法的弊端。当时掌权的王珪、蔡确等人害怕大臣言无顾忌，便设置了六条禁令，司马光对高滔滔说："这不是纳谏，这是拒谏。除非大臣们不说话，否则一说话必然堕入六条禁令。"高滔滔听说之后，修改了诏书，于是大臣上的奏章有上千封，新党开始感觉到了压力。

就在这个月，朝廷下诏重新起用司马光，任命他为陈州知州，不过司马光在上任途中经过汴京谢恩的时候，被朝廷留下了，担任门下侍郎，经过十余年的闲居生活，司马光终于又回到了朝廷，这一年他已经67岁了，距离他去世还有一年多时间。

所有人都知道，对司马光的重新起用意味着新法面临被废除的危险，但是新党手里还有一张王牌，那就是根据儒家的观念，作为儿子，父亲死后应该"三年不改为父之道"，否则就是大不孝。他们希望能凭借这一点来阻止旧党废除新法的想法，因为刚即位的哲宗毕竟是神宗的儿子。然而司马光对此毫不在意：

> 先帝之法，其善者虽百世不可变也。若王安石、吕惠卿所建为天下害者，改之如救焚拯溺。况太皇太后以母改子，非子改父也。①

司马光巧妙地抬出神宗的母亲，提出废除新法是以母亲身份改正儿子的过错，这样不仅不算子改父，反而是长辈教训晚辈，名正言顺，让新党无话可说，在舆论上为废除新法铺好了路。

---

①《宋史纪事本末·卷四十三》。

但是要废除新法，只靠舆论还是远远不够的，必须首先从人事变动着手，即要将新党尽数逐出，将被放逐、贬官的旧党一一请还朝。于是在七月，吕公著被召入任尚书左丞，不久苏轼、苏辙兄弟等旧党也被召还朝。

太皇太后对苏轼是非常欣赏的。据《邵氏闻见后录》记载，苏轼还朝后，任翰林学士，有一天太皇太后召见他问："学士前年在做什么官？"

"臣前年做汝州团练副使。"

"现在做什么官？"

"臣现在待罪翰林学士。"

"为什么升迁这么快？"

"是因为遇到太皇太后陛下。"

"这不关老身事。"

"是因为遇到皇帝陛下。"

"也不关官家事。"

苏轼有些糊涂了："难道是大臣举荐臣？"

"也不关大臣事。"

苏轼大吃一惊，以为太皇太后是在暗示自己走歪门邪道升官，忙说："臣虽然无状，但也不敢凭借其他途径升迁。"

太皇太后说："我很早就想让学士知道事情的原委了，是神宗皇帝的意思。神宗皇帝在世的时候，一天吃饭看文章，吃着吃着筷子就停下了，专心看文章，宫人看到窃窃私语，说皇帝一定是在看苏轼的文章。皇帝经常称赞说：'苏轼奇才！奇才！'可惜还没来得及任用你，皇帝就上仙了。"

听到这话，苏轼失声痛哭，太皇太后也随之痛哭，之后说："学士一定要尽心侍奉官家，以报先帝。"①

随着被贬谪的旧党纷纷被召入朝，蔡确、章惇、邢恕等新党也陆续被贬谪，旧党对新法的清算终于开始了。

旧党首先废除的是保甲法，司马光认为这个法令让百姓三天两头忙

---

①《邵氏闻见后录·卷二十》。

于训练阅兵，妨碍农时，有害无益；之后又废除了方田均税法。这条法令制订的初衷是为了防止豪强地主逃避赋税，也是为了防止他们将赋税转嫁到贫民身上，而这条法令被废之后，“土地会重新被有权有势之人兼并，税务负担会再一次从富人转移到穷人”①。不过司马光和他的朋友们似乎并不在意这一点。之后又相继废除了市易法和保马法。

司马光几乎是以光速全面废除新法，这样做的原因除了十五年淤积在心中的愤怒终于爆发，还有就是司马光自己也知道，留给自己的时间不多了。此时的司马光已经身患重病，几乎无法走路，要靠儿子搀扶着才能入宫。他对吕公著说：“我把身体交付给医生，把家事交付给儿子，只有国事没有托付，就交给您了！”

而司马光杀红了眼的工作作风，终于在商讨免役法废除的时候引发了旧党内部的分裂。

按照司马光的要求，凡是新法都应该连根拔除，但是很多旧党人士对此表示委婉的反对，苏辙就认为，朝廷实行免役法有二十年了，公私都早已习惯，现在一概废除，肯定会产生很多矛盾②。苏辙的哥哥苏轼也对此表示反对，他清醒地列出免役法和以前实行的差役法各自的异同，举出各自的优缺点，认为司马光只看到了免役法的害处而没有看到其益处，希望司马光从长计议。可司马光十分恼怒，满脸不快。苏轼说：“当年韩琦大人想把陕西的百姓刺字为义勇，大人当时是谏官，极力劝谏。韩公很不高兴，大人也不顾这些。可是现在您是宰相，怎么就不准我苏轼直言了？”

司马光表面上道歉，但是内心还是坚持原意。以前王安石的固执就让苏轼大为头疼，还给他起了个外号“拗相公”，现在司马光当政，其固执一点不亚于王安石，苏轼气得把司马光叫作“司马牛”。

范纯仁对司马光的急躁做法也很不满意，建议废除新法不要急于全面铺开，可以选取一个地区作为试点，成熟之后再推广，对此司马光也

---

① 《剑桥中国宋代史·上卷》。

② 《续长编纪事本末·卷一〇八》。

不同意。范纯仁无奈地说：“你这样就是叫人不要说话了。如果大家都取媚于你以自容，跟以前那些年轻人迎合王安石来取富贵有什么区别？”

范纯仁甚至还用旧事来提醒司马光：“熙宁年间的阿云案（详见本书《千秋功罪·一个案件背后的玄机》)，王安石订立了按问自首法。您执政之后就废除了这条法令，但是有关部门执法过严，各地被判死刑的比以往多了几倍，这大概是不符合先王宁愿放走坏人也不愿冤枉好人的本意吧？”

对范纯仁和苏轼的建议，司马光不但不同意，还下死命令：各地废除免役法，恢复差役法以五日为限。期限到时，大多数地方官都无法按期完成命令，只有开封知府蔡京按时完成，司马光知道之后十分高兴：“如果每个人都能像蔡京一样遵守法令，还有什么不可行的呢？”

御史中丞刘挚上书说，新法刚刚执行之时，就有人迎合争先，不管百姓利害死活，一刀切，只为完成命令。他指出：废除新法如果矫枉过正，很可能会带来更大的灾祸。刘挚所说的迎合争先者，显然包括蔡京这样的人。但是这时候的司马光已经顾不得许多，日益衰弱的身体催逼着他尽快完成自己多年来就想完成的事情，就像伍子胥说的一样，赶夜路赶得过于着急，甚至已经不惜倒行逆施了。“司马光自以为自己是王朝的拯救者，相信自己掌握了让宋朝内外转危为安的关键，即立刻废除新法。司马光是一个悲剧性的、不切实际的人物。尽管他的健康每况愈下，理性思考也越来越难，他仍然坚持他的政治征途。”①

到 1086 年七月的时候，原来新党的蔡确、章惇、邢恕、吕嘉问、李定等已经相继被贬出朝廷，而让旧党最为拍手称快的是吕惠卿的贬黜。吕惠卿原来是王安石的副手，可以说是新党的二号人物，同时也是罗织乌台诗案，导致苏轼被贬黄州的元凶之一。这一年七月，吕惠卿被贬为建宁军节度副使，建州安置。而贬谪他的诏书就是由此时的中书舍人苏轼起草的。这封诏书文采飞扬，痛快淋漓，说吕惠卿不过只有“斗筲之才，穿窬之智，谄事宰辅，同升庙堂”，意思是他本来就智力低下，靠

① 《剑桥中国宋代史·上卷》。

着拍王安石的马屁才得以晋升高位。还说吕惠卿“乐祸贪功，好兵喜杀，以聚敛为仁义，以法律为诗书”，最后说朝廷圣明，不会被这种小人欺骗，最终将其逐出朝廷，流放遐荒。苏轼曾经被新党陷害，被贬黄州4年，他用上了自己所有的才华，写出了这封文采斐然的诏书，一时间天下纷纷传诵，大家都觉得十分解气。然而范纯仁却对太皇太后说：“记取别人的过错，不宜太深。”

这一年九月，司马光又废除了青苗法。这条法令是王安石的得意之作，也是整个王安石变法的基石。到此为止，王安石的新法基本被废除殆尽，而十月，疾病缠身的司马光就离开了人世。

司马光在生命的最后岁月可以说是用一种殉道者的精神在支持着自己。当时朝廷将所有大权都交给了他，从太皇太后到皇帝到大臣都唯司马光马首是瞻。这种情况下，司马光不顾身体虚弱，事必躬亲，不舍昼夜。当时有人用诸葛亮的例子劝他，说诸葛亮晚年也是事必躬亲，饭量极小，结果出师未捷身先死，司马光却说：“生死有命。”之后，工作更加勤奋了。司马光病重的时候，家人还听到他喃喃自语，就像在说梦话，凑近一听，说的都是国家的事情。

司马光的去世代表着旧党对新党的清算暂告一段落，此后吕大防和范纯仁分别担任尚书左右仆射兼门下、中书侍郎，两个人都堪称纯良君子，太皇太后对二人也倾心委任，因此元祐年间的政事，后人认为堪比嘉祐年间。

而司马光去世最大的影响是从此旧党失去了能够统帅三军的领袖，在人才济济的旧党阵营没有任何一个人能取代他的位置，因此司马光一去世，旧党迅速陷入分裂，北宋朝廷又进入了新一轮党争。

当大才子遇到老学究

司马光在生命最后的日子里，除了拼尽全力逐条废除新法，还在不断将革新党人依次逐出朝廷，以自己的同盟军取而代之。哲宗元祐元年（1086年），他和吕公著一起上书，用激情洋溢的文字向皇帝极力推荐大儒程颐：

伏见河南处士程颐，力学好古，安贫守节，言必忠信，动遵礼度，年逾五十，不求仕进，真儒者之高蹈，圣世之逸民。望擢以不次，使士类有所矜式。[①]

程颐是程颢的弟弟，两兄弟都是道学的开创者，在后世有极高声誉。显然司马光想将程颐拉入旧党的队伍，壮大自己的力量。在他的请求下，朝廷下诏任命程颐为国子监教授，但是被程颐推辞；很快又召他为秘书省校书郎，这次程颐接受了。而程颐到朝廷后，马上又晋升为崇政殿说书，也就是哲宗的老师。程颐没有考中进士，完全是以百姓身份一步登天的，得到了很多读书人一生都梦寐以求的职位——帝师，一时间名声大噪，风头无两，这一年，程颐 54 岁。

不过当这位道学先生的学生恐怕也不是什么轻松的事情。程颐对皇帝说："陛下应该选择有名的儒生给皇帝讲课，讲完之后让老师留在身边以备随时解惑。如果皇帝有小过失，老师可以随时规劝。日积月累，一定能培养出伟大的德行。"[②]就这样，程颐不仅成了皇帝学术上的老师，更担起了皇帝人生导师的职责。

有一天程颐听说哲宗在洗漱的时候不忍心伤害蚂蚁，就问："有这事吗？"

皇帝回答："是的，只是害怕伤害生命。"

程颐十分欣慰："将这善心推广到四海，这就是帝王最要紧的大道。"

有一天哲宗凭栏偶然折下一枝柳枝，程颐一本正经地说："现在正是春暖花开，万物萌发之际，不应该随便折花草，损伤天地的和气。"

皇帝急忙点头称是。

就在这一年九月，50 岁的苏轼也被任命为翰林学士兼侍读，与程颐一起担任皇帝的老师。

---

① 《宋史纪事本末·卷四十五》。

② 同上。

当时给皇帝上课，老师是站着讲的。程颐对此很不满意，认为这有损师道尊严，他上书皇帝，援引旧例，说让老师坐着才符合“祖宗尊儒重道之美盛”，应该是“万世帝王所当法”。而且把自己的地位与宰相并列：“天下重位惟宰相与经筵，天下治乱系宰相，君德成就责经筵。”

作为程颐的同事，苏轼对程颐这种动辄就子曾曰的做派很不以为然，认为程颐不近人情，经常对他进行嘲讽，两人的矛盾越来越深，而在司马光去世的时候，矛盾终于爆发了。

司马光去世那天，百官刚好在皇帝的率领下参加了明堂庆典，庆典结束后，苏轼和官员们就想去司马光家吊丧，而程颐马上阻止：“孔子说：‘哭则不歌’，你们这样不符合礼法。”

“哭则不歌”出自《论语》，原文是：

子食于有丧者之侧，未尝饱也。子于是日哭，则不歌。

不难看出，孔子的原意是有人办丧事，自己就应该有同理心，与之共情，不要大吃大喝，也不要在这天歌舞升平。这和《礼记》里说的“邻有丧，舂不相；里有殡，不巷歌”（邻居家办丧事，舂米的时候就不要喊号子；邻里有人出殡，就不能唱歌作乐）是一个意思。而程颐将其解释为参加了娱乐活动之后就不能吊丧，显然是刻板荒谬的。因此以苏轼为首的大臣们都不买账：“孔子说哭则不歌，却没有说歌则不哭。”

于是大家还是纷纷到司马光家去悼念。

等大家去了之后，发现司马光的家人都没有出来接待，原来又是程颐对司马光的儿子说：“根据古礼，你们这时候应该表现出悲伤得无法自持的样子，只能奄奄一息地躺在床上，不应该出来接待客人。”

苏轼对此感到又好气又好笑，说了一句：“颐可谓鏖糟陂里叔孙通。”

这句话可以说刻薄无比。

叔孙通是汉初儒生，他为刘邦制订了全套的礼仪，也成为后世礼仪之祖。而鏖糟陂是个地名，指的是当时汴京城外最脏乱差的地带。如果这话换成现在的方式说就是：你个七环以外城乡接合部的杀马特土老帽，居然认为自己是中科院院士。时隔近一千年，我们似乎都可以看到当时大臣们拼命憋笑的表情。可是还没完。

之后程颐又要求司马光的儿子遵循古礼，不用棺材，只用锦囊来裹司马光的遗体，苏轼又讥讽说："您还差了一件东西，应该给阎罗王送一个信物。"

听到苏轼的讥讽，程颐心中的怒火可想而知，两人的分歧开始明朗化，而两人的追随者又为这分歧煽风点火，于是开始了司马光死后，旧党内部的洛党与蜀党之争。

洛党的首领就是程颐，其成员有贾易和朱光庭；蜀党的首领当然是苏轼，成员有他的弟弟苏辙、吕陶、孔文仲等。而两党之争则成为司马光死后两年内朝廷的"主旋律"。

洛党与蜀党之争的根源其实是苏轼与程颐的私人恩怨，而这恩怨的根源是两人冰炭不容的性格差异以及他们对学术的不同态度。

程颐是宋代理学的开创者之一，理学家们有着崇高到惊人的责任感与使命感，这从同为理学开创者张载的"横渠四句"可以看出来：

为天地立心，为生民立命，为往圣继绝学，为万世开太平。

这一组四个排比句，气势磅礴，斩钉截铁而不容置疑，可以看出道学家们将自己放在了先天的道德制高点上，以轻蔑与不容分说的态度面对天下苍生，认为整个世界都需要自己去拯救、去匡正。这样的人生态度如果是用在做学问上是令人钦佩的，也一定能做出伟大的成就——事实上张载、程颢、程颐等人的学术地位已经说明了这一点。然而如果是在工作和生活中，就难免会让周围的人觉得很不自在。

"程颐政治作品的特点是道德苛求，再加上原教旨主义以救世主自居的狂热，跟同时代其他人的作品相比，完全处在不同的话语世界之中。那些人永远不会用他这种说法来控诉指责自己的人。"① "程颐显得冷淡

① 《剑桥中国宋代史·上卷》。

而严厉，就像秋日里的严霜，他象征着敬重和真诚，他的一生就是对坦诚、正直和美德坚持到底，毫不妥协地追求，但他的傲慢也使他得罪了不少人。”[①]

道学家们自认为崇高无比，随时准备出手拯救可怜的地球人，而苏轼却与此不同，他是一个特别善于解构崇高乃至消解崇高的人。很多人认为凛然不可侵犯的清规戒律，在苏轼眼里不但不值一提，甚至还会以恶作剧的方式来嘲笑这种规则。

苏轼在杭州做官的时候，有一次去拜访大通禅师，禅师道行深厚，持戒甚严，对酒宴女色之类一向深恶痛绝。而苏轼竟然故意带了个妓女去见他，禅师心中的不快可想而知，对苏轼理都不理。苏轼见状，马上写了一首《南歌子》调侃端正严肃的老和尚。

南歌子

师唱谁家曲，宗风嗣阿谁。借君拍板与门槌，我也逢场作戏，莫相疑。　溪女方偷眼，山僧莫眨眉。却愁弥勒下生迟。不见老婆（一作阿婆）三五，少年时。

这首词的意思是：大师你唱的是哪一家的曲子？继承的是哪一派的宗法？我借用一下你的拍板和门槌。我也只不过是逢场作戏，你可千万别怀疑。歌女正在偷偷看着你，大师你千万别皱眉。只恨僧人出生太迟，没有见过老太婆十五年华，正青春漂亮的时候。

这古灵精怪的苏轼简直就是一个让人哭笑不得的顽童，明知可能触霉头，却偏要哪壶不开提哪壶，让人无可奈何，据说即便是庄严肃穆的大通禅师，听了这首曲子后也忍俊不禁，为之释然了。

然而面对苏东坡，程颐是无论如何也做不到释然的。

程颐更像个饱读诗书但是不通世故的老学究，幸好他贵为帝师，如果他落魄潦倒，很可能也就像孔乙己一样，在咸亨酒店温一碗酒，来一

① 《哈佛中国史·儒家统治的时代：宋的转型》。

碟茴香豆了。

而苏轼却是个不折不扣的大才子，飘逸潇洒，不拘一格，而且苏轼还拥有中国古代文人很少有的一个技能：幽默。

苏轼的幽默很多时候能够化解尴尬，融和气氛，让人能够一笑泯恩仇。

苏轼被贬黄州，后来又被起用，担任礼部员外郎，到汴京的时候遇见了当时关押自己的狱吏。东坡被关的时候，经常受到这个狱吏的羞辱，这时候东坡回朝，狱吏见了羞愧难当。东坡当即编了一个故事讲给他听。

有毒蛇咬死了人，地府要治罪，蛇说："我的确有罪，但是也有功。"

阎王问："何功？"

"我有蛇黄，可以救人，而且已经救过几个人了。"

阎王查验后属实，便把它放了。

之后有一头牛因为顶死了人也被治罪，牛说："我也有牛黄可以治病，也救了好几个人了。"

阎王查验后属实也把它放了。

过了一会儿，来了一个人，鬼吏说："这个人杀了人，应当偿命。"

那人惊慌失措，说："我也有黄。"

阎王大怒："蛇黄、牛黄都可入药，天下共知，你是人类，有什么黄？"

那人嗫嚅半天吞吞吐吐地说："我……我……我有些……惭惶。"

很多人曾说，如果有选择，希望能跟苏轼做朋友，我不以为然。因为跟苏轼做朋友是很有风险的，你随时可能被他冷不丁幽一默，调一侃，甚至你完全有可能在很久之后都没有反应过来。更重要的是，跟苏轼做朋友，如果没有如他洒脱豁达的胸怀是很难相处的，若心胸狭窄，小肚鸡肠，更可能处成仇人。

苏轼因为反对王安石变法遭遇乌台诗案被贬官，后来朝廷开恩，让他离开黄州前往汝州任职，路上经过金陵，苏轼便去拜访闲居在此的王安石。王安石一见到苏轼就说："好个翰林学士，我早就在此恭候了。"苏轼此时还不是翰林学士，王安石这话，其实是南唐后主李煜投降后，宋太祖见到他时说的第一句话，王安石这里其实也有调侃苏轼的意思。苏轼听后不慌不忙，对王安石说：我给你讲个故事。

抚州出一种皮鼓，有淮南的土豪愿意出巨资购买，于是抚州这做鼓的人不远千里送货上门。谁知土豪敲了半天，皮鼓一点声音都没有，因此买卖没做成。那抚州人很郁闷，出门之后一扬手将鼓扔进河里。结果在河水的吞吐之下，那鼓居然又发出声音了。抚州人更生气了："你早作声，我也不会到这般田地了！"

苏轼无处不在的幽默在现代人看来是一种闪闪发光的智慧，也是人际关系中最好的润滑剂，然而在当时的人看来则很可能是轻佻的冒犯甚至是羞辱。而苏轼才华盖世，举世无匹，因此这种幽默甚至有可能被认为是一种智商霸凌，让人在难堪之后恼羞成怒。

王安石一向以自己的学识自傲，他当政的时候写了一部《字说》，也就是对汉字进行自己的解释。然而奇怪的是，王安石拒绝承认汉字中数量最多的形声字，他在《字说》里往往用会意字的构成方式解释形声字，这样难免牵强附会，就闹出了不少笑话。

比如"笃"字，王安石的解释是"以竹鞭马为笃"，古代"笑"字还有一个写法是上面一个竹字头下面一个"犬"字，因此苏轼讥讽说："若以竹鞭马为笃，以竹鞭犬有何可笑？"

还有一次苏轼写了一个"坡"字问王安石："这个字怎么解释？"王安石说："坡者土之皮也。"苏东坡马上调侃："那么'波'就是水的皮，'滑'就是水的骨头喽？"王安石无言以对。

有一次苏东坡故意兴冲冲地找到王安石说："相公，我根据您《字说》

中的观点，发现‘鸠’的确就是九只鸟的意思。”王安石大喜：“真的吗？如何解释？”苏轼说：“《诗经》有云：‘尸鸠在桑，其子七兮。’加爷与娘，恰好九个。”王安石当时还真没发现苏轼的讽刺，过了好久才缓过神来：又被这小子算计了！

不过如果王安石知道苏轼曾把自己骂作乌龟王八蛋的话，他可能真的会怒火中烧了。

苏轼被贬后，有一天给朋友讲了一个寓言：

我一日做梦，梦见龙王邀请我做客，于是我就跟着去了。到了龙宫，只见到处都是奇珍异宝，光彩夺目，美不胜收。到了宫门，龙王屈尊亲自迎接，我受宠若惊：“我只是一个罪臣，如何当得起龙王如此多礼！”过了一会，东华真人和南溟夫人也来了，龙王拿出一幅鲛绡，让我在上面写诗。我写好之后交给龙王看，龙王和众宾都赞不绝口。这时候龙王旁边的鳖丞相凑过来说：“苏轼的诗里有一个词‘祝融’犯了大王的忌讳。”（祝融是火神，龙王是水神）龙王一听勃然大怒，就把我赶出了龙宫。我回来叹息：“我苏轼命苦啊，一生就是被这鳖丞相给陷害了！”

苏轼一生的确总是跟宰相过不去，不管是作为新党的王安石，还是曾经是他密友的章惇，还是一心提拔他重返朝廷的司马光。这里的“鳖丞相”，估计是三个人都有份的。

有一次司马光跟苏轼争论新法废除的问题，苏轼无法说服司马光，于是很少见地急了眼：“你这种说法就是王八乱踢脚！”（原文为鳖厮踢）司马光不解：“王八怎么会乱踢脚？”苏轼说：“所以才叫乱踢（厮踢）啊！”

司马光和王安石都是饱学之士，对苏轼的这种耍嘴皮子的抖机灵大概是不会太介意的，然而苏轼的幽默在与他才华相差悬殊的人看来就是一种羞辱，甚至是一种霸凌，《铁围山丛谈》就说苏轼“以高才狎侮诸公卿”。

更要命的是，苏轼其实是个单纯得如孩子一样的人，他“上可陪玉皇大帝，下可陪田院乞儿，眼见天下无一个不是好人”，他根本没有意识到自己的幽默对别人可能是一种嘲讽甚至羞辱，更没意识到自己太高的才华其实就是与生俱来的原罪，更没有想到，他所调侃的人很多都是领袖一类的人物，面对这些无伤大雅的幽默，他们自己可能不太在意，但是他们的追随者却早已怒火中烧了。

两人性格完全不同，而在学术上，两个人也是有本质区别的。苏轼是大文豪，文赋诗词书画无所不精，而程颐对这些却不屑一顾：“以博闻强记、巧文丽辞为工，荣华其言，鲜有至于道者。”[①]程颐在这里没有点名，但是这几句指责几乎就是为苏轼量身定做的，两人的矛盾可见一斑。

因此，程颐与苏轼的区别可以说是冰炭水火，一个是崇高的道学先生，一个是随性的潇洒文士；一个冷峻傲骄，一个热情活泼；一个非礼勿视，一个无所不为，这种区别从两件事可以清楚地看出来。

关于程颐，有一个很著名的典故“程门立雪”：

> **杨时见程颐于洛，时盖年四十矣。一日见颐，颐偶瞑坐，时与游酢侍立不去。颐既觉，则门外雪深一尺矣。**
>
> **——《宋史 · 杨时传》**

程颐的学生杨时和同学来拜见老师，那时候杨时都40岁了，到的时候程颐正在闭目养神，杨时和同学不敢打扰老师，就恭敬地站在门外，等到程颐招呼他们的时候，门外的雪都一尺深了。

史书没说程颐对学生的做法持何种态度，不过根据他的立身行事来看，他对学生的这种近乎宗教狂热的谦卑是十分受用的，如果换成他是学生，遇到同样的情况大概也会如此表现。设想如果是苏轼呢？

一次苏轼去拜访宰相吕大防，正值吕大防在午睡。苏轼等候良久他才出来。苏轼指着吕大防客厅水缸里养的一只绿毛乌龟说：“你这只乌龟没有什么珍贵的，最珍贵的当属一种六只眼睛的龟。”吕大防惊讶地说：

---

① 《宋史 · 列传 · 卷一百八十六》。

“有这样的乌龟吗？不是你杜撰的吧？”苏轼一本正经地说：“唐中宗时，有人进献六眼乌龟给皇帝。皇帝问：‘这乌龟有什么奇特之处？’进献者回答：‘这乌龟有三对眼睛，因此它睡一觉抵别的乌龟睡三觉。’”

考虑到礼貌以及上下尊卑，苏轼当然不会把吕大防从床上抓起来，但是他一定会用自己的幽默与调侃为自己出一口气。这个故事在《贵耳集》里还有另一个版本，说苏轼竟然当场写了一首打油诗调侃吕大防：

莫要闹，莫要闹，听取龟儿口号。
六只眼儿睡一觉，却比他人睡三觉。

吕大防是个淳朴宽厚的人，听了苏东坡的调侃，只是大笑了之。如果换作程颐，或许不是勃然大怒，就是满腔怒火、掉头不顾，心里也许已经恨你一辈子了。

两人的交恶在司马光去世时明朗化，也拉开了蜀洛党争的序幕。很快，程颐的追随者贾易、朱光庭就弹劾苏轼，说在苏轼出的一套试卷里讥讽了先皇，这不过是“乌台诗案”时用过的套路，但是贾朱两人的手段比起前人来说还低一个档次。其实，苏轼的原话是：现在朝廷想效法仁宗的忠厚，但是担心百官不尽心履职，以至于懈怠；想效法神宗的励精图治，又害怕百官不体会圣意，以刻薄为政。可贾易、朱光庭硬是说苏轼在讽刺仁宗懒惰、神宗刻薄，这样的穿凿附会，稍有学识的人都看得出是强词夺理，蜀党的吕陶马上反击，认为贾易和朱光庭是公报私仇，太皇太后也觉得，苏轼并非讥讽祖宗。这件事虽然暂时平息了，但是也带来了后遗症：吕陶之后被弹劾，被迫离开御史台；贾易也被罢免，逐出京城。而洛党与蜀党最后争斗的结果是两败俱伤，因为当时除了他们，还有另一个真正掌握实权的派别——朔党。

朔党的主力干将是刘挚、梁焘、王岩叟、刘安世等人，他们以司马光的正统继承人自居，“在政治上是实用主义，基于事实寻求道理”[1]，在

① 《剑桥中国宋代史·上卷》。

司马光去世之后，朔党牢牢控制了官僚体系的最高点，占据了政治的主流，在他们看来，苏轼的蜀党过于随心所欲，喜欢挑战传统；程颐的洛党则事必复古，更像宗教狂热分子。为了保持朝廷的稳定与统一，必须制止两党无谓的争斗，基本方法便是将两党人员全部逐出朝廷。

元祐二年，就在贾易被贬的同时，程颐也被罢免了哲宗讲师的职位，被贬到洛阳国子监教书去了。苏轼在程颐离开之后仍然不断遭到攻击，这是他幽默的性格给他带来的终生“馈赠”。元祐四年（1089年），不堪其扰的苏轼主动请求外放，被任命为杭州知州，喧嚣一时的洛蜀党争最后以两败俱伤的结果落下了帷幕。而经过洛蜀党争的内斗，保守派的实力大大受损，导致在哲宗亲政后的绍述中无法抗衡改革派的反攻，于是一败涂地。

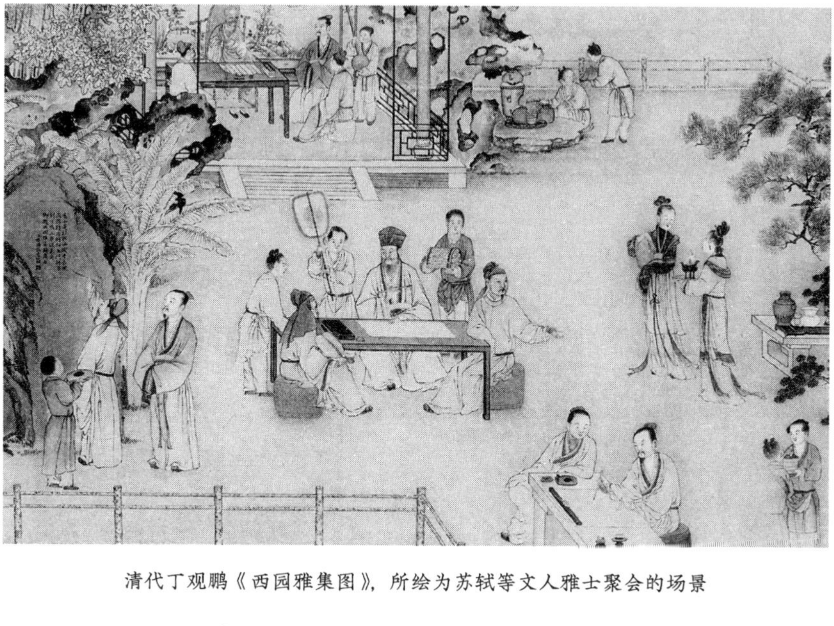

清代丁观鹏《西园雅集图》，所绘为苏轼等文人雅士聚会的场景

风水轮流

元祐八年（1093年），高太后去世。

从元丰八年（1085年）垂帘听政，到元祐八年去世，高太后在大宋帝国最尊贵的座位上坐了将近9年。这9年是旧党最后的黄金时代，司马光、吕公著、苏轼、苏辙等一大批旧党成员被召回朝廷，授以高官，而新党成员则大多被降职或者流放。对这样的统治者，旧党当然是感激涕零的，因此史书上称高太后为“女中尧舜”。

高太后弥留之际，吕大防、范纯仁等入宫探望，太后见到大臣们说：“老身受神宗托付，跟官家一起听政，你们说说，这些年我偏袒过照顾过我娘家高氏没有？”

大臣们都摇头。

“我只是为了至公，我现在病重快死了，却无法见自己的儿女一面。”（高太后的儿子在外地为官）说着太后潸然泪下。

高太后又说：“先帝追悔往事，至于泪下，这事官家应该明白。老身走了之后，一定会有很多人误导官家的，一定不要听。”

高太后看着这些旧臣说：“你们最好尽快辞官回乡，让官家重新任用他的一帮人（新党成员）。”①

① 《宋史纪事本末·卷四十四》。

“高考”复读生的复仇

赵煦像

宋哲宗元祐八年（1093 年）十月，即位 8 年的哲宗赵煦终于亲政了。新皇上任，朝廷政策风向会做何改变，每个人心里都没底，朝廷内外，人心惶惶。

翰林学士范祖禹决定直接向皇帝探问口风，他写了一道奏章，提醒皇帝“（小人）必将以改先帝之政，逐先帝之臣为言”，希望皇帝“辨析是非，深拒邪说”。这显然是害怕哲宗亲政之后，风向倒向新党一边。想上书提醒皇帝的不止范祖禹一个，苏轼也正有此意，他刚拟好了奏章，就看到范祖禹的奏章，大加赞赏：“这是经世之文啊！”于是毁掉了自己的稿子，在范祖禹的奏章上联署了自己的名字。

然而，奏章递进去之后，没有任何反应。

如果我们大胆揣测一下，这时候哲宗心里可能正在愤愤不平：8 年来，朕一直只能看你们这群家伙的屁股，现在朕也要让你们看看朕的厉害了！

哲宗刚即位的时候其实只有 10 岁，太皇太后在世期间，政事全部由她处理。随着哲宗年纪渐长，有时候太后也问哲宗：“那些大臣奏事，你心里是怎么想的？”

哲宗总是毕恭毕敬地回答：“娘娘已经处置了，臣还能有什么意见？”

但是如果真的认为哲宗对这种傀儡生活没有任何意见的话，就显然太幼稚了。

哲宗和太后的座位是相对的，大臣们上奏的时候总是面向太后，哲宗后来愤愤不平地说：“8 年来，我看见的只是大臣们的屁股。”

终于等到了这一天，太后归天，哲宗大权在手，虽然大臣们不知皇帝接下来会有什么动作，但是一种不祥的预感浮上心头。

范祖禹的奏章递上去之后杳无音信，他并没有气馁，又多次上奏极力劝谏皇帝不要轻易地回归新党的轨道，皇帝暂时对他还以礼相待，然而官小一点的侍讲丰稷上书劝谏皇帝就倒了霉，立马被贬为颍州知州。

哲宗即位两个月后，这一年的十二月，苏轼被任命为定州知州，事实上就是被赶出了朝廷。哲宗毫不掩饰对苏轼的反感，甚至拒绝让苏轼行前按惯例入宫告辞。苏轼抱怨说：“国家大乱的时候，即便是近臣都无法向皇帝表达自己的看法。”离开京城的苏轼，可能已经预感到等待自己的肯定是连续的降官，但是怎么也想不到自己居然最后被流放到天涯海角。

苏轼刚刚被撵出朝廷，哲宗就做出了一个惊人的人事安排：任命章惇为资政殿学士，吕惠卿为太中大夫。

章惇字子厚，为人豪放不羁，博学能文。特别让人惊叹的是，他其实是个“高考”（科举）复读生。

章惇博学多才，仁宗嘉祐二年（1057 年），章惇考中进士，但是他的侄子章衡在这年中了状元，章惇觉得自己居然在侄子之下，甚为羞耻，竟然扔掉了敕诰，回家去了。

两年后，章惇再次参加进士考试，这一次以甲科第五名的优异成绩考中了进士。考中进士不要功名，宁愿“复读”，下次冒险再考，章惇的这种行为至少说明两点：第一，他的确才华横溢；第二，章惇对自己的才华十分自负。

章惇第一次参加科举的那年，苏轼也考中了进士。章惇和苏轼年轻时关系很好，经常一起游玩。有一次两人游南山仙游潭，下面是绝壁万仞，潭上仅有一根独木。章惇请苏轼走过独木，到对面石壁题字，苏轼吓得不敢走。于是章惇上前，平步踏过独木，然后用绳索挽着树，提笔就在石壁上大书“苏轼、章惇来”，回来的时候，脸色一点都没变。苏轼抚着章惇的背说：“你以后一定能杀人。”

“为什么？”

“能够这样拼命的人，也一定能杀人。”

章惇听了大笑[1]。

还有一次，两人听说城外有老虎，便一起骑着马去看。来到距离老虎数十步的地方，马吓得不敢前行。苏轼也害怕了，说："马都吓成这样了，我们何必冒险。"便准备往回走。章惇却打马前行说："我自有道理。"走到离虎很近的地方，章惇掏出一面锣在石头上砸得很响，老虎受惊逃跑。章惇扬扬得意，回来对苏轼说："你以后一定不如我。"[2]

章惇与苏轼的私交甚好，但是在政治上两人却分属不同阵营，苏轼属于旧党，章惇却属于新党。宋神宗时期，章惇很受王安石信任，被推荐修起居注、知制诰、直学士院、判军器监。

有一次三司发生火灾，到处一片混乱。神宗在楼上观察火情，他看见混乱中有一个官员率领兵士急匆匆地赶去灭火，神宗问左右此人是谁，左右回答是章惇，第二天，章惇就被任命为三司使。后来章惇一路升官，加集贤殿学士，参知政事（副宰相）后又被派经略江南，名震天下。而此时的苏轼却流年不利，遭遇了乌台诗案，被关押在御史台监狱。

苏轼被贬的时候，宰相王珪对皇帝说："苏轼有一句诗：'世间唯有蛰龙知。'这句诗分明是影射皇上！"

章惇当时在一旁反驳说："龙不一定只指皇帝，臣子也可能被称为龙的。"

皇帝也不糊涂，说："是啊，自古称龙的多了，像荀氏八龙，诸葛卧龙之类，难道都是指皇帝吗？"

出来之后，章惇责备王珪说："相公是想让人家家族覆灭吗？"

王珪辩解说："我是听舒亶这么说的。"

章惇对宰相大人却一点不客气："舒亶的唾沫难道也是可以吃的吗？"

后来苏轼在乌台诗案中没有受到更重的处分，跟章惇的搭救是有关系的。苏轼对此也心知肚明，他出狱的时候给章惇写信："子厚平时就送

---

① 《宋史·奸臣传·卷四百七十一》。

② 《宋人轶事汇编·卷十三》，引《耆旧续闻》。

我医药，在危急的时候又伸手相救。”①

王巩也说：“章惇为苏轼辩诬，可见章惇也并不是行为险恶，用心狠毒之人，与苏轼也有故交尚在。”

然而，残酷的政治斗争里并没有私人情谊存在的空间。

神宗去世之后，太皇太后辅政，召回司马光、苏轼等旧党大臣，全面否定王安石新法。作为新法骨干的章惇对此十分不满，多次与司马光争辩，有一次甚至就在太皇太后帘前大吵大闹，太后和司马光都无法驳倒章惇的观点，于是找了个借口，说他在太后面前言语不顺，便把他赶到汝州去了。

8年后，受尽屈辱的章惇终于又回到了朝廷。这个心高气傲却被贬多年的男人胸中燃起了熊熊怒火，他决心用尽一切手段向那些曾经打击、陷害和羞辱自己的人复仇。

哲宗亲政后的第二年，朝廷下诏将年号改为“绍圣”。

古代的年号都是有重要含义的，比如太祖建立宋朝，于是定年号“建隆”，有“创建伟大基业”的意思；真宗时期声称天书降世，于是改元“大中祥符”；太后垂帘期间的年号是“元祐”，一般认为是恢复嘉祐和元丰政事的意思，这意味着对新党的否定，而现在哲宗将年号改为“绍圣”，意思是恢复先圣的伟业并将其发扬光大，这个“先圣”指的是谁呢？

先圣指的就是支持变法的宋神宗。

这个年号一出来，所有的人都知道了，原来哲宗皇帝心中的偶像并不是刚刚去世的太后，而是他的父亲宋神宗。

俗话说：“一朝天子一朝臣。”其实皇帝刚刚上任，为什么不坐享其成，而要一股脑赶走旧臣，任命新臣？原因很简单，一旦皇帝大权在握，他就需要属于自己的人事架构，只有这样，才能保证自己的权力意志能够畅通无阻地传达下去。而要建立自己的人事架构，就必须摧毁旧有的。宋神宗重用王安石以对抗韩琦、欧阳修等旧臣，太皇太后又借助司马光

---

① 《宋人轶事汇编》。

对抗王安石，本质都是如此。

在这个意义上，年轻的宋哲宗如果想要当一个真正的皇帝，他就必须毫不留情地驱逐现在朝廷里的那些高官，甚至无关政见，无关党派，只有一个原因——皇帝需要安插自己的人，或者说，皇帝需要通过安插的方式“培育”自己的人。

从这个角度说，继任领导反对前任领导基本是一种必然，这无关是非，甚至无关政治倾向，因为只有否认前任，才能凸显继任者的存在感，也才能借此将前任的势力排挤出去，实现人事大换血。

所以，从哲宗亲政那一天起，吕大防、范纯仁、苏轼等人的命运就已经注定了，而哲宗的短命也意味着重归朝廷、威震八方的章惇的命运被注定了，当然这是后话。

如果说年号的改变还只是一个意向上的变化的话，那么这年的进士考题则开始从人事上筛选支持新党的士子们了。这一年的考题大意是：

现在恢复了用词赋考察士子，但读书人并未因此而更加努力；废除了常平仓政策，但是农民却没有因此更富裕；有人主张差役法，有人主张募役法，众说纷纭，而法令更加混乱；治河策略不一，而水患更加深重；用放弃土地的怀柔方法对待蛮夷，但是外族却更加嚣张；减轻赋税以利民，但是商业却受到阻碍……

这完全就是从根本上否定了元祐之治，基本上是在明明白白地告诉这些帝国官僚的预备军：风向又变了。

苏辙看到势头不对，上书极谏说：“臣以为元祐以来，大臣们奉行先帝的旨意，没有不当之处，如果先帝的做法的确有不妥的地方，后世进行补救，有何不可？汉武帝穷兵黩武，导致国家财力枯竭，民不聊生，几乎导致大乱，汉昭帝委任霍光，废除繁苛法令，汉室因此才重归安定。”

哲宗看到奏章后大怒道：“怎么能将先帝比作汉武帝！”

看到皇帝如此动气，苏辙只好下殿领罪，大臣们见此情形都不敢冒险上前搭救，只有范纯仁不紧不慢地说：“汉武帝雄才大略，史书对他并没有太多的贬斥，苏辙将先帝比作汉武帝，也并不是诽谤。陛下刚刚亲政，不应该像呵斥奴仆一样呵斥大臣。”

右丞邓润甫越次火上浇油说：“先帝的法度被司马光、苏辙这些人败坏殆尽了！”

范纯仁说：“不对，法令无所谓好坏，有弊端就应该修改。”

年轻的哲宗气还没消，说：“人家都把汉武帝与秦始皇这样的暴君并提。”①

范纯仁解释：“苏辙所说的是政事，而不是个人评价。”

最后皇帝脸色终于有所缓和，没有对苏辙从重治罪。苏辙平时与范纯仁关系并不好，但这次范纯仁竟然冒死相救，苏辙感慨说：“公佛地位中人也。”

但是苏辙还是因为这件事被贬到了汝州，也就是章惇曾经待过的地方。这次科举的结果，是士子们凡是支持旧党的全部被贬黜，支持新党的则被录取，而北宋朝廷也诞生了一个新词：绍述，意思是铭记先皇的功业。

而新党对旧党的报复和迫害才刚刚开始。

相比于旧党，新党的组织严密性与工作效率显然要高出很多。进士考试之后，曾布、张商英等新党成员在短时间内接连被召回朝，委以重任，这时候朝廷大臣对旧党成员的攻击也如雨点一般袭来。张商英上书抨击司马光和文彦博，认为他们奸邪误国，甚至将太皇太后比作吕后和武则天；御史赵挺之（李清照的公公）则说苏轼的奏章里引用了《诗经》中“民亦劳止”的句子，这是在诽谤先帝，于是苏轼被贬到了英州。

紧接着，章惇被任命为尚书左仆射、门下侍郎，蔡卞、林希、张商英等新党成员也各居要职，久被废锢的新党成员摩拳擦掌、杀气腾腾，准备不择手段消灭一切与自己为敌的人。

章惇在来京途中，他的朋友陈环来见他，知道章惇一心复仇，陈环好言相劝：“如果这样，就更加误国误民了。现在的做法，最好是消除朋党的仇恨，秉持中道，也许才能对朝政有利。就像这条船，人都坐在左边则会向左倾覆，都坐在右边就会向右倾覆，这两者都是做不得的。熙

---

① 司马光曾评价说：“汉武帝有亡秦之失，而免于亡秦之祸。”

宁年间的政事未必全对，元祐年间的政事也未必全错。”

然而，这一切章惇都听不进去。

章惇拜相后，范纯仁知道朝廷中已经没有自己的位置了，于是自请外放，被任命为颍昌知府。

作为曾经的好友，章惇非常了解苏轼的文学造诣，但是现在心里更仇恨苏轼以其生花妙笔对新党的贬斥，他决定在新党中也扶植一个能够与苏轼相媲美的笔杆子，他相中了林希，并且暗示以后会推荐他为宰相。林希也是很久之前就被闲置的官员，心中充满了怨恨，于是承担起了草拟贬谪元祐诸臣诏书的职责，对这些大臣，他从来不吝惜恶毒的语言，甚至痛骂高滔滔“老奸擅国”。据说对这些恶毒的语言林希自己都不安于心，有一天写完一个制书，他掷笔于地，长叹说：“坏了我名节啊！”

笔杆子的作用当然不仅限于写诏书，比当世的诏书更重要的是流传后世的史书。

神宗时期的历史叫《神宗实录》，最开始是由范祖禹、黄庭坚等人修撰的，遵循的当然是旧党的立场，将王安石一党尽力贬斥，不留余地。现在新党上台，这个历史当然是不能成立的，于是以蔡卞领衔，重新修撰《神宗实录》，蔡卞是王安石的女婿，他修撰实录的主要依据就是王安石的日记，于是此前的实录被全盘推翻。到了元代，脱脱等修撰《宋史》的根据就是宋朝的实录，可以想象，如果这个实录流传下来的话，历史上的王安石、司马光、苏轼、范纯仁等都会是另一个面目。不过这个实录后来到高宗的时候又站在旧党的立场进行了重修，当然这是后话。

事实上，不管是旧党修的实录还是新党修的实录，其偏向性都是很明显的。在范祖禹领衔修实录的时候，参与工作的陆佃（陆游的祖父）就曾对范祖禹说：“王安石时代的法令也有很多可取之处，不应该在史书中全部否定。”

黄庭坚不以为然，说：“按照您的想法，修出来的就是佞史。”

陆佃毫不示弱，说：“全部按您的意思写，不就成了一本谤书了吗？”

而蔡卞版的实录写出来之后，以前参与修实录的旧党成员都遭到清算，全部被贬官，包括陆佃在内。

而新党的复仇仍然在轰轰烈烈地进行。绍圣元年（1094 年）七月，朝廷下诏追夺司马光、吕公著的谥号，还活着的旧党骨干吕大防、刘挚、苏辙、梁焘等都被贬官，新党甚至丧心病狂地要将司马光和吕公著剖棺戮尸，以泄私愤。哲宗一时间也拿不定主意，便问大臣许将，许将委婉地说："剖棺戮尸恐怕不是符合圣德的事。"皇帝也觉得不妥，于是放弃了，但是仍然将司马光和吕公著的神道碑给毁掉了。还有人建议毁掉司马光历经十余年完成的巨著《资治通鉴》，后来有人说，先帝神宗曾为这部书写序，毁掉书也就毁掉了序，大家觉得好像是不对劲，也只好放弃。

事情发展到这地步，新党的清算已经发展成了一场赤裸裸的公报私仇，当然，新党愤怒的根源还是在此前旧党对蔡确超乎寻常的残酷惩罚。"1094 年御史对旧党劈头盖脸的弹劾和八年前清除新党时的那些指责没什么两样，两派在治世之道上有严重的分歧，但他们攻击他人时运用的话语却惊人地相似，使用的都是非黑即白的逻辑。""哲宗亲政这几年，北宋后期的政治进入仇恨最深、分裂最巨的阶段。1093—1094 年间的党祸及其后续发展令 1086 年那场不流血的政治清洗看上去仿佛一场带妆彩排。"因为"在一个高度两极化的政治环境中，党派的和解根本不可想象"①。

监察御史常安民愤怒地指出：

> 今大臣为绍述之说，皆借此名以报复私怨，朋附之流遂从而和之。②

他甚至指名道姓，说张商英在元祐年间为了升官，给吕公著写诗献媚，现在竟然提出要将司马光和吕公著剖棺戮尸；新党成员周秩在元祐年间给司马光定谥号文正，现在也要求将其剖棺戮尸，完全丧失了士人的节操。常安民的言论激怒了新党，他们搜检常安民的旧作，说他曾经将皇帝比作昏庸无道的汉灵帝，哲宗大怒，将常安民贬到滁州监酒税。

---

① 《剑桥中国宋代史·上卷》。

② 《宋史纪事本末·卷四十六》。

此时吕大防等人都已经被贬黜，这时正好碰上明堂大典，按例要赦免一批罪臣，但是章惇上书，提出对这些人终身不赦。范纯仁知道后十分忧愤，上书劝谏。此时范纯仁已经年老，眼睛也几乎失明，家人都劝他不要惹祸，他坚决不从，果然，奏章上去之后，他被贬为随州知州。

绍圣四年（1097年）二月，朝廷下诏继续追贬司马光和吕公著的官职，最后一直把两人贬到了海南——司马光追贬为朱崖军司户，吕公著追贬为昌化军司户。之后，吕大防、刘挚、苏辙、范纯仁等都被流放到岭南，韩维等三十人也被贬官。新党的报复很明显是过去对旧党积怨的集中爆发。张商英就赤裸裸上书提醒说："希望陛下无忘元祐时，章惇无忘汝州时，安焘无忘许昌时，李清臣、曾布无忘河阳时。"

在被贬的大臣当中，范仲淹的儿子范纯仁的声望是最高的，他接到诏书，没有抱怨，欣然上道。当时韩维被贬均州，他儿子上书说，韩维与司马光意见不合，也曾多次争辩，于是朝廷宽恕了他。范纯仁的儿子也想上书说父亲曾与司马光争辩免役法的废除，范纯仁制止说："我的确是经司马光推荐才做宰相的，以前同朝议论政事有分歧，这很正常，你们想以此来作为借口则不可。与其有愧而生，不如无愧而死。"

范纯仁被贬期间，家人经常痛骂章惇，范纯仁总是发怒制止。路上有一次船翻了，范纯仁落水，全身湿透，他对儿子们说："难道这也是章惇干的吗？"

就在这一年，苏轼也被贬为琼州别驾，昌化军安置，踏上了前往海南的路途。

章惇对此仍然不满意，他甚至想派遣大臣到岭南，将流放在那里的大臣全部杀掉，哲宗终于表现出了一点可贵的宽容："朕遵祖宗遗制，未尝杀戮大臣。"

但是章惇复仇的行动仍然没有停止，他上书朝廷，请求将元祐时大臣的奏章进行编辑和分类，凡是表达过支持旧党的大臣，一一进行打击和迫害，"由是缙绅之士无得脱祸者矣"[①]。

---

① 《宋史纪事本末·卷四十六》。

虽然皇帝不同意，但是章惇一心想置仇人于死地，尤其憎恶范祖禹和刘安世。刘安世当时被贬到梅州，章惇私下派遣使者，希望他胁迫刘安世自杀，可是使者不忍心，于是刘安世保住一条命。章惇并未罢休，将一个土豪提拔起来，让他去逼迫刘安世死。土豪得到命令，快马加鞭赶来，刘安世的家人得到消息都哭泣得吃不下饭，刘安世却饮食起居与平时一样。然而神奇的事情发生了，土豪在到达的那晚突然得病，口吐鲜血而死，而刘安世又一次躲过了一劫。

以章惇、蔡京为首的新党的报复持续了几年，旧党成员几乎被一网打尽，包括同情旧党的大臣也纷纷被清洗，光章惇设置的“看详诉理局”就定罪八百三十家，数千人因此得罪被贬。

多年来的仇人一朝为之一空，章惇的心愿终于得到了满足，但是此时哲宗却还有一个未能满足的心愿，就是一直未能赶走自己的皇后孟氏。

身世最曲折的皇后

宋朝有好几个皇后的人生经历都极富传奇色彩，比如前面提到过的章献太后、宣仁太后等，但是要说经历最为传奇的，恐怕还是非哲宗孟皇后莫属，她的一生经历了三废两立，国家破而复立，最为贴切地诠释了“祸兮福之所倚，福兮祸之所伏”的真理。

孟皇后出身世家，是马军都虞侯孟元的孙女。哲宗即位的时候只有10岁，到元祐七年（1092年）的时候，哲宗17岁，太皇太后高滔滔为孙儿张罗了这门婚事，这一年孟皇后20岁。

对这门亲事太皇太后是十分重视的，她精挑细选，认为孟皇后“能执妇道，宜正位中宫”，因此做主立她为皇后。太皇太后认为当时皇帝婚礼礼仪都过于简单，就专门让学士草拟迎亲的诏书，还让翰林、台谏、给舍以及礼官考证古代册立皇后的礼仪，以供参考。亲事办得非常隆重，吕大防担任六礼使，韩忠彦担任奉礼使，苏颂、王岩叟担任发册使，苏辙、皇叔祖赵景宗担任告期使，总之在婚礼上跑腿的不是朝廷重臣就是宗室长老，太皇太后对皇帝说：“得到一个贤内助，这不是小事。”但是之后她又满怀忧虑地说："这个女孩很贤淑，但是福薄了些，以后国家有变，她一定会以身承当。"而孟皇后之后的人生经历，竟然真如太皇太后所预料的一样，命运多舛，曲折无比。

太皇太后为孙子操办的大婚考虑到了一切，唯独没有考虑一个问题：孙子对这个媳妇是否喜欢。当然，我们不能苛求包办婚姻的古代了解自由恋爱的重要性，但是皇帝对这个皇后很不感兴趣却是客观存在的事。同时，皇帝身边当然不缺女人，年轻的哲宗当时就最宠爱刘婕妤，经常将皇后冷落在一边。

哲宗后宫的矛盾初现端倪是一件似乎很小的事情。元祐年间，有一次范祖禹得到一个消息，说皇宫里在忙着找奶妈。皇宫急需奶妈，说明有婴儿诞生，而皇宫唯一可能当爹的只有皇帝，当时的哲宗才 14 岁。此前范祖禹早就听说哲宗好色，周围女子不少，尤其宠爱刘婕妤。因此范祖禹认定是刘婕妤生孩子了，于是和刘安世一起上书，大意说皇帝应该注重品德修养，不要过早跌入女人怀里云云。后来太皇太后解释说：找奶妈是因为宫里还有几个小公主需要哺乳，还说皇帝每天都跟自己在一起。范祖禹说："虽然这是谣传，但是也应该引起皇帝的警戒。"

史书没有说这事到底是不是谣传，但是从后面的发展来看，倒像是真的。因为太皇太后去世，哲宗亲政后，绍圣三年（1096 年），范祖禹就被贬到了贺州，刘安世被贬到英州。两人被贬的原因是章惇、蔡卞把当年的奶妈事件翻了出来，说他们其实是在暗示后宫生孩子的是刘婕妤，这就让皇帝十分恼怒，于是这次宫斗最早的牺牲品便让两个大臣充当了。

有了皇帝的专宠，刘婕妤当然更加肆无忌惮。一次皇后与刘婕妤等一起去朝拜景灵宫，礼拜完成之后皇后坐下，妃嫔们都毕恭毕敬地侍立在一边，只有刘婕妤独自背对皇后站在帘子下面。皇后的侍女陈迎儿呵斥她，她居然理都不理。皇后是后宫之主，刘婕妤竟然如此无礼，放在平常情况，她可能早就得操心投胎的事了，但是由于皇帝的宠爱，皇后拿她也没有办法，而皇后身边的人对刘婕妤则是切齿痛恨。

冬至那一天，大家一起去朝拜太皇太后，皇后坐的椅子是朱髹（xiū）金饰的，刘婕妤也想坐这样的椅子。她的侍女知道她的意思，就搬了一把同样的给她坐，其他人对这种僭越的行为十分恼怒，有人故意大声说："太皇太后到！"众人马上站起来准备迎接。趁刘婕妤起身的功夫，皇后的侍女偷偷把椅子撤了，等刘婕妤坐下的时候，一下子摔了个屁股墩。当众出丑的刘婕妤愤愤不平，向皇帝哭诉。宦官郝随很清楚皇帝对刘婕妤的偏爱，对她说："不要因此悲伤，婕妤早点为皇帝生下儿子，那个座位迟早是您的。"

郝随的眼光的确很毒，因为当时皇后也没有儿子，只有一个女儿福庆公主。有一次公主生病了，皇后的姐姐颇懂医术，还曾为皇后治病，她听说公主患病，就拿了一些道家符水之类的东西想为公主医治。这些东西在宫中是违禁品，皇后大惊，说："姐姐难道不知道宫中忌讳与外面不一样吗？"马上命令左右把符水收起来。这时候正好皇帝来了，皇后不敢隐瞒，如实禀告，哲宗倒是通情达理地说："这也是人之常情。"皇后就当着皇帝的面把这些东西烧了。但是，因为这事，却传出了皇后使用巫蛊之术的谣言。

没多久，皇后的养母和一个亲近的尼姑为皇后做法事祈祷，这下痛恨皇后的人就找到了借口，说皇后家在搞厌胜之术，皇帝下诏将有关的宦官、侍女等三十多人全部抓捕，严刑拷打，每个人都被折磨得体无完肤，腿断手折，有人甚至被割去了舌头，最后都被迫招认。皇帝命令御史董敦逸去复查此案，那些被拷打的人大多只剩一口气了，没有一个人还能出声。董敦逸不敢定案，郝随等宦官在一旁以言语威胁，董敦逸害怕了，只好在案卷上签名，皇后的罪行就被确定了。

此时章惇等人正在诬陷宣仁太后，说她最初不想立哲宗，而想立自己的儿子，顺便就把孟皇后也牵扯了进去，因为皇帝与孟皇后的婚事是太皇太后一手操办的。为了达到目的，章惇等又将刘婕妤拉来做同盟军，私下许诺事成之后支持她为皇后。就这样，孟皇后在绍圣三年（1096 年）被废。按照惯例，被废的皇后只能出家，孟皇后被称为华阳教主、玉清静妙仙师，法名冲真，居住在瑶华宫。

刘婕妤此时已经被升格为贤妃，皇后被废，而刘贤妃正好又生下一个皇子，皇帝大喜，便立其为后，尽管很多大臣坚决反对，认为这样实际上

赵佶像

是在纵容和鼓励宫斗，但是皇帝置之不理，刘贤妃终于实现了自己多年的梦想，坐上了皇后的宝座。然而，刘贤妃生下的皇子不久就夭折了，更糟糕的是，元符三年（1100年），皇帝哲宗也去世了，年仅25岁。

哲宗无子，继位的是他的弟弟端王赵佶，也就是宋徽宗。徽宗即位后，先尊刘皇后为元符皇后，两个月后，又下诏恢复孟氏的皇后身份，尊为元祐皇后。

孟皇后复位的原因据说主要是哲宗自己对此十分后悔，孟皇后被废后，他曾经叹息说："章惇坏我名节！"满朝内外也都知道孟皇后是被冤枉的，因此徽宗即位之后就颁布了这个诏书。

然而，仅仅过了两年，崇宁元年（1102年），孟氏又被废去了皇后称号。这次被废则是元符刘皇后在背后捣的鬼。她让宦官郝随指使蔡京，将孟氏再次废去，这时候正好也有大臣上书说不应该恢复孟皇后身份，于是没主见的宋徽宗又下诏废去孟皇后，让她再居住瑶华宫，以前主张恢复孟皇后地位的大臣也纷纷被贬官。但是谁知道，这飞来横祸，却使孟皇后躲过了另一场更大的灾祸。

靖康初年（1126年），瑶华宫发生火灾，孟皇后移居到延宁宫，结果又发生火灾，无奈，只好出宫暂住在私宅。靖康二年，金军围困汴京，宋徽宗匆匆立长子赵桓为帝，是为宋钦宗。宋钦宗一直很同情孟皇后的遭遇，一上台就跟大臣商议再次恢复孟皇后身份，诏书还没下，汴京城就破了。

孟皇后应该无比感激金军的作战效率，因为城破后，徽钦二帝和六宫皇室全部被劫掠到北方，其中绝大部分人再也没回来。而她却因为是废后，没有在皇室名册里才躲过一劫。

金人撤退后，张邦昌僭位，尊孟皇后为宋太后，将她迎回宫中，接受百官朝拜，之后又上尊号为元祐太后，请太后垂帘听政。

此时孟皇后听说康王赵构正在山东，于是派人拿着书信去迎接，赵构到南京后，孟皇后又派人隆重迎接，赵构即位，是为南宋高宗，同一天孟皇后撤去帘子，表示服从南宋新皇的统治。高宗尊她为元祐太后，因为孟太后的爷爷叫孟元，为了避讳，改为隆祐太后。

不久高宗要前往扬州，命令大将苗傅护送隆祐太后先行，当时局势混乱，人心不稳，苗傅与将领刘正彦发动兵变，废黜了宋高宗，这就是“苗刘之变”。苗刘两人请求隆祐太后听政，并立皇子为皇帝，太后说：“之前蔡京、王黼（fǔ）变乱祖宗家法，童贯导致边关纷乱，导致国家蒙此大祸。现在皇帝并没有失德之处，只是被黄潜善、汪伯彦等奸臣所误，这些奸臣也都被驱逐出朝廷了，就算了吧。”

叛将不听，坚持要立皇太子，隆祐太后说：“现在强敌在外，我一个妇人抱着三岁小孩听政，怎么能号令天下？”于是坚决不从。

被废的高宗听说后，下诏禅位给皇太子，太后垂帘听政，太后不得已只好听从。但是隆祐太后表面上与叛将虚与委蛇，暗地里却一直在谋划让高宗复辟。当时大将韩世忠的妻子梁红玉在苗傅军中，太后召见梁红玉，让她告诉丈夫马上带兵勤王，很快，韩世忠等各地勤王军到达城下，苗刘二人十分恐慌，连忙奉赵构复位，之后两人兵败被俘，一起在建康闹市被处决。

内忧刚解决，外患又接踵而来，此时传言金人再次南侵，高宗让手下护送太后前往洪州（今江西南昌）避兵，刚刚到洪州，又有消息说金人听说了太后避兵的消息，已经渡过长江，陆行二百余里，马上就杀到洪州了。太后又和随从慌忙逃难，一路上备尝艰辛，在有些地方甚至要靠农夫抬着轿子逃跑，一路上护卫的士兵和随从也不断逃跑，等到虔州（今江西赣州）的时候，随从人数还不满一百。金军一直尾随隆祐太后，一直追到江西造口壁（在今江西万安县）才退兵。几十年后，担任江西提点刑狱的辛弃疾路过造口壁，想起了隆祐太后当时被追杀的凶险，也想起了大片河山仍然陷入敌手的悲凉，写下了千古名篇《菩萨蛮·书江西造口壁》：

郁孤台下清江水，中间多少行人泪。西北望长安，可怜

无数山。　　青山遮不住，毕竟东流去，江晚正愁余，山深闻鹧鸪。

经过了这一切的患难，高宗赵构对隆祐太后更增敬爱之情，太后在逃难的时候，高宗对大臣说："朕以前并不认识太后，可自从她迎接朕来到南京，爱朕就像爱自己的亲生儿子一样，现在太后在数千里之外，到处兵荒马乱，我应该马上把太后接来，以慰思念之情。"

金军退兵后，太后回到浙江，高宗亲自在行宫门外迎接。从此更对太后备极恭敬，不啻（chì）亲子。

绍兴元年（1131 年），隆祐太后去世，享年 59 岁，结束了她三立两废，祸福相依，极富传奇色彩的一生。

最后再说说绍圣年间的风云人物章惇，他在经过了将近九年的蛰伏后重返朝廷，将自己的政敌一一打倒，并且在相位上坐了 7 年之久，而 7 年之后，他最终也踏上了被贬岭南的道路，其结局跟他整过的那些大臣没有什么不同，也算是殊途同归了。

赶尽杀绝

宋哲宗元符三年（1100 年），年仅 25 岁的宋哲宗病死，身后没有留下子嗣。

宋哲宗 10 岁登基，很长一段时间大权都掌握在宣仁太后手里，等到宣仁太后去世，哲宗终于亲政，然而，仅仅过了六年多他也匆匆驾鹤西去，将一个生死攸关的大问题丢给了大宋朝廷，这就是立储。

由于哲宗没有儿子，储君只能在哲宗的兄弟们，也就是神宗的儿子中间挑选。

神宗共育有 14 个儿子，10 个女儿，不过很多儿子都早夭，哲宗赵煦本是第六子，是存活的儿子中年龄最大的。除哲宗之外，神宗的儿子还有：

第九子赵佖，

十一子赵佶，

十二子赵俣，

十三子赵似，

十四子赵偲。

下一任皇帝只能从这五个人当中选择。

在哲宗的丧礼上，皇太后向氏对大臣哭着说：“国家不幸，大行皇帝没有子嗣，需要各位马上立下储君。”

宰相章惇大声说：“按照礼法，应当立先帝的同母弟简王赵似。”

在五个儿子中，赵似和哲宗都是朱太妃所生，迎立去世皇帝血缘最近的弟弟为皇帝，这在礼法上是无懈可击的。然而，这个建议马上遭到了向太后的否决：“老身没有子嗣，神宗皇帝的儿子都是庶出，众皇子之间没有什么区别。”

向太后的意思是在强调，虽然朱太妃是哲宗的生母，但是她仍然只是个妃子，地位与自己这个皇后不能比。既然只是妃子，那么朱太妃与其他妃子就没有什么区别，她的儿子在竞争储君的战争中就没有任何优先权。这个理由表面上似乎很合理，但是她内心却打着自己的小算盘：去世的哲宗皇帝是朱太妃所生，现在迎立个新皇帝还是朱太妃的儿子，那这个女人岂不是要上天去？向太后绝对不允许后宫有人挑战自己的权威。

章惇的建议被驳回，于是他又提出一个建议：“以年龄算，则应该迎立申王赵佖。”

这个意见提出后，估计很多大臣都在暗笑，因为大家都知道，赵佖是个盲人。让一个残疾人登上九五之尊，怎么看都不合适。没有悬念，这个建议又被向太后给否决了。

看见大家都没有提出其他意见，向太后着急了，说：“我认为应当立端王赵佶。”

赵佶的生母是陈妃，如此便成功阻止了朱太妃想让两个儿子都位登大宝的梦想，没想到章惇比向太后更急，说：“不行！端王为人轻佻，不能君临天下！”

其实这时候章惇不可能看不出来，向太后为了稳固自己的权力，一心想立端王，自己根本无法与太后抗衡，既然太后提出，端王即位就已成定局。而在朝堂之上，他竟然当众指出端王轻佻，不能继承大位，这对事情的结局来说已经没有任何意义了；他更清楚，在立储这样敏感的事情上站错队，也就意味着自己政治生涯的结束。

然而他仍要当着朝臣的面大声说出来，其实也就是给自己的仕途判了死刑。这位被排列在《宋史·奸臣传》第一方阵的宰相，此时做出的却是让无数忠臣都为之景仰的“壮举”。

果然，章惇话音未落，曾布马上与他划清界限，说：“章惇自作主张，没有与臣等商议此事，皇太后的谕旨非常恰当。”

蔡卞、许将等人也纷纷附和，向太后很满意，说：“先帝曾经说，端王有福寿，而且仁孝过人。”

章惇听了之后默然无语。很快端王被召入宫中，就在哲宗灵柩前即位，这就是北宋的倒数第二位皇帝：宋徽宗。

章惇说赵佶为人轻佻，这并不是冤枉他，赵佶可以说是宋代最富有艺术天分的皇帝，他自幼爱好丹青、笔墨，尤其喜欢奇花异石、飞禽走兽，在书画方面天赋极高，自创了“瘦金体”，很多人将其与南唐后主李煜相比，甚至有人暗示他就是李煜转世。

据说神宗有一次到秘书省，看到李后主的画像，觉得后主风度娴雅，再三赞叹，很快徽宗就降生了。据说徽宗降生的时候，神宗还梦见李后主来拜访，所以徽宗在才艺上一点不输李煜，甚至“文采风流，过后主百倍”[①]。

不过，徽宗继位之初还是由向太后辅政，此时的政令也发自太后。宋朝几位有名的太后在政治上都属于保守派，反对王安石变法。因此向太后一上台，马上就下令将被贬的元祐诸臣召回，被贬永州的范纯仁被移居到邓州，被放逐在海南的苏轼也被连续多次赦免，最后提举成都玉局观。随后，太后下诏追复旧党文彦博、王珪、司马光、吕公著、吕大防、刘挚等三十三人生前官职，一时间朝政向着此前宣仁太后的方向转变。

---

① 《宋人轶事汇编·卷二》。

在扶植旧党的同时，向太后也开始打击新党，首当其冲的就是章惇，他先是被赶出朝廷，任潭州知州，之后又被一群大臣接连弹劾，被贬为越州知州。很快，新党成员蔡京和林希也被罢免，一时间，似乎旧党的春天又要到来了。

不过，皇帝和朝廷大臣似乎对延续数十年的党争都已厌倦了。

1100 年年底，按惯例应该改元，在多次商议之后，决定次年改为“建中靖国”。“建中”的意思就是不偏向任何一党，保持中庸之道，徽宗认为这样才能达到“靖国”（使国家安定和平）的目的。显然这个年号表达了北宋君臣对多年党争的厌恶和痛恨。

但是，如果认为你死我活的政治斗争真的能够用一个年号来消弭，似乎就太傻太天真了。“三十年积怨之下，党派之间的刻骨之仇不可能靠一纸诏书就得到调和。而且党争已经延伸到新的政治时代之中。数目空前的两派领袖都曾被强行流放到岭南，这种对‘文明’政治行为原则的破坏永远得不到医治。有关政治语言和实践的争议从 11 世纪 70 年代以来便不断升级，甚嚣尘上。其水准之低，不要说礼仪，就连基本的宽容都实现不了。”[1]

此时旧党主力司马光、吕公著等人早已去世，后来的范纯仁、苏轼等也年老，朝中旧党后续力量薄弱；而新党却江山代有才人出，更重要的是，很多野心勃勃的年轻政客认为投靠新党有更大的可能在政坛上弯道超车，越次进用，因此支持新党的大臣络绎不绝。包括一些骑墙派[2]在实质上也偏向新党。因此尽管皇帝满心希望不偏不党，秉持中道，但是在 1101 年这一年，新旧党之间的互相攻讦从来就没有停止过，朝堂随时都能吵成一团。

如此吵嚷最后的结果是徽宗皇帝对调和两派彻底失去了信心，“建中靖国”这个年号只用了一年就被废弃，而第二年的年号很明显体现出了皇帝的倾向性：崇宁，意思是追崇熙宁变法，显然风向又偏向了新党一边。

---

① 《剑桥中国宋代史·上卷》。

② 指立场不坚定的人。

到了崇宁元年（1102年），一个逐臣被重新起用，这个人事变动终于把崇宁的狂风变成了一场毁灭一切的飓风，一直刮到北宋灭亡。这个人就是蔡京。

蔡京在历史上的角色一般被认为是个政治投机者。起初他依附蔡确，属于新党成员。神宗去世后，蔡确想借立储问题陷害宰相王珪，便把王珪请来套口风，事先他让蔡京安排剑士藏在门外，只要王珪说话有一点纰漏便让剑士斩杀他，好在王珪为人谨慎，说话滴水不漏，躲过一劫。

司马光上台后，蔡京立即转向。当时司马光要求各地限期五日恢复差役法，所有官员都说无法办到，只有蔡京如期完成，司马光非常高兴，表示："要是人人都像蔡京这样遵守法令，天下还有什么办不到的事！"

到了新党章惇执政的时候，蔡京又一次摇身一变，成了新党成员。章惇当时想恢复王安石的募役法，但是牵涉太广，久议不决。蔡京说："就把熙宁现成的法令拿来用，还需要什么讨论？"章惇深以为然，对蔡京也更加倚重。

徽宗继位后，章惇被贬，蔡京也被贬到了杭州，在这里，他结交了后来改变北宋命运的一个重要人物——童贯。

童贯是宦官，当时以供奉官的职务驻在杭州。童贯为人善于揣测逢迎，徽宗皇帝爱好艺术，他当时就负责在江南搜集奇珍异宝给皇帝。蔡京本人也是著名书法家，有人说北宋书法四大家"苏黄米蔡"原来指的就是苏轼、黄庭坚、米芾和蔡京，后来因为蔡京为人太卑劣，才换成了蔡襄。蔡京到杭州后天天与童贯黏在一起，"不舍昼夜"，他又画了很多屏风扇面之类，通过童贯送到皇帝那里，而且还附上书信，表达自己被贬的悲凉，徽宗皇帝逐渐开始注意到蔡京。徽宗崇信道教，很信任一个叫徐知常的道士，蔡京便通过人走徐知常的门路，徐知常不断在皇帝面前推荐蔡京，到后来后宫的宫女、宦官都众口一词地盛赞蔡京，于是在建中靖国元年（1101年）年底，蔡京被召还，担任翰林学士。

蔡京一上台就开始大肆宣传绍圣年间的政策，认为"非绍圣无以察正元祐之诋谤"，主张恢复绍圣政策，对旧党再次进行清算。此时的宰相是韩琦的儿子韩忠彦，起居郎邓洵武对徽宗说："陛下是神宗的儿子，而韩忠彦是韩琦的儿子。神宗执行新法以利民，可是韩琦却表示反对。而现在韩忠彦又想改变神宗时期的法令。韩忠彦作为臣子都还能继承他父亲的遗志，陛下作为天子难道竟不能继承遗志吗？如果陛下真的想继承先帝遗志，就必须重用蔡京不可。”

在众人的鼓动下，徽宗渐渐产生了任命蔡京为相的想法。

崇宁元年（1102 年）徽宗任命蔡京为尚书右仆射兼中书侍郎，正式拜他为相。诏书下达的那天，徽宗召见蔡京，对他说：“神宗创立法令，还没有完成就驾崩了。先帝（哲宗）继承遗志，但是多次被干扰，也没有成功。朕想继承父兄志向，现在特意任卿为相，卿有何见教？”

蔡京顿首拜谢：“臣怎敢不尽死力！”

北宋的党争虽然持续时间长达百年，但是开始的时候还是比较温和的，失势大臣被贬一般都不会贬到太偏远的地方，而且几年之后就又回到朝廷。但是自从新党成员蔡确被贬到岭南之后，党争的火药味就越来越浓，章惇等上台之后发疯似的报复，包括吕大防、范纯仁、苏轼在内的很多大臣被贬到荒远的岭南，而蔡京上台后，更把这种迫害推到了北宋有史以来的最顶峰，标志事件就是“元祐党人碑”。

崇宁元年九月，在蔡京的授意下，将旧党成员一百二十人的名字刻在石碑上，安放于端礼门。这些人中，包括曾经做过宰相的司马光、文彦博、吕公著、吕大防、王珪、韩维、苏辙等，做过待制以上官职的苏轼、范祖禹、王钦臣、刘安世、李格非（李清照的父亲）、程颐等，还有苏门四学士秦观、晁补之、黄庭坚、张耒一个也没跑掉。这一年的年末，徽宗还下诏：元祐诸臣的学说、政事全部废除，不再使用。

紧接着，蔡京又让人搜检元符年间大臣的上书涉及熙宁、元丰政事的，将五百多名大臣打成邪等，对其进行贬黜，并且规定被贬黜的人不能在同州居住；元祐党人的子弟不能到京师，更不能做官，也不能与皇室通婚，即使订立了婚约的也要撤销；销毁三苏以及黄庭坚、秦观的文集。

崇宁二年（1103 年）春，这年科举考试的殿试在集英殿进行。从仁宗时候起，殿试基本上就走走形式，一般都不会黜落任何士子，但是这年却例外。这年礼部考试的状元叫李阶，他的舅舅叫陈瓘，名列元祐党人碑。一个叫安忱的士子趁机上书说："让党人的后代李阶成为状元，这样无以示天下。"于是李阶不仅没有当成状元，甚至被剥夺了所有出身，而告密的安忱则获得了功名。

元祐党人碑上的黑名单经过多次扩充，最后达到了309人，蔡京的一些手下趁机将与自己有私仇的人也列入党人碑，于是这个名单不仅仅包括著名的旧党，甚至也包括新党，比如章惇也被列入了党人，党人碑也变成了个大杂烩。蔡京处心积虑地要把这些人整倒整臭，亲自书写了碑文，命令天下郡县全部刻碑，用这种公开示众的方法羞辱自己的政敌以及他们的家人。遍布天下的党人碑使崇宁党争成为"北宋历史上最为恶毒的党争冲突"[①]。

长安有个石匠叫安民，他接到官府要求他刻党人碑的任务，推辞说："我是个愚蠢无知的小民，当然不懂立碑的含义。但是像司马相公那样的人，海内都称颂他的正直，现在却说他是奸党，我不忍心刻他的名字。"

官府大怒，想治他的罪，安民无奈，哭着说："官府安排的劳役我不敢推辞，只求可以不把我的名字刻在石碑末尾，我怕会因此得罪后世。"

一介草民安民用放弃署名权的方法表示了自己朴素而单纯的意见。

不过，元祐党人碑存在的时间却只有几年。

到了崇宁五年（1106年）的时候，天上出现了彗星，大臣认为这是上天对立元祐党人碑表示的警告。正巧一天立在文德殿上的党人碑遭到雷击，破而为二，徽宗更相信这是上天示警了，有大臣建议毁掉党人碑，徽宗同意了。当晚，他就派宦官将党人碑敲碎。

第二天蔡京看到了大怒说："碑可以毁，但上面的名字永远不会消灭！"

然而，毁掉党人碑似乎并没有平息老天爷的怒气，没过几天，太白星在白天出现，古人认为这是上天给予的更大示警。徽宗吓得胆战心惊，急忙下诏废除对元祐党人和子孙的一切禁令，对死去官员的家属进行慰问，并允许被流放的党人回乡。

徽宗崇信道教，有一次做法事，道士说要到玉皇大帝那里去奏事，

① 《剑桥中国宋代史·上卷》。

伏在地上半天才爬起来，然后对皇帝抱歉地说："刚才正碰上奎星（文曲星）在玉帝面前奏事，我就多等了一会儿才向玉帝禀报。"

徽宗问："奎星是谁？"

"就是本朝的苏轼。"

笃信道教的徽宗听了大惊[①]。急忙下令恢复苏轼名誉，并重金求购他的作品。

元祐党人碑没过几年就成了一个彻头彻尾的笑话，朝廷悄悄毁掉了石碑，天下州县也纷纷将其销毁，免得丢人现眼。而让蔡京等人万万没想到的是，一百年后，元祐党人碑竟然成了丰功伟绩的纪念碑，人们纷纷以祖先曾名列其上而自豪，甚至有些没在上面的，子孙也声称"我家先人曾列党人碑"，以此来收获别人的尊重与羡慕。蔡京的"石可毁，名不可灭"的愿望终于实现了。

最后再来说说章惇。

早在他于朝堂上公然声称端王轻佻的时候，他的前途就已经注定了。徽宗上台之后，他被一贬再贬，一直被贬到了雷州半岛，这是苏辙曾被放逐的地方，与苏轼待过的海南岛只隔着一个琼州海峡。

苏辙被章惇贬到雷州的时候，没有住房，便租了百姓的房子住，章惇知道之后，让人以"强占民房"的名义严加追查，后来苏辙出示了租房的契约等东西才将案子了了。现在章惇也被贬到雷州，也向百姓租房住，百姓听到之后大惊失色说："前年苏辙大人租房子被章惇陷害，牵连我家，差点弄得我家破人亡，这种事情我再也不干了！"

章惇的这个故事跟商鞅的故事几乎一模一样。

《史记·商君列传》记载：商鞅执政的时候，曾经规定客舍收留客人时必须验明其身份，否则就会被治罪。后来他失势逃亡，想在旅店住宿却因为这条法令被店主拒绝，他长叹说："我真是作法自毙啊！"法家的商鞅是儒生痛恨的对象，王安石、章惇也被认为是用法家思想指导变法的，所以章惇的故事显然让人感觉他是自作自受，想必很多人都为这个

---

① 《宋人轶事汇编·卷十二》。

奸臣得到报应而拍手称快。

但是章惇真的就是奸臣吗？

奸臣是皇帝的救星

《宋史》是二十四史中卷帙最为浩繁的一部史书，一共有496卷，比《史记》(130篇)、《汉书》(120卷)、《后汉书》(120卷)、《三国志》(66卷)加起来还多。这部脱脱等花了两年半时间就编成的史书，在质量上无法与别的史书相比，但是至少在数量上是完胜了。《宋史》还有所有史书中阵营最为庞大的奸臣队伍，《宋史·奸臣传》一共有四卷，收入了蔡确、吴处厚、邢恕、吕惠卿、章惇、曾布、安惇、蔡京、蔡卞、蔡攸、蔡翛、赵良嗣、张觉、郭药师、黄潜善、汪伯彦、秦桧、万俟卨、韩侂胄、丁大全、贾似道21个奸臣，可谓洋洋大观。让人觉得宋朝的皇帝真不容易，朝廷里有这么多奸臣，真不知道陛下们是怎样活下来的。

在这些奸臣中，陷害民族英雄岳飞的秦桧和万俟卨是历史公认的，投降金军导致金人长驱直入酿成靖康之祸的郭药师也被很多人切齿痛恨，但是另外一些南宋臣子被列入《奸臣传》就有些让人费解了。比如投降宋朝，才做了半年大宋臣子的张觉，最后是因为金军逼迫，被宋朝出卖，砍了头送给金军，而他居然也被列为奸臣，不可谓不冤枉；与他命运相似的还有韩侂胄，因为主持北伐，失败后被暗杀，头被割下来献给金人，结果还被列入《奸臣传》，让人搞不懂宋朝史官的屁股究竟是坐在哪一方的。

相比之下北宋对奸臣的标准似乎就很清楚了——凡是赞成王安石的都是奸臣，反之则是忠臣，因此，除王安石得以幸免以外，北宋新党最后大多都荣膺奸臣称号，如蔡确、吕惠卿、章惇、蔡京等人，而王安石也经常被后代史家认为是奸臣之首，被恨得牙痒痒。但是如果仔细地从被篡改得面目全非的《宋史》里寻找蛛丝马迹，我们又不难发现，以上这些人，似乎也并非我们通常认为的大奸大恶之徒，很多人的作为甚至堪称名臣能臣之典范。

众所周知，北宋以重文轻武为国策，文化艺术极其发达，而武备却令人不敢恭维，在与契丹和西夏的战争中总是负多胜少，被迫忍气吞声。可是很多人不知道，北宋在军事上也有过高光时刻，甚至开疆拓土数千里，这就是王安石当政时期的熙河开边。

当时建昌军司理王韶上书，提出平戎三策，认为想要平定西夏，必须先收复河湟地区，要收复河湟地区，就必须先征服当地的吐蕃部落。王安石对王韶的建议十分欣赏，在他的支持下，王韶被任命主洮河安抚司事，积极进行战争准备工作。熙宁五年（1072 年），王韶带军攻击吐蕃乞神平地区，当时吐蕃各个部落都据险固守，诸将想将军队布置在平地，王韶说："敌人如果不舍弃险阻来决斗，我军必然无功而返，现在军入险地，应该把险要之地据为己有。"他命军队迅速进驻末邦山，压着敌军展开阵势，下令："敢说后退的斩首！"敌人居高临下攻击，宋军小有退却，王韶亲自穿着甲胄指挥帐下士兵死战，敌人大败，烧毁营帐逃走，宋军在长期的失利之后，终于打了一场扬眉吐气的大胜仗。

之后王韶又挥军直进，收复了河州，在武胜筑城，建立镇洮军。在宋军的强大攻势下，吐蕃很多部落纷纷投降，河州吐蕃酋长瞎药请求投降大宋，并且说仰慕宋朝包拯的为人，乞求赐姓包，神宗下诏，赐他姓名包约。

第二年，王韶因为后方投降的吐蕃叛变，率兵回击，吐蕃木征趁机重新占领了河州。王韶平定叛乱之后又挥军进攻河州，经过殊死力战大败敌军，吐蕃人被迫投降，宋军再一次收复了河州。捷报传来，神宗大喜，在紫宸殿接受群臣祝贺，并且解下身上的御带赐给王安石。王韶也被晋升为左谏议大夫、端明殿学士。

熙宁七年（1074 年），吐蕃木征再次攻打河州，将城池团团包围。当时王韶刚刚从京师回来，听到消息之后，马上与李宪一起星夜飞驰到熙州（今甘肃临洮）。当时熙州士兵全部在城上防守，王韶命令将防守撤去，在士兵中精选了二万人。诸将想马上率兵增援河州，王韶说："敌人之所以敢围城，是仗着有外援，我们攻打其援兵，围困自然解除。"王韶所说的外援，指的是西夏的军队。而西夏进军的必经之路是定羌城（今甘肃广河）。王韶率兵直趋定羌城，经过血战，击破了吐蕃结河川部落，阻断了西夏的进军之路。木征知道外援无望，只好撤军。

王韶解除了河州之围，马上率军回到熙州，并带领军队沿着西山攻击吐蕃，木征被逼到山穷水尽，只好率领吐蕃酋长八十多人来到军门投降。王韶接受了投降，派人把木征押解到京师。河州被围消息传来时，神宗急得饭都吃不下，群臣纷纷建议放弃熙河地区，为了避免受损失，皇帝多次下诏要王韶谨慎小心，不要轻易出兵。谁知道王韶一出马，不仅解了河州之围，甚至完败吐蕃各部，活捉了吐蕃首领，神宗大喜，之后他饶恕了木征，赐其姓名为赵思忠，任命其为营州团练使。

熙河开边取得了巨大成功，这当中王韶功不可没。王韶是进士出身，但却是难得的文武双全的人才。他带兵很有方略，每次临到出师的时候才召集众将，授以方略，之后就不再过问，这样给了将领们充分的自主权，因此每战必胜。有一次他在营帐中睡觉，前锋与敌人交战，喊杀声震动山谷，矢石都打到主帅营帐上了，侍者吓得两腿发抖，他却还鼻息如雷。

王韶之所以能建功立业，为国拓土，与王安石的全力支持是分不开的。而王韶的战功也显示了王安石变法对宋朝军事力量的提振。可惜，司马光当政后，认为王韶兴兵乱国，竟然把将士用生命换来的很多土地都拱手送给了西夏，这就很难说到底谁是奸臣谁是忠臣了。

王韶之后，章惇主政时期重用大将王赡，蔡京主政时期重用王韶的儿子王厚，他们始终贯彻了王安石的开疆拓边政策，在与吐蕃的战争中接连取胜，巩固了西北防线，砍断了西夏的右臂，也从战略上对西夏形成了包围之势。然而由于政见之争，传统史书对他们的功绩不是故意淡化，就是吹毛求疵。《宋史纪事本末》就说：吐蕃的后裔一直为大宋守卫西北边陲，没有侵犯我国也没有背叛我国，甚至还为大宋出力，攻击西夏。然而王安石支持王韶，章惇支持王赡，蔡京支持王厚，多次对吐蕃用兵，吐蕃子孙无罪却灭亡，虽然建立大功，但是却因此边患不息。

这段话可谓神逻辑。按照这种说法，南汉、北汉不也是不侵不叛？南唐和吴越更是早早对大宋称臣，为什么宋太祖又要兴兵讨伐，致使其“无罪而就覆亡”呢？况且，吐蕃在宋代虽然因为分裂而力量削弱，可是在历史上却绝对不是善茬，唐代时吐蕃军队曾经攻入长安，烧杀抢掠数日而去，如果让其势力逐渐增长，焉知不会酿成跟唐代一样的祸患？况且从战略上说，王韶以收复河湟之地的方式剪除西夏的潜在羽翼，对其形成战略合围之势，的确是对付西夏最长远也是最有效的方法，错究竟在哪里？

错就错在王韶是王安石的人，王赡是章惇的人，王厚是蔡京的人，朝廷的鹰派竟然没有一个属于旧党，这让旧党觉得颜面无光，所以对他们的功绩就必须大加歪曲甚至是诋毁了。

前面说过，《宋史》中这段历史的原始依据是《神宗实录》，而《神宗实录》修了三次。

第一次修撰是在元祐年间由旧党范祖禹、黄庭坚等人修撰；

第二次修撰是在绍圣年间，由蔡卞、曾布等重修；

第三次修撰是在南宋高宗年间，由范祖禹的儿子范冲主持重修。

宋代是文人的时代，文人们十分清楚历史的重要性，第一次修撰是旧党主持，立场是反对变法的；而第二次重修则是新党专权，立场当然转为反对旧党。不难设想，两次修撰的倾向性都严重影响了史书的客观公正性。徐勣曾指出："（《神宗实录》）盖由元祐、绍圣史臣好恶不同，范祖禹等专主司马光家藏记事，蔡京兄弟纯用王安石日录，各为之说，故论议纷然。"①

然而，第三次修撰也没有避免前两次的偏执，只不过从新党的偏执再一次回归了旧党的偏执。

靖康之变后，高宗南渡，建立了南宋小朝廷。喘息甫定，如何评价北宋的惨痛灭亡就成了严峻的问题。说北宋覆灭是由于徽宗、钦宗无能显然是不行的，这不仅有辱前任形象，更会动摇士庶对皇权的尊崇。只能将大臣作为背锅侠。而徽宗时期的政治至少名义上是尊奉新党的，那么将新党成员全部打为奸臣便是最佳的选择，这样还暗示了大宋的失败其实就是奸臣们数十年如一日的不懈努力造成的后果。而对他们的功绩，

① 《宋史·徐勣传·卷一百七》。

要么淡化，要么抹黑，要么言之不详，这样皇帝的权威就可以永远地持续下去了。

然而仅用两年半时间就编写完成的《宋史》可算是二十四史中最粗制滥造的史书之一，编写者常常没有仔细核对，就将现成的史料照搬进入书中，这让后世研究者常常莫名其妙，不过这也带来一个好处：即便是第三版《神宗实录》的编写者蓄意将新党污名化，但是从另外一些零星史料中我们却可以看到那些被定为奸臣的人竟然做过很多忠臣都未必做到的事情，比如蔡京。

蔡京在历史上的名声极坏，被称为“六贼”之首，也是《宋史·奸臣传二》的领衔奸臣，但是细考其行事，却发现他当政时的很多作为竟然远远超出了他那个时代，甚至使十二世纪的宋朝具有了近代国家的某些特质。

蔡京的政绩之一便是废除科举，兴办学校。

很多人认为中国废科举兴学校是在晚清，并将其作为中国走入近代化的标志事件之一。事实上，在将近一千年前的宋代，蔡京就曾经尝试过这个举措。蔡京认为，科举制度考察士人的诗词歌赋，但是对政事却毫无帮助。有鉴于此，他提出废除科举制度，并且在国内广设学校，每个学校分为上舍、中舍和下舍，士子们在学校学习，根据学业进行晋升，升入上舍者，国家可以安排官职。这样让国家将教育牢牢控制在手中，使教育真正成为国家人才的储备地，这样的教育理念，西方几百年之后才出现，之后又返销到中国，殊不知最早的发明者其实是北宋著名的奸臣。

蔡京更让人惊讶的一项措施便是建立了系统的国家公共福利制度。

在此之前，中国的福利制度大多是零星而随机的，基本上就是哪里发生了灾荒，官员就去哪里放粮救灾。而蔡京上台后，将这些福利措施体系化、制度化，建立了中国最早的国家福利系统。

崇宁年初，蔡京执政后就在全国各州县建立了安济坊，这是国家财政支持的公共医院，其雏形是苏轼在杭州任知州时建立的贫民医院。这些安济坊以国家资金为支持，为贫苦百姓提供免费医疗服务，可以说，这是中国最早的免费医疗制度。为了支持安济坊，蔡京还要求州县设立合济局（公共药房），为医生们提供各种药品。“在徽宗一朝，中央政府积极地参与公共健康事业，将控制疾病暴发作为自己的天职，这与之前宋代君主的所作所为都不一样。”①

继设立安济坊、合济局后，崇宁元年（1102 年）九月，也就是推出元祐党人碑的同一个月，蔡京政府又实施了第二个社会福利措施——建立居养院。这是政府主办的贫民收容所，扶助对象是最弱势的群体：五十岁以上的长者、寡妇、孤儿和弃儿。居养院的条件非常好，国家派专门的官吏负责此事，为被收容的人提供燃料、衣服和食品，婴儿则由专门的奶妈照看②。当然，由于制度原因，居养院的资金对于贪婪的官吏来说诱惑性很大，其中肯定存在一定的贪污行为，但是客观来说，它的设立对扶助弱势群体、避免国家矛盾激化肯定还是起了很大作用的。

而蔡京政府并没有以此为终点，崇宁三年（1104 年），朝廷又建立了漏泽园。这个机构旨在解除贫困百姓的丧葬之忧。按照这个政策，“知府或者知州要遵照命令，拿一块贫瘠的官地当作墓园，为每一位安葬之人提供一块墓地、一口棺材以及一块刻字的墓碑。每座墓园中间要建立一座祠堂，为祭奠祖先提供场所”③。

遍布全国州县的学校和福利设施都是由国家财政支持的，这样的慷慨在中国古代社会中可以说无出其右。徽宗朝廷将这些作为地方官员的考核项目，这使官员们纷纷努力奉行，不敢懈怠。陆游在《老学庵笔记》卷二中说：崇宁年间兴建学校，天下州郡都要设学校，并且为其供应粮食。读书人进入学校就可以拿到饭票，但官吏晚一天都不行，否则会被指控妨害学政，受到严厉惩罚。之后又设立居养院、安济坊、漏泽园，花费巨大，朝廷以此来考核官吏，州郡往往要竭尽全力才能刚好满足要求。

当时的人们甚至抱怨说：朝廷“不养健儿，却养乞儿；不管活人，只

---

① 《剑桥中国宋代史·上卷》。

② 《宋史·卷一百七十八·食货志上六》。

③ 同①。

管死尸”。这些牢骚恰恰从反面证实了徽宗朝廷的确在改革教育制度和提高百姓福利方面花了大力气，这一点在其他朝代都是罕见的。

固然，徽宗时期花石纲、尊奉道教等很多弊政也弄得百姓怨声载道，间接成为靖康之祸的原因，然而废除科举、兴办学校、大力推进国家福利事业等举措很难让人想象这是近900多年前一个备受指责的朝廷所推进的事业，这其中可能存在很多贪腐，但是肯定还是“为贫困无家之人提供了一个安全网”[①]，这些措施不仅在此前的中国很少见，即便是在之后的元明清时代也不多见。对此日本学者小岛毅说：

> 我们是否也应该给蔡京恢复名誉？作为王安石的继承人，其学校政策以及社会政策，如上所述，相当具有近代国家的特征。如果后来也沿袭这条路线走的话，那么中国，甚至整个东亚地区，肯定就会有与现在完全不同的历史。[②]

前面说过，新党几乎被《宋史》全员列为奸臣，不过是为了给皇帝背锅。这种做法本质上与元祐党人碑这种没有下限的迫害并无区别，只不过党人碑后来成为笑话，而史书却一直传之后世。对于文人来说，将政治对手指为奸臣是一件最省心省力的事情，它免除了烦琐的证明环节，也省去了可能使自己露怯的质证过程，将政见之争偷换为品德之别，轻轻松松地占领了道德高地，保证了自己永恒的正确。这是何等轻松何等爽快的事情。

更重要的是，忠臣与奸臣，君子与小人的区别让皇帝拥有了绝对的自主权。诸葛亮就在《出师表》里一口咬定：“亲贤臣，远小人，此先汉之所以兴隆也；亲小人，远贤臣，此后汉之所以倾颓也。”在这种表述中，皇帝就跟婴儿一样，是一张洁白无瑕，又极易被污染的白纸，忠臣君子来了就可以画出最美的图画，奸臣小人来了就只能胡乱涂鸦。既然如此，

---

① 《剑桥中国宋代史·上卷》。

② 《中国思想与宗教的奔流：宋朝》。

那么，还要皇帝来干什么？按照古人的说法，皇帝就是得辨别忠奸的。不过，即便皇帝看走了眼，主要过错也不能是皇帝承担，而是要由阴险狡猾骗取了皇帝信任的奸臣买单的。

而且，忠臣与奸臣的划分标准，在民间和庙堂是有区别的，甚至完全相反。

对于老百姓来说，廉洁的大臣就是忠臣，贪污的是奸臣；为百姓说话的是忠臣，反之则是奸臣。但是在皇帝这里则不尽然，支持我掌握权力的就是忠臣，反之则是大大的奸臣。所以章惇在说出“端王轻佻”的那一瞬间开始，就注定了他被打为奸臣的命运。百姓大多天真地认为，皇帝和他们一样，认为廉洁的便是忠臣，贪污的便是奸臣，其实大臣是否廉洁皇帝可能并不在意，甚至有时候，贪官因为其道德污点还会更受皇帝信任。比如萧何为了避免刘邦猜疑，就故意强买民田，欺压良善，刘邦知道后反而认为萧何的确是难得的忠臣；而大臣为百姓说话则更容易触怒皇帝，觉得你是在卖主市恩，收买人心，反而成为皇帝眼中的奸臣。对于大臣来说就更简单了，反对我的就是奸臣，支持我的就是忠臣。这就是北宋新党几乎全部被列入《奸臣传》最本质的原因。

不过对于皇帝来说，忠臣和奸臣都是他所要依仗的。忠臣可以用来治国，奸臣（或者被奸臣）则可以用来甩锅。在高宗的授意下，《神宗实录》被第三次编撰，新党成员几乎全军覆没，想必这时候赵构终于松了口气：错事都是奸臣做的，皇帝是无辜的，不仅无辜，还很可怜。《宋史》中章惇等奸臣以自己遗臭万年为代价成功挽救了皇帝的声名，百姓心中的怒火终于有了合法的发泄对象，皇帝们也可以捏着小拳头不断地捶打奸臣们的背说：“都是你的错，都是你的错！”这样，皇权的辉煌便可永远闪耀下去，帝国的荣光也可以一直照耀在老百姓的脸上，灿烂无比。

大厦崩塌

元符三年（1100 年）是人类跨入 12 世纪的第一年。这一年 25 岁的哲宗去世，他的弟弟，神宗皇帝的第十一子赵佶即位。这位中国历史上最具艺术天才的皇帝，将用 23 年的时间，将《清明上河图》里描绘的那个繁华富庶的北宋亲手埋葬，并用自己和儿子以及数千皇族、无数百姓的生命为之殉葬。

热爱艺术的道君皇帝

徽宗上台初期，在向太后的授意下，曾经实行过短暂的新旧两党和解的政策，此时的政府希望走一条既不偏向旧党也不偏向新党的中间路线，因此定年号为“建中靖国”，不过这个路线并没有延续下去，“建中靖国”的年号仅仅用了一年就被取消，以新的年号“崇宁”代之，意思是尊崇熙宁年间的政策，这意味着大宋的政治再一次转向了新党，或者在名义上转向了新党。

崇宁年间的政治颇受后人指责，因为人们发现，这个号称尊崇革新的政府不过是在借革新贩卖君臣各自的私货，打着新党的旗号挂羊头卖狗肉。比如，崇宁元年（1102 年），徽宗政府的一项重大举措便是在苏州和杭州设立造作局，造作局由童贯负责，其任务就是最大限度地利用江南丰富的物产和文化艺术优势，专门为皇帝生产各种珍奇玩物。被放逐到江南的蔡京也是通过童贯的造作局与皇帝重新取得联系，之后重返朝廷的。（详见本书《风水轮流·赶尽杀绝》）而蔡京在苏杭还有一个重大收获："发掘"了朱勔这个"人才"。

蔡京发现朱勔，是从发现他父亲朱冲开始的。朱氏父子原来只是平民，但是善于搜刮营造。蔡京经过苏州的时候，想建一座寺庙，但是预算下来花费巨大，就连挥金如土的蔡京都有些犹豫了。一个和尚对蔡京说："要完成这个工程，非郡人朱冲不可。"蔡京找来了朱冲，把这事告诉了他。没过几天朱冲就请蔡京来施工现场看土地，蔡京到了那里，只见空地上早已准备了数千根大木料。朱冲的办事效率给蔡京留下了深刻的印象，他便把朱冲和他儿子朱勔一起带回汴京，把他们的名字都列入童贯的军队，给两人都封了官。之后，蔡京让朱勔管理苏州、杭州的应奉局，负责在两地制作和寻访奇珍异宝，通过水路运往汴京。宋代将运货船队称为"纲"，往往是十条船为一"纲"，这些运送奇珍异宝的船队有个后人耳熟能详的名字——花石纲。

最初朱勔的行动还是比较克制的，第一批花石纲不过是运了三棵黄杨木到汴京，审美品位极高的徽宗对这些贡品十分满意，于是花石纲规模迅速扩大，每年都有五六批贡品到达汴京。之后贡品的运送愈加频繁，运载贡品的船首尾相接，络绎不绝。而朱勔也从一介平民一跃成为炙手可热的重臣，使用国库银两就像从自家拿钱一样，毫无顾忌。

花石纲的兴起给江浙的老百姓造成了深重的灾难。当地士庶之家只要有一棵树、一块山石被看上，应奉局的官吏就会带着士兵冲入他们家，用黄纸将这些东西封起来，说是要进奉给皇帝，命令主人对其善加看管，如果稍有损坏，就会被治大不敬之罪。等到起运时，往往要拆毁房屋、挖开院墙才能搬走。如果百姓家里藏有珍奇之物，众人都会认为是不祥之物，生怕不能早点扔掉。百姓被迫贡纳宝物，不但不能获得报偿，反而要倾家荡产，有的甚至要靠卖儿卖女才能塞责。一时间民怨沸腾，百姓苦不堪言。

天下宝物齐聚汴京，原先的宫殿就显然过于狭小了。政和四年（1114年），蔡京、童贯等人说服徽宗建造延福宫，工程分为五个部分，由童贯、杨戬等五人分别负责，五人互相竞争，都把工程做得富丽堂皇，宫殿楼台殿阁相连，凿池为海，疏泉为湖，又在宫内设置鹤庄、鹿寨、文禽、奇兽、孔翠等园囿，豢养数千珍禽异兽，奇花名木更是数不胜数，“怪石岩壑，幽胜宛若天成，不类尘境”①。

徽宗的审美品位是极高的，他当然不会欣赏那些铺金叠翠的俗气陈设。于是又在延福宫里安置了一些“自然”的小景点，比如村居野店、酒肆青帘之类，耗费巨资在皇宫中营造出山野荒居的味道，这也算是一绝了。

此时应奉局的业务已经不仅限于江浙两地，更是延伸到了东南和西南诸路，甚至有些地方没有应奉局的命令，地方官员也开始争着抢着主动贡献珍宝了，反正慷百姓之慨就能换取自己的飞黄腾达，这种生意是所有官员都求之不得的。一时间，灵璧、太湖、慈溪、武康的奇石，江浙的奇竹、异花、海鲜，福建的荔枝、橄榄、龙眼，南海的椰子，登州、莱州的文石，湖南、湖北的文竹，四川的果木，全都“越海渡江，毁桥梁、凿城郭而至”②。

唐玄宗为了满足杨贵妃吃荔枝的喜好，不惜用呈送军事紧急情报的八百里加急快递来送荔枝，颇遭后人非议；宋徽宗则是建立了全国范围内的专属生产基地和快递网络来收集奇珍异宝，徽宗皇帝心里也不是没有疑虑的，不过蔡京安慰他说：“陛下喜欢的并不是声色犬马，不过是山野间别人丢弃不用的东西，这不算扰民。当然有司奉命执行时有些过火，陛下降旨警告一下就可以了。”

然而人的贪欲是无穷的。延福宫恢宏壮丽，却奢侈靡费，它起到的最大的作用便是刺激了徽宗对奢华的追求。八年之后，徽宗另一项浩大的工程万岁山终于竣工，改名为艮岳。

艮岳占地方圆十多里，最高峰高达九十多步，峰顶有一个亭子，起名介亭。艮岳分为东、南二岭，东岭有绿华堂、书馆、八仙馆、紫石岩等景观，南岭有寿山等景观。艮岳最吸引眼球的是一块巨大的太湖石，这是朱勔命人从太湖湖底挖出来的，为了将其运到汴京，动用了上千人

① 《宋史纪事本末·卷五十》。

② 同上。

拉纤，一路上凿城断桥，用了几个月才运来。

艮岳的土木工程固然穷极精巧，无以复加，但是大臣们知道，皇帝陛下品位高雅，只是这些泥水匠的活显然不能让陛下真正满意，因为皇帝最尊崇的是“自然”。为了达到“自然”的目的，他们还必须想出新点子讨皇帝的欢心。

汴京有个善于驯鸟雀的人叫薛翁，他向童贯毛遂自荐，表示愿意到新建的艮岳当差，童贯答应了。薛翁到了之后，每天让人扮演皇帝的随从，打着皇帝的伞盖入园游玩，同时让人用巨大的盆子装着饲料喂鸟，薛翁还学鸟叫吸引鸟儿来进食。训练一个多月后，鸟儿们形成了条件反射，只要听到侍卫喝道的声音，看到皇帝的伞盖，就会自动飞来觅食，即便是在人群中它们也不会受到惊吓，薛翁便把这里命名为来仪所，取的是“凤凰来仪”的典故。一切就绪后，一天徽宗来游玩，一听到侍卫清道的声音，就看见数万鸟雀从天而降，煞是热闹，薛翁则跪在道旁上奏说：“万岁山瑞禽主动迎驾。”徽宗见此情景大喜，马上给薛翁封官晋爵，重加赏赐。

除了喜欢奇石艺术，徽宗还有一个很重要的爱好——崇尚道教。

徽宗并不是宋代第一个推崇道教的皇帝，此前太宗和真宗都笃信道教，真宗还为此导演了天书闹剧，并修建了奢侈豪华的玉清昭应宫。而徽宗对道教的尊崇一点也不亚于这两位先皇，而一批原本籍籍无名的道士也因此登上了帝国的舞台。

徽宗最初宠信的道士有两个：王老志和王仔昔。

王老志是濮阳人，原来只是个小吏，后来据说遇到异人，被授予仙丹，便抛弃了老婆孩子，在田间盖了个小窝棚修道。徽宗听说后，便召他到京师。王老志到了之后写了一封书信，然后把它封好，让人呈给皇帝。皇帝打开一看大惊，原来上面写的是以前中秋之夜他与乔妃和刘妃的私房话。从此徽宗对王老志深信不疑，封他为洞微先生。有了皇帝的宠信，王老志名声大振，很多朝臣也登门拜访，询问命理，王老志门庭若市。蔡京看到这一切十分不快，多次劝诫王老志收敛，王老志也算听话，果然不再与朝臣来往，一年后他就死了，彻底让蔡京放下心来。

王仔昔是洪州人，也自称曾经遇见神仙，被授予仙法，徽宗赐他号冲隐处士，进封通妙先生。

政和三年（1113年）十一月，徽宗举行祭天仪式，皇帝持着大圭，让一百个道士走在前面作为先导。刚出南熏门，徽宗突然对蔡攸说："玉津园东边似乎隐隐约约有楼台，是怎么回事？"

蔡攸心领神会，上奏说："臣让人去看，说玉津园有楼台殿阁，隐隐数重，仔细一看，都在地面数十丈之上。"

"看见有人在上面吗？"

"有很多像是道士的童子，手持幢幡节盖，在云间相继出没，眉目都历历可辨。"

徽宗听了大喜，确定是天神下凡，下诏就在那里修建道观，还写了一篇《天真降灵示现记》记载此事。

由于皇帝对道教的尊崇，道教被纳入政府正规宗教。政和四年（1114年），徽宗下诏设置道阶，即道士的级别。道阶有26级，分别比照朝廷中大夫到将仕郎的级别，后来又设立了26级道官，道士被正式纳入了官僚体系。

在徽宗的推动下，道教如日中天。而一个人的出现更将徽宗朝廷对道教的尊崇推上了顶峰，这个人就是林灵素。

林灵素是温州人，年少的时候当过和尚，由于不堪忍受师父的责打，后逃出佛寺而当了道士。可是当了道士的林灵素还是经常在佛教寺庙中蹭吃蹭喝，和尚们都十分厌恶他。林灵素被推荐给徽宗，一见到皇帝，就为徽宗描述了一个他闻所未闻的"全新宇宙"。林灵素告诉徽宗：天有九重，最高的天是神霄天，主管这层天的叫神霄玉清王，号长生大帝君，是玉皇大帝的长子，而陛下就是神霄玉清王转世；您下凡后，神霄天暂时由您的弟弟青华帝君摄政。您在神霄天还有八百多仙官，很多也随您下凡辅政，其中当朝宰相蔡京就是左元仙伯下凡，而王黼就是天上的文华使，大臣郑居中、童贯等都是您在天上的老部下，陛下宠爱的刘贵妃就是天上的九华玉真安妃……当然林灵素也没忘了给自己找个"前世"，他声称自己是仙卿褚慧，也是随皇帝一起下凡辅佐国事的。林灵素的谎言直接囊括了九重天，可谓不折不扣的弥天大谎了，但是这却让徽宗十分受用，他第一次听说自己原来是仙人下凡，级别还挺高，不禁喜不自胜，于是赐号林灵素通真达灵先生，对其愈加宠信。

在林灵素的建议下，徽宗设立道学科，将道教纳入科举，希望通过每年的考试，选拔道教人才。并在蔡京建议下命人修撰道教历史。

在林灵素构建的新宇宙图景里，皇帝原来是玉皇大帝的长子，所以徽宗对玉皇大帝愈加恭敬。徽宗在这一年九月奉玉册玉宝朝拜玉清和阳宫，给玉皇大帝上了一个冗长烦琐的尊号：太上开天执符御历含真体道昊天玉皇上帝。并且要求天下为玉帝修建宫观，谨慎奉祠。此后徽宗多次举办大型法事，林灵素高坐讲坛说法，徽宗在旁边设小帐恭听。每次法事都设大斋，道士可以免费享用。很多穷人会买一身道袍去参会，图的就是可以饱餐一顿。

宋徽宗对林灵素构建的新宇宙图景深信不疑，以至于他认为凡间的皇帝称号已经不能概括自己伟大的出身了。他很认真地对臣下说："朕乃上帝长子，在天上是神霄帝君，因为怜悯你们凡人受到蛮夷教化的污染，因此恳求上帝，让朕来当你们凡人的皇帝，令天下回归正道。你们应该上个表章，册封朕为教主道君皇帝。"

让大臣上奏章册封自己为道君皇帝，可见徽宗入戏之深。皇帝主动要求，臣下当然从命，于是他们集体上奏请求册封皇帝，皇帝也"勉为其难"地接受了，于是徽宗便被称为"道君皇帝"。

与宗教狂热相伴的必然是祥瑞频出，这个戏码在真宗时期就多次上演过，徽宗时期也不例外。于是一会儿说神仙下凡于坤宁殿，一会儿说青华帝君又降临神坛，再一会儿又说火龙神剑降临内宫，造出一批又一批天书、云篆，荒诞不经，而林灵素等道士仗着皇帝的宠信，作威作福，权倾一时。

此时林灵素已经被皇帝加尊号"通真达灵元妙先生"，而这位"通真达灵"的"元妙先生"却并未忘记俗世，尤其对早年当和尚时受的气耿耿于怀，现在他决定报复了。

宣和元年（1119 年），在林灵素的撺掇下，徽宗下诏：将所有寺院改名为宫观，把佛的名号改为道教的“大觉金仙”，其他菩萨、罗汉等改名为仙人、大士。和尚改名为“德士”，不允许穿袈裟，也不允许称法号，全部改称俗家姓氏。将女冠改为女道，尼姑改为“女德”。不久又允许和尚加入道观成为道士。

徽宗对佛教的打击虽然还不至于达到灭佛的地步，但是显然对佛教也是一次重创。有学者认为，徽宗大力提倡道教，贬斥佛教，“代表着对官方宗教为佛教的辽国合法性的否定”[①]。而这种闹剧式的否定除让徽宗痴迷其中外，似乎没有任何实际上的意义。而林灵素的专权却让其他大臣隐隐感到了危机，这意味着这位野生国师的结局很快就要到了。

宣和二年（1120年），汴京发生水灾。徽宗对付天灾的秘籍就是让林灵素作法退去洪水。于是林灵素在城墙上手持桃木剑，口中念念有词，步罡踏斗，开始作法。皇帝对林灵素的这一套深信不疑，可是老百姓却不买账，更何况他们对这些平时作威作福的道士早已满腔怒火，这时候看见林灵素还在装神弄鬼，一群民夫气得手持棍棒就要冲上来打他，林灵素吓得魂飞魄散，只能狼狈逃跑。而此后林灵素仍不加收敛，甚至有一次路上遇到皇太子也不回避，太子将他告到皇帝面前，徽宗终于对他厌倦了，将其斥归田里。

这一年距离北宋灭亡，徽宗、钦宗被俘还有七年。从花石纲到道君皇帝，徽宗的闹剧在一幕接一幕地上演。从表面上看，大宋的繁盛如鲜花着锦，烈火烹油，盛极一时，但是各地城镇和乡村的百姓却早已被压迫盘剥到了极限，尤其是东南诸路，由于是花石纲的重灾区，更是民怨沸腾，百姓愤怒的火山一直在蓄积着仇恨，随时准备爆发。

官逼民反

说起宋朝的农民起义，大多数人都会首先想到宋江起义，这场起义由于施耐庵的《水浒传》而名垂后世，梁山好汉也成为中国文化中罗宾

---

① 《剑桥中国宋代史·上卷》。

汉式的替天行道的英雄。

宋江起义发生在宣和三年（1121 年），位于郓州（属京东西路）的梁山泊，此地被山陵环绕，四周沼泽，是盗匪藏身的上佳地点。由于蔡京的经济政策对百姓的压榨，民变时有发生，宋江率领 36 人奋起反抗，这 36 人后来在《水浒传》里被夸张演义成了 108 将。宋江的部队“转掠十郡”，养尊处优惯了的官军似乎都不敢与之争锋。很可能官方的一些人对这些走投无路、被迫选择铤而走险的百姓有一定程度的同情，所以对他们的围剿也是三心二意的。亳州知州侯蒙上书皇帝说：“宋江啸聚山林，肯定也有过人之才，不如赦免他，让他去征讨方腊。”徽宗同意了，下诏让侯蒙知东平府，可是侯蒙还没上任就去世了。皇帝便改命张叔夜任海州知州，负责处理宋江造反事宜。

张叔夜到任后，派出间谍刺探义军情况，知道宋江有一支大船队，正向海州行来。张叔夜招募一千多名死士，在城外设伏，派少量士兵前往海滨挑战诱敌，宋江果然上当，率军一直攻到城下与伏兵激战；张叔夜还事先在海滨埋伏了一些士兵，等义军全部发起进攻时，就焚毁了他们的船队。义军知道船队被焚后全无斗志，宋江的副将被官军活捉，宋江最后只好投降。

《水浒传》是把宋江起义作为主要内容，让读者感觉梁山起义规模远胜于方腊。事实上可能恰好相反，徽宗末年的百姓起义，方腊是规模最大、影响最广的一次起义，也是间接造成北宋灭亡的一次起义。

方腊祖祖辈辈都居住在睦州清溪，这个地方在唐朝永徽年间就发生过百姓起义，当时一个叫陈硕真的女子借助宗教力量造反，自立为文佳皇帝，她也是中国历史上唯一一位率众起义又自称皇帝的女人。虽然陈硕真起义最后被扑灭了，但是当地民间却传言此地有天子基业，这也成为方腊起义的民众基础。

睦州今属杭州，唐宋两代都是物阜民丰之地，盛产木材、漆器、茶叶等，是富商巨贾经常往来之地。方腊家原来拥有一座漆园，后来蔡京、朱勔的造作局强行将其充公，方腊一夜之间一贫如洗，心怀愤懑却不敢爆发。之后朱勔主管花石纲，两浙的百姓深受其害，民怨沸腾，方腊趁机集结民众，号称诛杀朱勔，起兵造反。方腊自称圣公，建元永乐，设置了官署、将帅，义军头戴红巾，老百姓早就对贪官污吏恨之入骨，纷纷投效方腊，十余天义军就拥众数万。两浙都监蔡遵、颜坦率官军去围剿，结果都被击败身死。

宣和二年（1120 年）年底，义军攻克清溪、睦州、歙州，北临桐庐、富阳，很快攻陷杭州，宋朝地方官要么弃城而逃，要么被俘。被俘的官员大多遭到义军的虐杀，作为对他们平时作威作福的报复。

消息传到朝廷，当时朝廷正在组织北伐辽国的军队，王黼便将奏章隐匿不报。方腊的军队力量急剧扩张，威震东南。这时候淮南发运使上书言变，徽宗才知道此事，大惊，马上下诏暂停北伐部署，命令童贯率领集结好的十五万部队前往东南平定方腊。

宋朝的军队固然在对外战争中败多胜少，但是对付装备低劣、训练不足的起义军似乎还是绰绰有余的，真不辜负“内战内行，外战外行”之“英名”。童贯的官军到达之后，水陆并进，前锋与义军遭遇，很快击败了义军。方腊率军连夜奔逃，逃回了清溪的一个岩洞，这也是他们最早啸聚的地方。官军各部相继赶到，合力攻击。据正史说，此时义军余众尚有二十万，清溪地形复杂，义军又依托险要设置了三处防御工事，官军无法进入。此时官军的一个裨将策划了一次经典的斩首行动，出其不意，孤军深入，活捉了方腊，这个人就是韩世忠。

韩世忠当时是宋军大将王渊手下的裨将，他看见官军全部被阻挡在清溪谷外，便率领一支精锐部队偷偷潜入山谷，在谷内遇到一个当地妇女，得知一条可以绕过义军防御的小路。官军沿着小路摸进去，一下子就摸到了方腊的巢穴。韩世忠率手下与义军血战，亲手格杀数十人，还把方腊活捉了。

不过等韩世忠押着方腊等俘虏出来的时候，另一个大将，忠州防御使辛兴宗已经率兵堵截住了谷口，强行将方腊以及其妻子儿女等抢过来掠为己功。韩世忠虽然愤愤不平，却也无可奈何。

后来方腊被押到京师处决，但是义军余部仍然在坚持战斗。方腊死后的第七个月，起义才被最后平定。

方腊起义是北宋规模最大的一次农民起义，这次起义的毁灭性是巨大的，《宋史纪事本末》说："腊之乱，凡破六州，五十二县，戕平民二百万。"不过这被杀的二百万平民显然不能都算在方腊头上，因为在这场动乱中，"无论是游击队还是官军，都不分青红皂白地屠杀百姓。镇压叛乱的军队很有可能将无辜平民斩首，以此来满足摊派下来的名额要求"[①]。这种判断是很符合逻辑的，就连韩世忠都要被上司强行抢功，这样的官军还有什么是做不出来的呢？正如鲁迅先生在《灯下漫笔》中说：

> 中国的百姓是中立的，战时连自己也不知道属于那一面，但又属于无论那一面。强盗来了，就属于官，当然该被杀掠；官兵既到，该是自家人了罢，但仍然要被杀掠，仿佛又属于强盗似的。

然而战乱给百姓造成的灾难却很难用"深重"一个词轻飘飘地带过去。方腊被俘后，赵义军崩溃，被他们抓的妇女从洞里逃出来，全都一丝不挂，这些妇女后来纷纷在树林中自缢，尸体相望，绵延百余里，惨如地狱。

方腊起义期间，为了平息民愤，徽宗也曾短暂停止了花石纲的进奉，但是起义还没被平息，王黼便又恢复了花石纲，继续无情地从百姓身上盘剥财物。可见，北宋朝廷根本没有从宋江和方腊起义中吸取任何教训，而是在灭亡之路上昂首不顾，一路狂奔。

剿灭方腊，童贯立了首功，被封为太师、楚国公。之后，他踌躇满志地率领十万宋军，进攻辽国的南京燕京。此时，距离北宋的灭亡已不到五年。

东北虎的崛起

在中国东北地区茂密的山林中一直居住着一支原始部落，古书称他

---

① 《剑桥中国宋代史·上卷》，引曾敏行《独醒杂志》。

们为肃慎族，他们长期活动于今朝鲜与中国东北之间的边境地带，以渔猎为生。在中国古代史书中，肃慎族最喜欢做的事情之一似乎就是向中原王朝上贡弓箭，他们的箭杆用白桦木制成，称为“楛矢”，箭镞用石头磨制而成，称为“石砮”。《国语》就曾记载:武王克商……肃慎族贡楛矢、石砮，其长尺有咫。《史记》也曾记载：周成王时期，肃慎族贡献楛矢石砮；到三国的时候，肃慎族与中原联系更加密切，仍然经常来上贡楛矢石砮；晋朝的时候，肃慎族又来上贡，不过这次除了楛矢石砮，还有弓甲、貂皮之类。肃慎族的楛矢石砮在中国历史中名气其实是很大的，春秋时期，有一次一只老鹰掉在陈侯的庭院中，身上还插着一支箭。陈侯不知道是谁射的，请教孔子，孔子说：“这是肃慎族的箭。”陈侯翻开档案一查，果然如此。由此看来，楛矢石砮可以说是肃慎族最具代表性的标志，应该也是这个勇武好战的民族生活中最重要的东西了。

肃慎族的名字历史上有过多次变化，东汉的时候叫挹娄，北魏时叫勿吉，隋唐时叫靺鞨，而到了五代时他们又有了一个新名字——女真。这个名字就像东北虎一样，将在此后一百多年的时间里让中原民族闻风丧胆，谈虎色变。

女真分为两部，生活在南边，受中原文化影响较大的称为熟女真，北边的称为生女真。宋朝建立之后，女真延续了祖先上贡楛矢石砮的优良传统，向大宋王朝上贡马匹，从太祖建隆二年开始，此后几乎每年都派使者入贡。（用现代经济学的观点看，这种入贡其实就是商业贸易。）到太宗淳化三年（992 年）的时候，女真酋长上书说，契丹对女真与大宋有联系很不高兴，在海边设立了三处营寨，每处派三千兵马驻守，堵塞了女真入贡的通道，请求大宋派兵摧毁这些营寨。此前太宗两次征辽都被打得丢盔弃甲，满地找牙，当然不敢再对契丹用兵，只好“降诏抚谕而不为发兵”，此后很长一段时间女真与中原断了联系，转而成了契丹的藩属。

然而随着女真势力的逐渐强大，他们也并不满足于永远成为契丹人的奴隶。真宗大中祥符三年（1010 年），契丹征讨高丽，女真与高丽结盟共同抗击契丹，结果竟然击退了敌人。之后契丹节度使拔乙门叛逃，辽国想派兵追杀，女真害怕辽国借此对自己不利，上书辽国皇帝说："这个叛将可以智取，如果陛下用兵征讨，他肯定会逃入险地，那时候就无法在短时间内平定叛乱了。"辽主听从了建议。后来女真派兵偷袭拔乙门，活捉了他献给辽主。辽主大喜，授予生女真部节度使的官职。

女真不愿被契丹奴役，另一个重要原因是契丹一直对女真进行着残酷的压榨。他们要求女真进贡大量的土特产，其中海东青更是辽国贵族的最爱。海东青是一种鹰隼，能够猎捕天鹅，辽国贵族珍爱海东青就像今天中东石油富豪喜欢隼一样。除此之外，辽国对女真的貂皮、蜂蜜、马匹等也有浓厚兴趣。辽国官吏来索要贡品的时候经常作威作福，为非作歹，让女真人敢怒而不敢言。

绍圣三年（1096 年），此时女真的首领是盈哥。当时纥石烈部落的阿疏造反，盈哥率兵讨伐，阿疏逃到了辽国，辽主派使者让盈哥罢兵，盈哥此时还不敢与辽国正面对抗，只好撤军。不过谁也没想到，这个叛逃的阿疏后来竟然成了辽国灭亡的导火索。

徽宗崇宁元年（1102 年），辽国将领萧海里叛变，逃到了女真阿典部落，辽主命令盈哥率兵讨伐萧海里，盈哥听命，招募了一千余士兵。在此之前，女真的军队从来没有超过千人，盈哥的侄子阿骨打说："有这样的军队，还有什么事做不成！"这时候追杀萧海里的数千辽军也赶到与萧海里大战，结果被萧海里打败。盈哥对辽将说："你们退军，让我单独对付萧海里。"于是盈哥让阿骨打率军直进，击败了萧海里并诛杀了他。从此盈哥知道辽国军队不过是外强中干，往日雄风已经不复存在。

盈哥去世后，他的侄子乌雅束即位。他重新建立了与高丽的联系，双方成为盟友，女真再次拥有了这个小兄弟。

政和二年（1112 年）二月，辽国天祚帝到混同江捕鱼，举行头鱼宴，按惯例女真各部的酋长都要来参加。酒到半酣，天祚帝命令女真酋长们依次起舞，轮到阿骨打的时候，他却站着一动不动，天祚帝劝说再三，他只说自己不会跳舞。这对天祚帝来说无疑是极大的挑衅。过了几天，天祚帝对北院枢密使萧奉先说："阿骨打如此跋扈，最好找个借口将其诛杀，否则必有后患。"萧奉先说："这都是些粗人，不懂礼仪，而且没有大错就杀人，恐怕会动摇女真部落的人心。就算他们有异心，这样的小国家还能翻起什么大浪！”几天后，阿骨打兄弟跟随天祚帝出猎，女真人表现异常出众，能够呼唤鹿群、刺杀猛虎、搏杀巨熊。天祚帝十分高兴，还给他们加官晋爵，杀阿骨打的想法当然就打消了。不过，他没想到，这个决定很快就让自己懊悔终身，因为他和无数的辽国子民很快就会像这些鹿、虎、熊一样死在凶狠的女真人的刀下。

从头鱼宴回来，阿骨打知道天祚帝已经对自己有了怀疑，同时在宴会上他也看出，天祚帝酗酒贪杯不理国政，辽国已经没有了往日的强大，于是积极准备，打算先吞并附近的小部落，扩大自己力量。有些小部落不愿意被吞并，于是到辽国负责边地事宜的咸州详稳司告状，辽国召阿骨打来对质，阿骨打不予理会。突然有一天，阿骨打率领五百骑兵冲入咸州，吏民惊恐万状。阿骨打大大方方地来到详稳司，对官吏的诘责不屑一顾，拒不认错。当夜又率领五百骑兵飞奔出城。这时候，阿骨打已经不再把辽国放在眼里了。

第二年，乌雅束去世，阿骨打即位，自称都勃极烈。辽国派遣使者责问阿骨打为什么不向辽国告丧，阿骨打傲慢地说：“有丧不能吊，乃以为罪乎？”

此时阿骨打叛辽决心已定，万事俱备，只需要一个借口。不过这个借口多年前就准备好了，就是叛逃辽国的阿疏。

阿疏叛逃之后，乌雅束曾多次向辽国要人，都被拒绝。阿骨打即位之后继续派使者去要人，结果当然也是被拒绝。但是阿骨打派遣使者真正的目的却不是为了阿疏，而是探清辽国形势。使者回来汇报说：“辽主骄横，政事废弛。”阿骨打知道后召集手下，把守要道，修建堡垒，积极备战。辽主派人来质问，阿骨打回答说：“我们是小国，侍奉大国从来不敢有一点失礼。但是大国的恩泽却没有给我们一星半点，反而窝藏逃犯。如果你们归还阿疏，我们会像以前一样朝贡，如若不然，我们还会继续筑城守卫。”

辽主闻报，下令发兵讨伐女真。阿骨打知道后说：“我们必须先发制人，不能为人所制。”

于是阿骨打向各部落征兵，组成了一支二千五百人的军队。阿骨打在来流水边誓师起兵，直奔辽国边界。

女真军队刚到边界便与辽国渤海军遭遇，双方激战，阿骨打射杀了辽国将领耶律谢十，下令手下说："杀光敌人才罢兵！"女真士兵如东北虎一样冲入敌阵，辽军兵败如山倒，被践踏而死的竟有百分之七八十。女真军队乘胜追击，围困了宁江州（今吉林扶余北伯都纳古城）。

消息传来时，天祚帝还在外面打猎，他对此根本不介意，只是派遣一个将领率军去支援。很快，宁江州被攻陷。这是女真人攻克的第一个辽国城池。

宁江州陷落的消息让天祚帝开始有些紧张了，他召集大臣商议。有大臣建议大发诸道兵，全力扑灭女真叛乱。北院枢密使萧得里底不以为然："这样只会显得我大辽孱弱无能罢了。我们只需要征发滑水以北的军队就足以平叛了。"天祚帝听从了他的意见，派出一万人攻击女真。阿骨打闻讯，率兵迎击。黎明时分，两军在混同江边相遇，女真军队渡过冰河直冲辽军，此时大风忽起，尘埃漫天，辽军又大败，三分之一辽军将士战死。

此时辽军将士已经斗志全无，加之军纪废弛，贪污横行，士兵有功不赏，有罪不罚。士兵私下说："现在战斗只有死却没有功劳，逃跑能活却没有罪。"因此辽军遇到女真军队就望风而逃。辽军私下传言："女真军队满一万就无人能敌。"阿骨打军队刚刚建立的时候只有 2500 人，这时候刚好满一万。

1115 年正月初一，完颜阿骨打称帝，国号金，建元收国。此时距离他担任部落首领刚刚过去了两年。

完颜阿骨打雕像

面对迅速崛起的女真金国，辽国终于有些着急了，派遣使者去议和，异想天开地想让金国继续成为自己的属国。阿骨打名义上答应，不过这时候的砝码却加重了："你们把叛徒阿疏归还我国，然后把你们的首都黄龙府（今吉林长春）搬到别的地方去，然后我们再商议。"

这样的条件辽国显然是不会接受的。阿骨打就亲自率军攻打黄龙府，天祚帝终于知道要严肃对待女真人了。他派遣将领率领骑兵二十万、步兵七万戍守边疆，一边驻守一边屯田，希望以长久之计拖垮金军。阿骨打登高眺望，只见辽军无边无际，就像连绵的乌云和无边的灌木。然而阿骨打对此毫不在意："辽军士兵有二心，虽多也不足惧。"金军登高排阵，直扑辽军，右翼先向辽军左翼发动攻击，辽军左翼开始退却；金军左翼又猛攻辽军中军，双方陷入鏖战，金军中军见状急忙增援，辽军支撑不住，终于溃败。金军趁势追击，将辽军包围，到了黎明，辽军终于突围逃出，七万步兵全部阵亡，骑兵也损失惨重。辽军本来打算在此屯田，且战且守，但这一仗除了损失无数兵器盔甲，连屯田的农具也全部送给了女真人。

事情到了这个地步，天祚帝却还对前景有着难以理解的迷之自信。他写信给阿骨打，轻蔑地称呼他的名字，劝其投降。阿骨打也回信直称天祚帝的名字，要他投降。天祚帝终于被激怒了，决定御驾亲征，他率领蕃汉士兵十余万，其他将领率兵分七路进军，总兵力达到四十余万，号称七十万，发誓要剿灭女真。然而在辽军看到金军影子之前，辽国的黄龙府就被阿骨打攻陷了。天祚帝要阿骨打退兵，阿骨打还是使用那个屡试不爽的借口："如果归还我们的叛将阿疏，我马上班师。"两军刚要对垒，辽国内部又发生了耶律章奴造反事件，天祚帝无心再战，率军撤退。阿骨打得知此事，带兵紧追，在护步达岗（今黑龙江五常西）金军追上了辽军，阿骨打对手下说："敌众我寡，兵不可分。看敌人中军阵势最坚固，应该是辽主所在的地方，只要击败中军我军就可以取胜。"金军让右翼先进行攻击，随后左翼加入，辽军大溃，天祚帝弃军而逃，一昼夜狂奔五百里，退回长春州（今吉林大安东南他虎城）。皇帝的辇舆、帐幄都成为金军的战利品，其他丢弃的宝物、军械、给养和牛马更是数不胜数，辽兵战死数万人，尸体枕藉数百里。

1116 年，金军攻占辽国的东京辽阳府（今辽宁辽阳市），女真人的攻势如潮，辽国日渐难支。

阿骨打显然不满足于只蜷缩在这么一个偏远地区的蛮夷小国，从他自立为帝、建立国号以及年号可以看出，他称帝的方式基本上是按照汉族皇帝的流程进行的，这是因为他手下有一个汉人谋士杨朴，阿骨打对他言听计从。杨朴对他说："自古英雄开国，一定要先寻求大国的册封。"此时金国"交往"最密切的大国只有被自己打得鼻青脸肿的辽国了。阿骨打便派遣使者向辽国请求册封，但是在书信里又提出了十个条件，包括要辽国皇帝以自己为兄长，并且向金国朝贡，割让中京、上京、兴中府三路州县，还要辽国送出公主、驸马和大臣子孙作为人质，这哪里是请求册封，简直是在招降。但是辽国现在手上的筹码已日渐稀少，很难讨价还价，双方磋商几个回合，免去了送出人质、割地几个条款，并减少了岁贡的数目。1119 年，辽国册封阿骨打为东怀国皇帝。可是这个册封却被阿骨打拒绝了，理由是辽国并没有把阿骨打称为兄长，国书语气轻蔑，而且不称自己为大金，却造出了一个"东怀国"的国号。于是双方使者又穿梭往来，协商册立事宜。

事实上，阿骨打看似在劳心费力地请求辽国给自己册封，其实是在争取时间准备大举进攻。1120 年，阿骨打再次率军攻打辽国上京，这次他带了两个使者跟从，一个是辽国萧习泥烈，一个是宋朝使者，叫赵良嗣。这时候天祚帝又在外面打猎，听说之后急忙派将领率兵增援。阿骨打对萧习泥烈和赵良嗣说："你们可以在这里看我用兵，想想你们应该跟从谁。"金军在阿骨打的指挥之下呐喊攻击，两三个小时就攻占了上京外城，辽军留守见大势已去，率众投降。庆功宴上，赵良嗣等人称觞上寿，庆贺阿骨打攻克上京。

上京是契丹开国之都，也是契丹人的发祥地。上京被攻克，辽国的土地已有一半被女真人占领。此时辽国内部也叛乱不断，将领士兵不断叛逃女真，皇族高官也暗流涌动，想废黜天祚帝，另立新君，此时的天祚帝已经众叛亲离。

1122 年，金军攻克辽国中京（今内蒙古赤峰市），昏庸无能的天祚帝又在外面打猎，此时手下又发生内讧，天祚帝被迫率领五千多卫士逃亡到云中。

天祚帝逃亡后，驻守辽南京（今北京）的耶律大石等拥立耶律淳为帝，史称天锡帝，这个只剩下半壁江山的辽国也被称为北辽。

此时的辽国已经是日暮途穷，金国却是如日中天，气势如虹。天锡帝即位后，派使者向金国奉送表章，请求成为附庸国，然而金国不予理会，继续攻击。1122 年，金军攻克辽国的西京大同府。四月，攻克辽国东胜州（今内蒙古鄂尔多斯），这回终于抓住了阿骨打“日思夜想”的叛将阿疏。

自从阿疏在盈哥时代叛逃后，二十多年来，从乌雅束到阿骨打，从来就没有停止过向辽国要人，但是屡遭拒绝，这也成为阿骨打发兵叛辽的口实。现在终于抓住了阿疏，按理说阿骨打应该把他千刀万剐以解心头之恨，然而让人意外的是，阿骨打只是把阿疏打了一顿板子，然后就把他释放了。也许从某个角度说，阿骨打反倒应该感谢阿疏，因为有了他作为借口，阿骨打才好正大光明地起兵，堂而皇之地叛辽，从这个意义上讲，叛将阿疏其实是阿骨打乃至所有女真人的“恩人”。阿疏自己对此也是十分了解的，他被金军士兵抓住的时候，士兵问：“尔为谁？”阿疏的回答是：“我破辽鬼也。”[①]

从 1115 年阿骨打起兵，到 1122 年攻克西京，阿骨打只用了七年时间，就将曾经骑在女真人头上不可一世的辽国打残，辽国的五京此时已经有四京被攻克，剩下的南京（今北京），阿骨打并没有马上进军攻击，而是打算留给宋朝。因为这是宋、金两国此前在海上之盟中约定的。而说起这个海上之盟，还得从前面提到的宋朝使者赵良嗣说起。

自作聪明，以夷制夷

童贯是个宦官，但是他的长相跟一般宦官全然不同。《铁围山丛谈》说他“彪形燕颔，亦略有髭，瞻视炯炯，不类宦人”，意思是说他体格魁伟，身为宦官竟然还长了一些胡子，目光炯炯，跟平常那些猥琐的宦官完全不同。其他史料还说他皮骨如铁，身体健壮，简直像个威猛的将军。

① 《金史·列传·卷五》。

想必童贯自己也是以猛将自诩的。

宋徽宗即位的时候，在杭州设置造作局，专门为皇帝搜罗、制造珍奇宝物，童贯当时就在这里任主管，他与被贬到此地的蔡京交往，并成为蔡京复出最大的支持者。蔡京拜相后，劝说徽宗攻打青唐（今青海西宁），徽宗派王厚为统帅，童贯任监军出征。军队出发后，宫中失火，徽宗认为这是不祥之兆，派驿马火速传诏停止进军。童贯看了诏书后就放入靴筒，王厚问诏书内容是什么，童贯淡然说："陛下希望出兵成功。"之后两人率兵出战，大获全胜，收复四州，童贯也因此名震朝廷。

徽宗政和元年（1111 年），在西部边境立下战功的童贯志得意满，认为自己雄才大略，一定能够征讨辽国，于是他主动请求出使辽国。有大臣反对："让宦官作为使者，难道国家没人了吗？"徽宗解释："契丹人听说童贯击败了羌人，也想见见他，顺便让童贯探查辽国虚实，这是上策。"于是派遣郑中允为贺辽主生辰使，以童贯为副使出使辽国。

童贯这次出使，结识了一个至关重要的人，这次结识改变了北宋最后十多年的命运，也改变了中国十二世纪之后的历史。这个人叫马植。

马植本是辽国大族，史书说他品格低下，"行污而内乱，不齿于人"[①]。不过这很可能是史官对他的污蔑，因为在史书中并没有见到对他道德品质的其他描述。童贯出使辽国经过卢沟的时候，马植夜里去见童贯的侍从，说自己有灭辽之策。从宋朝建立开始，辽国就是大宋最大的敌人，宋太宗两次伐辽均遭失败，高梁河一战太宗大腿上还中了箭，此后每年箭伤都要发作；真宗时辽国大举入侵，幸好寇准力劝皇帝御驾亲征，又瞎猫碰死耗子射杀了辽军大将，这才订立了澶渊之盟，获得了卑躬屈膝的和平；而且后来，后晋石敬瑭割让给辽国燕云十六州，使大宋在北边无险可守，成为契丹铁蹄随时可以践踏的对象，这一直让宋朝君臣忍气吞声却无计可施。而童贯此次出使的真正目的也正是刺探契丹虚实，寻找克敌之道，听说有人有奇策能灭辽，童贯当然大喜过望，立刻召见马植。他与马植交谈之后，对他的奇策连连赞赏，于是把马植偷运回朝，

① 《宋史·奸臣传二》。

为了掩人耳目，将其改名换姓，叫作李良嗣。

李良嗣到宋朝之后，对徽宗说出了自己的奇策："女真人对辽国恨之入骨，天祚帝荒淫无道。如果我朝派遣使者，从登州、莱州（今山东）入海，渡过渤海湾到达女真的土地，与他们结盟，相约一起攻辽，辽国必破。"

此前说过，宋朝刚建立的时候，女真曾经派人从现在山海关附近进入中原，向宋朝贡献马匹。后来这条路被辽国封锁了，宋金之间的交往也被切断。宋朝臣子对重开此路表示疑虑。李良嗣力劝徽宗："辽国必亡！陛下应该念及子民遭受涂炭之苦，恢复我中国以往的疆土，代天伐罪。王师一出，辽国百姓一定会箪食壶浆迎接大军。如果错过机会，让女真灭了辽国，先发制人，后发制于人，大势就去了。"

徽宗听了李良嗣的建议深以为然，赐他姓赵，封为秘书丞。于是马植摇身一变成了赵良嗣，这人就是前文说过后来出使金国，目睹阿骨打攻破上京的宋朝使者。

1115 年，阿骨打自立为帝，公开与辽国决裂。有一个叫高药师的汉人渡海告诉了宋朝官员这个消息。登州守臣王师中将此事汇报到朝廷。徽宗召蔡京和童贯一起商议，命令王师中招募人手，会同高药师以买马为借口渡海出使金国，但是使者没能到达目的地就回来了。徽宗没有放弃，派遣武义大夫马政和高药师再次出海，这次终于到达了目的地。马政向阿骨打传达了徽宗想与女真结盟的意愿，阿骨打表示同意。北宋与金国有了第一次直接接触，这是重和元年（1118 年）的事情。

第二年，宣和元年（1119 年），阿骨打派遣使者跟随马政一起回到宋朝，商谈夹攻辽国事宜。使者刚刚到登州，传来阿骨打被辽主册封的消息，徽宗认为这意味着女真已经成了辽国的盟友，商谈夹攻已经没有意义了，于是让军校呼庆护送金朝使者回去。阿骨打见到呼庆对他说："我已经攻下辽国数路土地。你回去告诉你家皇帝，如果想要结好，应该使用国书；如果还用诏书，我绝难从命。"很显然，在阿骨打眼里，被辽国册封并非如宋朝认为的自己臣服于辽国，而是意味着自己已经取得了跟宋朝平等的地位，不再是宋朝君臣眼里那个远在僻壤的蛮夷小国了。这可以算是阿骨打对宋金协议的第一次加码。

事实上在宋廷内外对宋金协议也存有疑虑。有一次高丽国王派人来宋朝求医，徽宗派了两个医生过去。医生回来之后说："高丽人听说大宋想与女真联手灭辽，认为此举至为不妥。契丹存在，完全可以为中国捍卫边疆；女真是虎狼之国，不能交往，应该提早防备。"

类似的观点大臣安尧臣也发表过，他上书说："（如果联手灭辽），臣恐怕唇亡齿寒，边境会有可乘之机，狼子蓄锐窥视，对中原造成大祸。"

中书舍人宇文虚中更是尖锐地指出："（联金灭辽）就好比一个富人，有万金的产业，跟一个寒士为邻，富人想吞并寒士的产业，找来一个强盗谋划说：'你把他谋害了，他的房子给你一半，他的家产全部归你所有。'寒士被强盗害死了，富人却从此被强盗盯上，他还可能像以前一样高枕安卧吗？"

徽宗听说之后很是不快。但是他并没有想过，高丽对女真的了解绝对远胜于宋朝。宋朝放弃与契丹来之不易的和平，为了一个虚幻的目标而为虎添翼，其结果很可能是引狼入室，最后祸患无穷。

一心痴迷于收复燕云十六州，建立不世功业的宋徽宗，此时已经完全陶醉于和女真联手灭辽的幻梦中。宣和二年（1120年），他派遣赵良嗣出使金国，再次以买马为幌子，商讨联手灭辽之计。也就在这次出使中，赵良嗣目睹了如狼似虎的金军在几个小时内就攻克辽国上京的战绩，他相信自己的判断是正确的。在金军猛烈的攻势下，辽国根本没有还手之力。

赵良嗣与阿骨打商议，请求确定好协议条款，并在共同灭辽之后，将燕云十六州归还宋朝。阿骨打口头上同意了赵良嗣的请求，但是却又有附加条件：要求宋朝将对辽的岁贡转给金国。这是阿骨打的第二次加码，他心里很清楚，军事上的节节胜利就是外交上层层加码的保证。此时他心里还并不清楚宋朝军队的战斗力如何，但是金军的战绩已经足够让自己在与宋朝的磋商中占据主动地位。赵良嗣回国的时候，阿骨打交给他一份手书，约定金军从平地松林向古北口进军；宋军则从白沟夹攻，如果做不到，和约作废。

为了配合金军夹攻辽国，徽宗命令童贯率军十五万准备出征。可是就在这时候，东南爆发了方腊起义，东南诸省不仅是帝国的粮仓，更是徽宗喜爱的怪石花草的主要产出地。闻听此消息后，他急忙命令暂停北伐部署，让童贯带着这支军队前往平叛。等到方腊起义被扑灭，已经是宣和四年（1122 年）了，距离约好的时间已经过了两年。在这两年中金军势如破竹，攻占了辽国大部分领土，而宋军却因为平定内乱而一直没能跨出国门，这让宋廷在与金国的协议中又少了一个筹码。

1122 年，徽宗下诏命童贯为河北、河东路宣抚使，蔡攸为副使，率兵伐辽。蔡攸对军事一窍不通，只认为这是建功立业的大好时机，还没出门就在幻想凯旋的盛大场面了。他告别徽宗的时候，看见皇帝身边有两个美人陪侍，竟然指着她们胆大包天地说："臣成功归国，请求陛下把这两个美人赐给臣。"徽宗竟然只是笑了笑，并没有责怪他。

然而，宋军一出征，就应验了其"内战内行，外战外行"的魔咒。童贯分兵两路，向白沟和范村进军，北辽皇帝耶律淳已经是金军手下的惊弓之鸟，但是还是派兵阻击，被金军打得满地找牙的辽军残兵竟然在宋军这支生力军身上重新找回了自信，将宋军打得一败涂地。徽宗听说之后，急忙下诏退兵。

天锡帝耶律淳本来就身患重病，击败宋军后不久就去世了。宋廷听到这消息，觉得机会又来了，再次命令童贯和蔡攸率兵伐辽。此时的辽军已经军心离散，辽将郭药师率领涿州、易州军民投降宋朝。郭药师的投降给宋廷打了一针鸡血，他们似乎已经看到了胜利的曙光。童贯兴奋异常，命令大将刘延庆和郭药师率众十万从雄州出发，渡过白沟，直取幽州。走到良乡的时候，十万宋军被辽将萧干的一万军队堵住了。郭药师说："萧干军队不过万人，现在全力阻挡我军，后方肯定空虚，请给我奇兵五千，我倍道偷袭，一定能够攻克燕京。"并请求刘延庆的儿子刘光世为后援。刘延庆拨给郭药师六千人马，郭药师率兵趁夜渡过卢沟进军，黎明的时候夺门攻入燕京。此时燕京只有萧皇后在，她让人密报萧干，萧干连夜率领三千骑兵回燕京，与宋军展开巷战，六千宋军竟然被三千辽军打得大败，死伤过半，刘光世的援军也杳无音信。郭药师等弃马缒城才侥幸逃得性命。几战下来，阿骨打对宋军战斗力之低下看在眼里，他与宋朝的协议又多了一个砝码。

可笑的是，宋廷此时根本没有正确认识自己在宋金谈判中的地位，金人已经不想给宋朝原有的回报了，宋朝却认为自己可以比原来拿得更多。

当初宋金和议约定返还石敬瑭贿赂辽国的燕云十六州，但是宋朝却忘记了其中的营州、平洲和滦州并不是石敬瑭送出去的，而是刘仁恭送给契丹的。金人抓住这一点，拒绝将这三州还给宋朝，宋朝却不识相地还想要索还三州，当然遭到金人拒绝。不仅如此，阿骨打还以宋军违约，没能按时出兵为由，只答应给宋朝燕山以南的六个州。这让宋使赵良嗣大为不满，多次争辩，但是阿骨打对其置之不理。阿骨打此时已经摸清了宋朝的底牌，虽然双方到现在为止都只是口头约定，但是他已经第三次在协议上增加砝码了。原因就在于女真人根本没有借助宋朝的力量就征服了大半个辽国，宋朝既然没有出力，那么分赃肯定就不能按照最初的约定，这在阿骨打看来是天经地义的事情，而在还以天朝上国自居的宋朝看来则是背信弃义之举。

此前辽国五京已经被阿骨打攻下了四个，特意留下燕京给宋军。可是宋军实在不争气，怎么也拿不下来。宣和四年（1122 年）年底，金军终于忍不住了，三下五除二攻克了燕京，宋朝的底裤可以说被扒了个一干二净。事到如今，他们还在喋喋不休地要求归还燕云十六州，这在金国看来是愚蠢而可笑的，只会增加他们对宋朝的蔑视。

宣和五年（1123 年），赵良嗣再次出使金朝，商议瓜分辽国事宜。阿骨打提出："燕京是我军攻下的，宋朝要索回也可以，但是必须将燕京的租税输归我朝。"赵良嗣觉得不可思议："租税是随着土地一起的，哪里有给我们土地而不给租税的道理？"粘没喝（完颜宗翰）斥责说："燕京是我军攻克的，当然应该归我国！"赵良嗣多次奉命与金朝磋商，时而低声下气，时而怒发冲冠，但是金朝在主要问题上根本不做任何退让。他们的借口当然是宋军没能按时出兵夹攻，造成违约，而真正的原因是他们目睹了宋军的孱弱，认为这样的朝廷和军队根本就没有与自己在桌上平等谈判的资格。阿骨打就曾经威胁赵良嗣："半个月后你如果不答复我的要求，我就带兵来问问究竟了。"

1123 年，宋金和议终于达成，主要条款如下：

金国交还给宋朝燕京和涿州、易州、檀州、顺州、景州、蓟州六州；

宋朝每年给金国二十万两白银和三十万匹丝绸作为岁贡；

宋朝一次性付给金国一百万贯钱，作为对燕京税收的补偿；

两国边界不可逾越；

两国都不能收容对方叛臣。

虽然条约内容对宋朝严重不利，但是终于收复了部分燕云地区，这足以让徽宗君臣漫卷诗书喜欲狂了。

协议签订后，蔡攸率军进入燕京，并举行了盛大的入城仪式。童贯上奏说，燕京百姓不分男女老幼都来迎接王师，焚香欢庆回归大宋。这个描述的真实性很值得怀疑，因为金人在撤军前已经将燕京等七州抢掠得鸡犬无遗，把当地的百姓也带走了，宋朝“竭天下之财以北征，仅得七空城”[①]。真不知道宋军士兵看到他们得到的是几座空城，心里作何感想。这样的胜利，不管从哪个方面说都是可怜而可笑的。然而在痴迷于收复燕云十六州的大宋君臣眼里，他们无异于成就了一个亘古未有的巨大功业，这个功业几乎可以与霍去病封狼居胥、窦宪勒石燕然相提并论，绝对能流芳千古，传颂万代。而事实的真相是：“他们和一个无法击败更不能控制的盟友达成了一种浮士德式的交易[②]。”[③]倾全国之力得到几座空城，除了满足徽宗君臣好大喜功的虚荣心，没有任何意义。而更危险的是，在惨不忍睹的宋朝北伐行动中，宋军将自己的无能与孱弱暴露无遗，这就像一个遍体鳞伤溺水之人，他的鲜血毫无阻拦地流到海水中，饥饿的鲨鱼很快便能闻到血腥的味道，要不了多久，这个可怜的人就会被撕成碎片。

而对金朝来说，对宋朝下手，只需要等到一个借口，就像对辽国下手以索回阿疏为借口一样。很快，这个“阿疏”就自己出现了，他的名字叫张觉。

---

① 《宋史纪事本末·卷五十三》。

② 浮士德式的交易是一种心理障碍，指的是一个人对一种看似最有价值的物质的盲目崇拜太大，从而使他失去了理解人生中其他有价值东西或精神的理由和机会。

③ 《剑桥中国宋代史·上卷》。

利令智昏，玩火自焚

张觉是平州义丰（今河北滦县）人，辽地出生，但却是汉人，曾经中过辽国的进士，任辽兴军节度副使。辽国在金军的攻击下节节败退，天祚帝逃亡沙漠，辽国很多地方都发生了叛乱，平州人杀死了节度使萧谛里，拥立副使张觉为首领，镇守平州。天锡帝耶律淳去世后，张觉认为辽国必亡，便征召了五万士兵，军马千匹，也算是一支不可小觑的力量。辽国萧皇后派人接任平州知州，被张觉拒绝，此时的他已经公开叛辽了，只是最后倒向宋金哪一方，张觉似乎还没有拿定主意。

金军攻克燕京之后，向已经投降金国的辽臣康公弼打听张觉的情况，康公弼说："张觉狂妄寡谋，能有什么作为！我们可用不疑之心待之。"于是金朝任命张觉为临海军节度使，依旧任平州知州。从这时候起，至少在名义上张觉已经是金朝的臣子了。

但是此时张觉怀有二心是谁都知道的事情，粘没喝就想率兵攻打平州，康公弼说："这样是驱使张觉背叛。"并请求亲自去平州探听情况。张觉见到康公弼后说："契丹八路土地，七路都已归降，就剩我小小一个平州，我怎么敢有二心？之所以练兵守城，是为了防备契丹旧部萧干。"同时张觉还贿赂康公弼很多珍宝。后者回来之后禀报："张觉不会有什么作为。"于是金朝将平州升为南京，任命张觉为试中书门下平章事。

但是在这个兵荒马乱的年月，张觉对自己何去何从似乎一直都犹豫不决。金军攻克燕京后，命令把燕京的大家富民全部迁走，并命令辽国宰相左企弓等一起东迁，被迫迁徙的百姓颠沛流离，哭声一路，苦不堪言。他们经过平州的时候，进城向张觉哭诉："左企弓等不能守卫燕京，导致我们流离失所。您现在驻守大镇，手握强兵，若您仍愿尽忠于辽国，帮助我们回到故土，大家一定会以您为领袖。"张觉听了心里有些动摇，便召集手下商议。手下都说："我们听说流亡在外的天祚帝又招募了士兵，恢复了势力，很快将会打回老家。大人如果率勤王之师，奉迎天祚帝回朝，兴复大辽，事成之后这一定是大功一件；如若不然，大人率领平州归降大宋，大宋一定会接纳，即便金人攻击平州，内有我们的军队，外有大宋的援助，我们还有什么可怕的？”张觉“狂妄寡谋”，看来他手下的智商也高不到哪里去。诸将只有一点说对了：平州降宋，宋一定会接受。其他的话，不管是天祚帝很快兴复大辽，还是大宋会全力支持平州，都与后来发生的事实完全相反。

然而，张觉居然相信了。

他马上派兵，截住了左企弓等辽国旧臣，以卖国投敌的罪名把他们都杀了。然后宣布恢复使用辽国的年号，把天祚帝的画像挂在大厅里，早晚朝拜，以此招揽辽国百姓人心。另一方面，他又派人到已被宋朝占领的燕京，游说镇守燕山府的王安中，请求归降宋朝。王安中将此事上报朝廷，徽宗最初对此还是比较冷静的，他下手诏给王安中，令他对张觉实行羁縻之策。

所谓羁縻之策其实就是外交上的“玩暖昧”，指的是既不拒绝，也不同意，保持联系以观事态发展的外交策略。不得不说徽宗的这个策略是谨慎而保险的。但是燕山府同知詹度接到手诏之后自作主张，催促张觉马上降宋。张觉立刻派人送上降表。这显然与徽宗此前“玩暖昧”的指令是完全违背的，可是一块肥肉就在嘴边，就连徽宗的态度马上也有些暖昧了。王黼力劝徽宗接受张觉的投降，赵良嗣坚决反对，他说：“国家刚刚与金朝结盟，盟约里明确规定不能接收对方的叛逃人员。接纳张觉则是毁盟，以后将后悔莫及。”然而徽宗此时如同一个贪图小利的商贩，将盟约全部忘在脑后，凭空得到平州的诱惑已经让他忘记了盟约，站在了王黼一边，他选择接受了张觉的投降并将赵良嗣降官五级。

利令智昏的徽宗从这时起，便走上了玩火自焚的不归路。

这时候阿骨打刚刚去世，即位的是他的弟弟，即金太宗吴乞买。吴乞买听说张觉降宋，立刻派大将阇母率领三千骑兵攻打平州，张觉此时有兵数万，在营州列阵与阇母对峙，阇母看敌我兵力相差悬殊，不战而退。张觉喜不自胜，上报宋廷说自己取得大捷，徽宗更欣喜若狂，任命张觉为节度使，并犒赏他银绢数万。

但金国人哪里是这么容易放弃的，一个月之后，金将斡离不（完颜宗望）又率兵攻击平州，正巧张觉正率人出城迎接朝廷的赏赐，斡离不挥军与张觉作战，张觉大败，逃奔燕山，王安中把张觉藏在武器库中。斡离不找不到张觉，便围困了平州。

此时金朝派使者谴责宋朝背约之罪，并要求交还张觉。贪图小利的宋徽宗这时候终于尝到背约的苦果。王安中为了平息金人怒火，找了一个样子长得像张觉的人杀掉，把头送给金人。可是金人哪里是这么好糊弄的，一眼就认出了这是个冒牌货，马上要举兵攻打燕山府。王安中走投无路，只好让人杀了张觉和他的两个儿子，把头送给金人。张觉被杀时大骂宋朝君臣背信弃义，不过如果他知道自己的死很快会成为北宋灭亡的导火线，心里也许会感到一丝欣慰。

张觉后来被《金史》收入《叛臣传》，被《宋史》收入《奸臣传》，可以说是两边不讨好。张觉被杀这一消息在辽国降宋的军队中引起了巨大震动，很多将士闻讯后泣下沾襟，降将郭药师说："金人说要张觉，朝廷便送过去，以后金人想要我郭药师，是不是也会马上被送去呢？"于是降宋的辽军都心怀疑虑，这也成为一年后宋军兵败如山倒的重要原因。

此时的徽宗君臣似乎根本没察觉到自己正在一步步触怒金人，还在"以一种不切实际的傲慢态度进行边界外交"[①]。他们继续向金人要求割让燕山以北各州给宋朝。当时吴乞买刚刚即位，几乎想同意宋朝的要求了，但是金国王子完颜宗望和完颜宗翰极力反对："先帝最初与宋朝协议联手灭辽，因此答应返还燕地。然而刚刚结盟，宋朝就要求用钱换取山西诸镇，先帝没有要这些钱并与他们重新结盟，规定双方都不能藏匿叛逃人员。但是现在宋朝几路招纳叛亡者，我方多次要人，童贯却坚决不给。结盟不到一年，宋朝已经如此背约，怎么可能相信他们会万世守约！况且现在西边还有战事，如果把土地割让给宋朝，我军将无屯兵之所，如果有军事部署也将难于进行，请不要割地给宋朝。"吴乞买听从了贵族们的部分意见，只割让了朔州和武州给宋。

此时金人的忍耐已经到达了最后的极限，而宋朝依然在惹怒盟友的

① 《剑桥中国宋代史·上卷》。

道路上死命狂奔。

此前赵良嗣出使金朝，曾经承诺供给金军军粮。宣和六年（1124年），金朝使者到宣抚司索要军粮二十万石，宋朝大臣傲慢地说：“二十万石军粮哪里这么容易准备！而且这是赵良嗣口头许诺的，不足为凭。”金国使者空手而回，这下金人彻底大怒。

宣和七年（1125年），金朝此时已经扫清了西边的边境，并与西夏签订了盟约，终于可以腾出手来给宋朝一个教训了。

11月，金军分两路南下攻宋。西路军由完颜宗翰率领，目标是攻克太原，直取洛阳；东路军由完颜宗望率领，目标是燕京和汴京。由于没有燕云十六州的阻隔，横在金军面前的就是一望无际的华北平原，金军的铁蹄几乎畅通无阻。年底时，东路军便已进逼汴京。

面对金人的猛烈攻势，宋徽宗使出了最后两招：第一，传位太子；第二，脚底抹油。

1125年12月，徽宗下诏禅位于太子赵桓，自己成为太上皇。之后徽宗借口到亳州拜谒太清宫，一溜烟逃到了江南。赵桓即位，是为宋钦宗。大敌当前，徽宗分明就是将自己弄出来的烂摊子扔给了26岁没有任何治国经验的儿子，而自己则扮鸵鸟，不问不顾，这样的皇帝不管从治国能力还是从责任、担当来说都足以让人目瞪口呆。

可是皇帝永远是正确的，国事如此，罪过都是奸臣的。

这时候太学生陈东站出来，成了中国历史上著名的学生运动领袖，他率领诸生上书，说国家如此都是蔡京、梁师成、李彦、朱勔、王黼、童贯的罪过，称他们为“六贼”，要求诛杀“六贼”以谢天下。国难当头，这几位权臣的行为倒也颇得徽宗真传：金人压境时，童贯擅离职守，望风逃回汴京；听说金军来犯，王黼也于星夜带着一家子人往东逃。不过，他们最后都得到了自己应有的归宿：钦宗靖康元年（1126年），王黼在雍丘被诛杀；李彦被赐死；朱勔先被废为庶民，后被流放，之后处死；梁师成先被贬为彰化军节度副使，后被赐死；蔡京被贬海南，死在潭州；蔡攸被贬雷州，之后被赐死；童贯被发配英州，之后被处死。

奸臣都被处死了，大宋朝廷终于“纯洁”了，而此时金军也兵临汴京城外，刚即位的钦宗将要负担起挽救国家于危亡的重任。然而此时的局面，即使是一个雄才大略、性格坚毅的君主也未必能够挽回，更何况是年仅 26 岁，还在青年阶段，性格多变、犹豫不决的赵桓。

兵临城下

辽国天祚帝兵败逃亡之后，天锡帝耶律淳即位，为了向女真人报仇，耶律淳招募辽东饥民为兵，希望用他们向金国复仇，给他们起名为“怨军”，任命大将郭药师担任“怨军”统帅。后来觉得“怨军”这个名字似乎有些不吉利，又改为“常胜军”，提升郭药师为诸卫上将军、涿州留守，仍然统帅这支军队。

耶律淳死后，辽国人心分崩离析，宣和四年（1122 年），郭药师率领手下八千士兵以涿州、易州降宋。

郭药师投降令宋朝君臣欢欣鼓舞，昔日强敌的大将现在居然主动归顺圣朝了，可见圣朝威名的确遍布四海。徽宗召见郭药师，赐给他宅邸和美女，还带着他一起游玩金明池观赏各种文艺演出，让贵戚大臣轮流设宴款待郭药师。郭药师对皇帝的圣恩感激涕零：“臣在辽虏那里，听到赵皇就像在听天上的神仙一样，没想到今天竟然能够目睹龙颜。”徽宗对郭药师的顺服十分满意，让他驻守燕京，作为大宋北方屏障，郭药师当即领命。徽宗又要郭药师追杀天祚帝，彻底灭辽，谁知道郭药师脸色一下变了，大哭说：“天祚帝是臣的故主，他国破逃亡，臣因此才归降大宋。陛下委任给臣其他使命，臣不敢推辞，但如果要臣反故主，臣不能听命，请陛下委任他人。”

郭药师的拒绝不但没有触怒徽宗，反而让徽宗觉得他忠心故主，是个可信赖之人，于是更加欣赏郭药师了，徽宗还解下自己的珍珠御袍，连同两个金盆一并赐给他。郭药师回来之后对手下说：“这不是我的功劳，都是你们的力量。”后来把金盆剪成小块赏赐给手下。

从这看来，郭药师尽忠故主，不贪财物，私德似乎是无可挑剔的，而更让大宋君臣震惊的是他的治军能力。

徽宗对郭药师这个降将当然心中是存有疑虑的，他派童贯巡边，探查郭药师动向，私下命令，如果郭药师有二心，就将其捉拿回朝。此时郭药师已经被封为太尉，级别与童贯相等，但是一见到童贯，郭药师马上倒头下拜，这让童贯反而有些惊讶："你现在已经是太尉了，地位跟我一样，怎么还对我下拜？"郭药师说："太师您就像我父亲一样，药师只是拜父，哪里知道其他。"郭药师的恭顺让童贯十分受用。之后郭药师邀请童贯阅兵，他带着童贯来到一处旷野，举目望去，四周没有一个人影。郭药师在童贯面前举起一面大旗一挥，霎时间，四面山上涌来无数铁骑，旌旗蔽日，刀枪耀目，千军万马，不计其数。童贯和手下见此大惊。有一次郭药师的军队在路上遇到金国祝贺天宁节归来的使者，使者都不敢与他们争道，乖乖在路旁避让。郭药师的手下有的竟然在马上用矛挑走使者的羊和其他财物，使者不敢与其相争。童贯回朝之后对徽宗说，郭药师带兵有方，一定能够抵御外寇。因此徽宗对郭药师放下一百二十个心。甚至郭药师军队仍然穿着契丹的服饰，朝廷也不加干涉。

此时郭药师的军队已号称三十万，驻守燕京，成为大宋北方最重要的捍蔽。然而张觉的死让郭药师和手下深受震动，他们目睹了大宋朝廷的出尔反尔以及凉薄无情，兔死狐悲，常胜军人心浮动，大宋的北方屏障已经风雨飘摇。

宣和七年（1125 年），金军在完颜宗望和完颜宗翰的率领下，分两路攻宋。完颜宗翰的西路军在太原遭遇了顽强抵抗，金军被牵制住无法前进；而完颜宗望的东路军则长驱直入，势如破竹，这都是拜郭药师所赐。

金军刚到燕京郊外，郭药师就率领手下不战而降。之后主动作为向导，带领金军一路向南。年底，金军就攻克了中山、真定，新年刚过，他们就来到了黄河边，汴京近在咫尺。

听到金军南下威胁汴京的消息，徽宗的第一个反应是直接逃跑，门下侍郎吴敏、太常少卿李纲坚决反对，认为这无异于投降。在李纲的建议下，徽宗同意先将皇位传给太子，然后自己跑路。26 岁的宋钦宗就这样即位，成为北宋最后一位皇帝。

此时，金军南侵的路上，宋军纷纷闻风而逃。金军准备渡过黄河，负责守卫的威武军梁方平率领禁军驻守渡口，金军一到，梁方平不战而逃，军队立刻崩溃；河北、河东制置副使何灌率众两万保卫滑州，金军刚靠近，也是望风而溃。河南的官军没有一个人御敌。金军到了黄河岸边，找了些小船渡河，拖拖拉拉渡了五天，才将骑兵全部送过河。此时，步兵都还在北岸，军队嘈杂混乱，搅成一锅粥。金军嘲笑说："南朝真的没人了，要是派一两千人守在河边，我们怎么能够渡河！"很快，滑州陷落。

汴京的宋钦宗听到一个又一个坏消息，坐不住了，下诏亲征。他决心以宋真宗为榜样，亲率大军抵御外寇，任命李纲为亲征行营使，吴敏为副使，打算放手一搏。

而此时，太上皇徽宗赵佶已经逃到了亳州，很多官员也在偷偷逃亡。童贯带着手下随徽宗一起南逃，渡浮桥的时候，很多卫士攀着徽宗的车驾大声痛哭，童贯害怕如此耽误时间，就命令亲兵放箭，中箭倒下的有一百多人。

此时京师已经戒严，敌人马上围城，有大臣劝钦宗出逃，刚才还壮怀激烈要御驾亲征的钦宗马上就犹豫了。李纲坚决反对出逃："天下城池哪里有如都城这样坚固的！而且这里是宗庙、社稷、百官、万民之所在，抛弃这里还想到哪里去？现在最好的办法是整顿军马，团结人心，合力坚守，等待天下勤王之师。"

钦宗问："谁能带兵？"

"白时中、李邦彦等虽然不懂军事，但是凭他们的威望，抚慰将士抵抗敌军，这也是他们的职分。"

谁知道一旁的白时中不高兴了："你李纲难道就不能去打仗？"

"陛下如果不认为臣庸懦，让臣带兵，臣拼死以报！"

于是钦宗任命李纲为尚书左丞、东京留守。

然而左右摇摆的钦宗还是没断绝逃跑的想法，而且已经安排后宫先行逃亡。这时候宦官上奏说内宫已经上路。钦宗一下子坐不住了："朕不能留下了！你们不要再坚持了，朕前往陕西去组织军队，收复都城。"

李纲大哭跪拜在地，请求钦宗留下，燕王和越王此时也来了，支持李纲的固守策略。钦宗无奈，只好留下，对李纲说："朕是因为你留下的，治兵御敌之策就交给你了，不要有疏漏。”

然而当天夜里，宰相等又在劝钦宗出逃，钦宗更犹豫不决，甚至想天一亮就跑路。早上，李纲来上朝，发现侍卫都披盔戴甲全副武装，皇帝御车也套好了马，焦急万分的李纲对卫士们大呼：“你们是想守住宗庙社稷还是愿意跟从逃跑？”

卫士都回答：“愿意死守！”

李纲马上觐见皇帝，说：“陛下已经答应臣死守都城，现在却又要逃跑，这是什么意思？现在六军将士的父母妻儿都在城内，都愿意死守。如果走在路上他们逃散，谁来护卫陛下？况且敌人已经逼近，若知道陛下没有走远，定会派出快马追杀，到那时该如何抵御？”

在李纲等一批鹰派的坚持下，钦宗终于打消了逃跑的念头，决定死守御敌，让李纲总揽全局，允许他便宜从事，并紧急修筑城墙工事，布置防御策略。这一切还没完成，金军就到城下了。

事实上金军走到庆源（今河北赵县附近）的时候，听说徽宗禅位的消息，完颜宗望一度想撤军班师。郭药师劝说他：“南朝未必有防备，不如姑且前进。”因此宗望才率军渡河，来到汴京城下。刚到城下，金军首先占领了京城西北的牟驼岗天驷监，这里是宋朝的军马场，有骏马二万多匹，饲料堆积如山。郭药师曾经入朝朝见皇帝，对京师了如指掌，这些都是他指引金军的。而李纲等书生布置京城防务，竟然没有将城外重要设施转移入城内或者销毁，白白留给了金军，也可见他们在用兵守城方面的确是外行。

面临金军围城，宋廷中的鸽派又开始对皇帝施加影响了。李邦彦力劝钦宗割地求和。刚才还下定决心死守的钦宗竟然又动摇了，派虞部员外郎郑望之和高世则前往金营，走在路上，正好遇见金军使者吴孝民，便同他一起回城。此时金军对汴京进行了第一次试探性攻击，李纲指挥军队奋力抵御，金军看到宋军有所防备，到天明便退军了。

次日一早，金朝使者吴孝民觐见钦宗，一见面就责问宋朝为何窝藏张觉，并且要求宋朝将童贯、谭稹、詹度抓住送给金军，又说：“太上皇时代的事情我们可以既往不咎，现在新皇帝可以与我朝重新结盟，你们可以派遣亲王或者宰相到军营商议。”

钦宗听到说“既往不咎”，又觉得看到了一丝求和的希望，他问大臣谁可以出使，李纲自告奋勇前往，钦宗不同意，派遣李棁出使。李纲对李棁很不放心：“安危在此一举，臣害怕李棁怯懦，误了国事。”

果然，李棁到金营后吓得面无人色，膝行而前，完颜宗望说：“我军破城就在顷刻，之所以暂停攻击，是看少帝（钦宗）的面子，想保存你家宗庙社稷。我们对你们的恩情太大了。如果想议和，你们必须缴纳黄金五百万两，白银五千万两，牛马万头，绸缎百万匹，尊我大金皇帝为伯父，将从燕云逃跑的人归还我大金，割让河间、太原、中山三镇之地，以宰相、亲王为人质，护送我大军渡过黄河，我军才能撤退。”

完颜宗望将议和条款写在纸上交给李棁，李棁不敢有任何异议，唯唯诺诺接下条款回朝。

第二天金军又来攻城，李纲亲自督战，招募壮士縋城而下，与金军恶战，斩杀金军军官十余名，士兵数千人，在滑州不战而退的何灌这次表现得特别英勇，在城下力战而死。

次日李棁回朝，将金人的条件告知钦宗，李邦彦等力劝钦宗同意金人条件。钦宗便下诏搜刮都城金银，并没收倡优之家的家财，这样一来也只筹集到二十万两黄金，四百万两白银，而且民间已被搜刮一空。李纲坚决反对：“金人所要的财物，即便穷竭天下也无法满足，何况只是京城？太原三镇是国家屏障，割让给金国我们何以立国？至于派遣人质，宰相可以去，亲王不能去。最好派遣能言善辩之士，先跟金人商讨条约条款，借此拖延时间。不久勤王之师四面汇聚，敌人孤军深入，即便没有获得想要的，也会迫于形势撤军。到那时候再与他们讲和，他们才会不敢轻视中原，和约也才能长久。”

李邦彦反对说：“京城破在旦夕，到那时还要三镇有什么用？而且这点数目的金银不足计较。”

心慌意乱的钦宗不假思索地同意了李邦彦的意见，李纲刚刚退下，与金人的盟约就草拟好了，在盟约里，宋朝称金朝皇帝为“伯大金皇帝”，自称“侄大宋皇帝”，金币、割地、遣质、更盟，完全按照金军的要求办，还把三镇的地图带去金营，准备交割，之后让张邦昌和徽宗第九子康王赵构一起到金营作为人质。

正在此时，大将种师道率领泾源、秦凤援军到来。种师道是北宋老将，被称为“老种”。钦宗听说“老种”到来，大喜，命令李纲迎接。种师道见到钦宗后说：“臣认为议和是错误的。女真人不懂军事，哪里有孤军深入敌境还能全身而退的！臣在西边，不知道京城。现在看到，京城城墙环绕八十里，这么长的战线怎么可能包围！城墙高几十尺，粮食可以支撑数年，敌人不可能攻下。现在应该在城内扎营，派兵严守城上，等待勤王军队。不过数月，敌人自然陷于困境。等敌人撤退，我军再出城交战。”

种师道对李邦彦说：“京城城高坚固，防御有余，为什么相公要议和？”

李邦彦回答：“因为城内没有士兵。”

“不对，防守与进攻是两回事。作战不足，防守则可能有余。京师有百万民众，这些都是士兵。”

李邦彦说：“我不懂军事，不知道这些。”

“相公不懂军事，难道没看过古代守城的故事吗？我听说城外百姓都被敌人杀掠，他们的财物都被敌人占有。当初听说敌人逼近，为什么不命令城外军民拆毁房屋，转移畜产，撤进城内，却要急急忙忙关闭城门，将这些百姓都送给敌人？”

李邦彦脸上有些挂不住了：“也是仓促之际，没工夫管这个。”

种师道的到来给钦宗打了一针强心剂，也让城内鹰派的腰杆再次挺了起来。此时完颜宗望的围城兵力号称六万，而各地前来勤王的军队驻扎城外，总兵力达二十多万，种师道还在等待弟弟种师中的军队到达，希望在春分时几路兵马同时展开进攻。距离春分只剩八天了，山西援军将领姚平仲怕种师道占有全部功劳，认为应该速战，完全不懂战略的李纲也支持他的建议，于是二月姚平仲率领步骑兵万人，趁夜袭击金军营寨。

姚平仲刚刚行动，金军侦察兵便察觉了宋军动向。完颜宗望马上分兵迎击，姚平仲大败，因为害怕被诛杀，他居然趁夜逃跑了！李纲率兵救援，用神臂弓射退金军。种师道得知消息后说：“劫营已是错招，但是兵家有出其不意的战法，今晚再派兵分道攻击，也有可能取胜。如果不胜，就每天晚上派几千人骚扰敌人，不需十日，敌人就会撤军。”

然而李邦彦此时已经被吓破了胆，根本不采纳种师道的建议。

几天后完颜宗望派人责问宋军为何违约劫营，李邦彦马上甩锅：“用兵是李纲、姚平仲的主意，不是朝廷的意思。”

随即，李纲被免职，亲征行营司也被撤销，钦宗再一次回到了鸽派的怀抱。

听到李纲被罢免的消息，太学生陈东再次率诸生在宣德门上书：“李纲奋不顾身，只身承担天下之重，是所谓的社稷之臣。李邦彦、白时中、张邦昌、李棁之徒无才无德，嫉贤妒能，只为自身谋划，不恤国事，是所谓的社稷之贼！”

数万军民聚集在宣德门外，大声请愿。李邦彦正好此时上朝，愤怒的民众当众大骂他，历数其罪状，还要上前打他，李邦彦吓得快马逃窜。吴敏宣诏让众人散去，民众拒绝，敲响登闻鼓，喧哗震天。面对民众的愤怒，钦宗像一个单摆一样，又一次摆到了另一个立场，他派人对民众宣布：“朕已经下旨宣李纲了。”

但民众的愤怒并没有平息，宦官朱拱之传旨迟缓了一点，竟然被暴怒的人群杀死，撕成碎片，同时还杀了十多名宦官。皇帝派出多批官员抚谕，并且让李纲官复原职，这场风波才渐渐平息。

之后，钦宗派大臣宇文虚中出使金营，同意割让三镇土地。李纲也再次组织城上严加防守，各地勤王军队又逐渐汇聚汴京，完颜宗望认为继续围城会对金军不利，也没有等待拿到足够的金银，便撤军北归。

汴京城的第一次围困终于解除了。

流水落花，天上人间

纵观 1125—1127 年钦宗朝廷的政治，大抵是在主战派和主和派之间摇摆不定，其规律也非常明显：只要挨了一顿痛打，皇帝发现主战打不过人家，马上就倒向主和派；而只要别人不打了，宋朝君臣马上又开始趾高气扬，眼眶的乌青还没散去，鼻血还流着，就踢腿挥拳向对方挑衅，等到的当然是更狠的一顿暴打。

1126年二月，金军归还了张邦昌和康王赵构，把徽宗第五子肃王赵枢作为人质，撤兵北还。金军刚刚撤退，种师道就请求趁金军渡河时偷袭，这个计划被钦宗否决了。从这里可以看出，主战派根本无心履行对金朝的承诺，违背盟约几乎是不假思索的事情，这也成为靖康之祸的主要原因。

金人撤退后，主战派成了帝国的救星，重新占领了朝廷。大臣杨时马上上书，认为三镇是朝廷屏障，不能割让给金人。还出招说我们拒绝割让三镇，金人一定会围攻，用三镇驻兵牵制住金兵，我们再派兵反包围，一定能击败金兵。

杨时对三镇的重要性认识很充分，但是他没想过，第一次汴京围城，金军的借口是张觉事件，但三镇土地可比张觉一介武夫重要多了，如果再次背盟，这必然招致金人的报复。北宋二十万人打不过人家六万，都城被围，脸上淤青尚在，现在又要跃跃欲试地挑衅，后果是什么，不难设想。但是这些“爱国贼”似乎都对这些不屑一顾，只要打着爱国的大旗，实力、形势、盟约都可以丢在脑后，即便身死国灭，也还能捞个忠君爱国的美名。这种“爱国”狂热，最终把北宋拉入了灭亡的深渊。

年轻的钦宗一看到奏章脑子就发热了，马上下诏要派兵，大臣们听闻消息，都哼哼哈哈不表示意见。只有杨时喋喋不休，说坚持不能给金人三镇，李纲也请皇帝下诏，让种师道、姚古等将领率兵追击金军，而三省又下令让宋军礼送金军出境，一时间政令矛盾，莫知所从。

完颜宗望的东路军退兵后，围困太原的完颜宗翰留下一支部队继续围城，自己带主力回到了云中。这时候宋钦宗的胆子似乎又壮了，他下诏谴责金军入侵，宣布罢黜主和派大臣，并且拒绝交割太原、中山和河间三镇，派姚古、种师中率兵增援三镇。

然而，要是宋军真的可以依仗，北宋朝廷又怎么会陷入如此险境。种师中率军进攻，在石坑遭遇金军袭击，五战三胜，退守榆次。在距离太原百里的杀熊岭又被金军围困，宋军人溃，种师中独自率麾下死战，最后身负重伤，以身殉国；金军乘胜进军，在盘陀与姚古军遭遇，宋军依然望风而溃。

而钦宗朝廷自从完颜宗望退兵之后，认为危机已经过去，竟然对边境战事不闻不问。1126年四月，太上皇赵佶也从江南回到了京师，此时的汴京，“时间永是流逝，街市依旧太平”，刚刚经历的战祸似乎从来没发生过，君臣再次回到了太平盛世。

不仅如此，宋朝君臣的老毛病很快又犯了，竟然把此前张觉的戏码又重新搬来演了一遍。

当时金军扣押了宋朝人质肃王赵枢，作为报复，宋朝也扣留了金朝的使者萧仲恭。萧仲恭原来是辽国大臣，因为怕回不了国，他和副使赵伦向宋臣献计，说辽国大臣耶律余睹投降金朝，但是对金朝并不忠心，希望归顺大宋，说自己可以回去游说耶律余睹归顺。钦宗君臣再一次置宋金和约中“双方不得招降纳叛”的条款于不顾，认为萧仲恭和耶律余睹既然是辽国旧臣，一定会有故国之思，于是相信了赵伦的话，还写了一封信，用蜡封好后交给赵伦，让他游说耶律余睹作为宋朝内应，甚至想让他暗杀完颜宗翰和完颜宗望，赵伦当然一回国就把这蜡书交给了金朝皇帝吴乞买，这成为宋朝背约的又一条铁证；同时吴敏还劝钦宗诱降辽国前梁王雅里，结果派出的信使也被金军活捉，钦宗为敌人递刀子的水平可以说是旷古绝今，无出其右。

于是，仅仅四个月后，拿不到三镇的金人见宋朝一而再再而三地违约，认为宋朝不过是一次又一次地戏耍了自己，决定再次南侵。

1126年八月，完颜宗望和完颜宗翰再次兵分两路南进。

完颜宗翰的西路军主力再次来到了已经被围困二百六十多天的太原城下，此时城中弹尽粮绝，成为人间地狱，军民百分之八九十已经被饿死，金军主力再次攻城，太原城很快被攻陷，增援太原的宋军也被金军各个击破，西路军从此再无阻碍，长驱直入，并于1126年十一月占领洛阳；东路军在完颜宗望指挥下也是势如破竹，一路高歌猛进，于同月再次抵达汴京城下，几天后，东、西路军在城下会师，汴京城陷入了比几个月前更加凶险的围困中。

再次被揍得鼻青脸肿的钦宗先是下哀痛诏，命令各地征兵驰援，然而当援军快赶到的时候，钦宗又下了一道匪夷所思的诏书：命令各地停止增援京师。原因是京师粮食不够，无法供养数十万大军！

这时候围城的金军提出了更苛刻的要求，要宋朝割让河东、河北的土地。钦宗想都没想就答应了，并且派耿南仲和聂昌去告知两地军民，结果聂昌被河东守军杀掉，挖了眼睛，他们的尸体还被剁成肉酱；耿南仲也遭遇失败，逃到了相州。

割地失败，围困不解，此前的援军又被遣回，汴京现在只有七万弓箭手，朝廷只好将这七万人分为五部分，分别守御。这时又有人劝钦宗效法唐玄宗逃出京城，钦宗又一次动摇，然而一会另一位大臣说此计行不通，摇摆不定的钦宗又幡然改变，顿足大喊："今当以死守社稷！"

两次汴京围城，徽宗和钦宗朝廷将其在"外交上出尔反尔，战略上麻痹疏忽"[①]展现得淋漓尽致，而钦宗更是将其容易受人影响，立场多变的弱点展露无遗。《宋史纪事本末》长叹说：

> 自女真叛盟以来，朝廷乍和乍战，人才乍贤乍否，何其汹汹多变之甚也！寇至之初，始谋避狄，以李纲所言，而更为城守之计。既已坚守，又以李邦彦一言为卑辞之请。师道既至，又以师道一言，为不和之谋。师道方请坚守不战以困虏，未几，又以姚平仲一言，为急击之举。姚平仲既贬，又以李纲、种师道为误国。诸生伏阙，又以李纲、种师道为可用而复之……战者不决于战，和者不一于和，至于城已破，祸已至，而议犹不一，心犹不决，终始一岁之中，多变若此。[②]

此时金军围城攻势更猛，守城七万人只剩下三万可用，而且也损失过半。钦宗下诏诸道勤王，然而除了南道都总管张叔夜带了三万余兵马

---

① 《剑桥中国宋代史·上卷》。

② 《宋史纪事本末·卷五十六》。

赶到，其余没有一兵一卒应召。此时金军传信：不需要皇帝亲临，只需要将太上皇、皇太子、越王、郓王送去当人质。钦宗当然拒绝：“朕为人子，怎么能够让父亲当人质！”此时已是深冬，宋军士兵冻得拿不住兵器，时时有被冻死的。金军攻击通津门和宣化门，宋军千人出城迎战，渡河时就有五百人掉入冰窟冻死，其余宋军见状，士气更是一落千丈。

在这最危急的时刻，钦宗找到了最后的救命稻草——一个据说能够用神术召唤天兵退敌的“神人”，名字叫郭京。

郭京本是市井无赖，号称自己能够施六甲法，只要招募七千七百七十七人，就能够退兵解围，朝廷对其深信不疑，拿出数万金帛，让他招募生辰八字符合六甲的人，只十多天，郭京就从市井游手好闲的人中招募了足够的人手。郭京说只要在吉日，出三百兵就能把十余万敌人赶回阴山。

此时汴京危在旦夕，“神人”终于要出手了。

这一天郭京不许守城士兵留在城墙上，以防窥探自己做法，大开宣化门，让“神兵”进攻，自己与张叔夜坐在城楼上观战。金军分四路迎击，“神兵”不堪一击，瞬间败退，很多人掉入护龙河，尸体填满了河道。郭京见势不妙，对张叔夜说：“我得亲自下去施法。”然后带着残兵往南逃跑。金兵乘胜追击，登上城墙，汴京就此陷落。

宋钦宗靖康元年（1126 年）十一月（公历 12 月），宋钦宗来到金营投降。金军索要黄金一千万锭，白银两千万锭，帛一千万匹充作军费，宋廷立刻乖乖照办，在境内大肆搜刮，百姓又一次陷入灭顶之灾；之后金军又索要骡马，汴京城里仅剩的七千匹马全部被献给金军；之后金军又索要一千五百名少女，宋廷只好把后宫女子拿去“以身报国”，很多女子不愿被金人侮辱，投水而死。

钦宗的降表送到金朝皇帝吴乞买手中，吴乞买下令废钦宗、徽宗为庶人。

1127 年，金军将徽宗、钦宗押往北方，随同被掳的还有几乎所有的赵氏皇族、后宫嫔妃、宦官、艺人、工匠和奴仆，以及金人从这个十二世纪世界上最繁华的都市劫掠的各种金银财宝、文物宗器。

女真人知道，宋朝虽然崩溃，但是以自己的能力还无法统治如此广大的土地，便把张邦昌立为皇帝，国号大楚，作为金朝的附庸。从 960 年赵匡胤陈桥兵变到 1127 年靖康之耻，北宋延续了 167 年，在血泪和悲哭中落下了帷幕。

在靖康之耻近 150 年前，降宋的南唐后主李煜日夕以泪洗面，写下了“问君能有几多愁，恰似一江春水向东流”这样痛彻心扉的诗句，宋徽宗被押往北方经过燕山府的时候，也写下了《燕山亭》词，词中说：

凭寄离恨重重，者双燕，何曾会人言语。天遥地远，万水千山，知他故宫何处。怎不思量，除梦里，有时曾去。

这位被认为酷似李煜的道君皇帝，终于用自己的命运应验了这个预言，他被俘后不到八年，病死于五国城，不知道他在人生最后这八年，是否会经常想起李煜的那些悲凉刺骨的诗句：

独自莫凭栏，无限江山，别时容易见时难，流水落花春去也，天上人间。